U0846738

中等职业教育国家规划教材配套辅导用书

经济法基础知识（第2版）实训与练习

主　编　王永吉　刘艳华

中国财政经济出版社

图书在版编目（CIP）数据

经济法基础知识（第 2 版）实训与练习/王永吉，刘艳华主编．—北京：中国财政经济出版社，2011.3 重印

中等职业教育国家规划教材配套辅导用书

ISBN 978－7－5095－0138－2

Ⅰ．经…　Ⅱ．①王…②刘…　Ⅲ．经济法－中国－专业学校－教学参考资料　Ⅳ．D922.29

中国版本图书馆 CIP 数据核字（2007）第 122480 号

中国财政经济出版社 出版

URL：http：//www.cfeph.cn

E－mail：jiaoyu @ cfeph.cn

社址：北京市海淀区阜成路甲 28 号　邮政编码：100036

发行电话：88190616/54　88190655（传真）

北京财经印刷厂印刷　各地新华书店经销

787×1092 毫米　16 开　13.75 印张　327 000 字

2011 年 3 月第 2 版第 9 次印刷

定价：17.00 元

ISBN 978－7－5095－0138－2/D·0004

（图书出现印装问题，本社负责调换）

再版说明

为了贯彻落实财政部关于执行新会计准则的要求，满足会计专业职业教育教学的需要，我们组织修订了职业教育会计专业教学用书。本次修订依据《企业会计准则——基本准则》和《企业会计准则第 1 号——存货》等 38 项具体准则以及《企业会计准则——应用指南》，在内容上以会计信息的有用性为基本导向，以提高学生的会计从业能力为主要目标。

作为职业教育教材，我们编写时全面贯彻“以服务为宗旨、以就业为导向”的职业教育改革发展方针，从理论够用、实训知识并重的角度设计教材体系，着力于加强职业院校学生实践能力和职业技能的培养。

在教材的出版过程中，我们得到了财政部会计司和教育部有关司局领导的关心和指导，众多知名会计专家、一线教师以及行业从业人员参与了编写和审稿工作，在此表示感谢。但新会计准则在教学与实践中的贯彻执行仍需有个过程，我们真诚地希望各类职业技术院校在教材的使用中，能够总结经验，及时提出修改意见和建议，使之不断完善和提高。

中国财政经济出版社

目 录

第一章 经济法概述 …………………………………………………………（ 1 ）

第二章 经济法律关系 ………………………………………………………（ 12 ）

第三章 财产所有权法律制度 ………………………………………………（ 28 ）

第四章 公司法律制度 ………………………………………………………（ 39 ）

第五章 企业法律制度 ………………………………………………………（ 55 ）

第六章 外商投资企业法律制度 ……………………………………………（ 67 ）

第七章 破产法 ………………………………………………………………（ 80 ）

第八章 合同法 ………………………………………………………………（ 97 ）

第九章 市场管理法律制度 …………………………………………………（119）

第十章 工业产权法律制度 * ………………………………………………（132）

第十一章 会计、审计法律制度 ……………………………………………（144）

第十二章 金融法律制度 * …………………………………………………（155）

第十三章 财税法制度 ………………………………………………………（167）

第十四章　仲裁法与经济司法制度 ……………………………………………（183）

模拟试卷（一） ………………………………………………………………（201）

模拟试卷（二） ………………………………………………………………（205）

模拟试卷（三） ………………………………………………………………（209）

后　　记 ……………………………………………………………………（213）

第一章

经济法概述

【本章概要】

一、教学重点、难点

重点：

1. 法的概念和本质。法的概念表现了强烈的阶级性，法本身就是阶级矛盾不可调和的产物，它从产生到消亡自始至终贯穿着统治阶级的意志和利益。不过法的这种阶级性却一直以国家的面貌出现：通过国家立法机关制定、认可并颁布出来；由国家的强制力保证其实施。资产阶级法学理论正是用这种所谓国家性掩盖了法的阶级本质。

2. 经济法概念。经济法的概念目前有多种表述，20 世纪 80 年代的早期课本中对经济法的概念表述为：经济法是国家在调整经济管理和经济协作活动中的法律规范的总称。期间，不同的教材曾对经济法的概念作过各种不尽相同的描述，目前较为得到公认的说法为：经济法是调整一定范围的经济关系的法律规范的总称。

我们对经济法的理解要抓住的要点是：经济法是国家干预经济在法律上的表现；经济法所调整的对象是经济关系而且是经济关系中特定的一部分；经济法的表现形式系由一系列众多的国家干预经济的法律规范所组成。

难点：

"法的体例"是本章教学中的难点。法的体例涉及法律条文句子间的逻辑关系。初中阶段语文课所介绍的形式逻辑知识，只是对逻辑问题的一般常识性了解，至于在具体的法律文件中：怎么对"事物预先情况和条件"在逻辑上表述为"假设"；怎么对"要求或不允许人们作出一定行为"在逻辑上表述为"行为"；怎么对"行为人的行为应受到鼓励或与法律规定不符时所应受到的制裁"在逻辑上表述为"处理"，学生并不一定能真正理解，因而需要教师把法律用语中的严密逻辑关系多加举例说明。使学生不但认识到法律用语在逻辑上的严密性，而且还会通过对法律用语严密性的认识，进一步加深对法律规范严肃性的认识。

二、教学建议

本章和第二章是本课本中的法学基础理论部分。本章主要介绍了法和经济法的产生以及围绕法的概念而直接涉及的一些相关基本要点。

把经济法作为财经类中专学校的教学学科之一的近20年里，经济法概念一直是教材编写中有争议的问题。对这一问题的争议，恰恰促进了对经济法概念认识的深化：经济法就是国家干预经济的产物。但“国家”并非是单纯的事物，国家本身是由相互制约的若干个国家机关所组成。所以国家要干预经济必须要借助于国家权力机关创立相关的法律；要借助于政府行政机关来管理经济活动；还要借助于司法机关，用现行的国家法律，把潜在的法律强制力转换为现实的强制力。那么国家干预经济，总起来一句话就是必须借助于经济法，才能把权力机关、行政机关、司法机关对经济的干预统一在一个标准之上。这就是经济法的作用也是我们财经类中专门开设经济法的实践意义，对这点意义必须通过对第一章的讲述渗透给学生，才能使学生加强对本学科的重视。

本章的前三节在讲述经济法之前，对普遍性的一般法律加以概括和常识性的介绍，其目的是对初中政治课中已学过的法律知识加以复习，并以此引出经济法。为了使学生对“法”有一个明确认识，在教学实践中要注意把法的特征与其他社会行为规范如道德、宗教教义、政党章程等相比较。特别是要与道德相比较：道德和法都是具有鲜明阶级性的行为规范，但道德对人的约束靠的是社会舆论和个人对自我行为的节制，依靠的是一种精神力量；而法则完全依靠社会的强制力来硬性规范人们的行为，所依靠的是国家的强制力，因而经济法对经济的干预也必然是依靠强制性的经济手段甚至是刑事手段，而不再是依靠中国社会传统的儒商道德。

此外，对经济法与其他相关的法律之间，主要是与民法和行政法的交叉问题，也需要教师在教学时简单的加以交代：经济法与民法都是调整经济关系的法律规范，历史上在国家干预经济之前，民法就是调整个人财产关系的主要法律，它对经济法的形成有重要影响，它的一些重要原则已直接渗透到经济法中去。但二者在以下几个方面又有着区别：(1) 调整原则的不同。经济法的调整原则除了民法所具有的一般原则之外，又有服从国家指令的不平等原则。(2) 调整的范围不同。民法不但调整平等主体间的财产关系还调整人身关系，而经济法虽然也调整财产关系，但主要调整的是经济管理关系和经济协作关系。(3) 参与的主体不同。国家机关在经济法律关系中是重要的管理主体，而在民事法律关系中却没有国家机关参与。(4) 纠纷的处理手段不同。经济法对经济纠纷的处理有行政方法、仲裁方法和诉讼方法等三种解决手段，而民法对财产纠纷的解决方法却不包括仲裁。

对具体问题中教学手段的建议：

1. 对法的特征的总结。“法的特征”课本上讲述了四点。学生在初中学习时，对文科课程知识的掌握方法，往往靠机械记忆的手段去死记硬背。进入中专以后要注意引导学生去归纳和总结。在对法的特征的教学中就要注意把法和其他社会行为规范相比较，使学生通过类比的方法认识特定的事物与其他事物的差别，从而不但能掌握法的特征，并且能够学会找出特定事物特征的方法与手段。

2. 法的效力。法的“时间效力”中关于法的“追溯力”问题，一般情况下法没有追溯力，但特殊情况下可以具有追溯力，比如，建国初我国颁布的《惩治反革命条例》中，对建国之前的反革命犯罪特别进行了追究。法的“空间效力”中，对“驻外机构及航行在境外的船只、航行器等一切延伸意义的领土”也属于我国领土，是我国法律的管辖范围的问题，同学们不易想到，需要向同学多加解释。此外，关于“法律对人的效力”课本上讲述了“属地管辖”、“属人管辖”、“属地管辖与属人管辖相结合”三种处理办法。我国法律对人的效力究竟如何处理，请教师在讲课时要针对具体问题说明具体处理办法。

3. 法的体例。对法的体例之间的逻辑关系：“假设”、“行为”、“处理”，请教师在备课时，要准备数条满足这种逻辑关系的法律条文作为例证，来帮助学生对法律文件体例形式的理解。

【实训案例】

【关于法的本质及其效力】

一、知识要点

法是统治阶级意志的集中表现，它是以国家意志形式表现出来的统治阶级的意志，是阶级专政的工具，法的内容由统治阶级当时所处的物质条件所决定。

法的效力范围是指法在什么领域、什么时间、对谁有效。

二、典型案例

《中华人民共和国公司法》于1993年12月29日第八届全国人民代表大会常务委员会第五次会议通过，1993年12月29日中华人民共和国主席第十六号令公布，自1994年7月1日起施行。

三、思考问题

1. 该法是一种什么形式的法律或法规？它的地位和效力如何？

2. 说明《中华人民共和国公司法》的效力范围。

3.《公司法》于1993年12月29日公布后，至1994年7月1日前是否具有法律效力？

四、案例分析与参考答案

解答本题主要从法律形式及其效力来寻找依据。

《中华人民共和国公司法》是法律，不是法规。只有全国人大及其常务委员会制定并颁布的法律规范才能称为“法”或“法律”，它的法律地位和效力仅次于宪法。

《中华人民共和国公司法》的生效时间为1994年7月1日。它在地域上的效力范围包括中华人民共和国的全部陆地、领海、领空和一切延伸意义上的领土。它对人的效力范围，凡是在中华人民共和国法律意义上的领土之内，无论任何国籍的公民、法人或其他经济组织，拟设立公司都必须遵守本法。

五、法理基础

法律是我国法律规范的主要形式，它是指由我国最高权力机关全国人民代表大会及其常务委员会制定并公布的法律规范。它所规范的是国家在社会生活中某些方面的基本问题。

法律规范的时间效力通常包括两个问题：一是关于法律的生效时间和终止时间；二是关

于法律的追溯力问题。法律的生效时间通常有两种情况：一是法律本身就规定了生效日期；二是从公布之日起生效。

凡全国人民代表大会及其常务委员会制定和颁布的法律，它的空间效力包括我国境内的全部陆地、领海、领空、驻外机构及航行在境外的我国船只、航行器等一切延伸意义的领土。

法律涉及对人的效力，通常有以下几种处理方法：一是采取属地原则，即不管行为人的国籍如何，都适用行为发生地国家的法律；二是采取属人原则，即哪国公民就适用哪国的法律，无论其行为发生地在何处；三是采取属地与属人相结合的原则，即不管行为人的国籍如何，也不管行为发生地在何处，只要侵犯了该国利益就适用该国法律。

六、自测案例

××省人大曾于1986年5月颁布过《关于加强农村集市管理的若干规定》，其中有个别条款与全国人大发布的相关法律略有冲突，请问在××省内是否应按照本省的《关于加强农村集市管理的若干规定》执行？为什么？应如何处理？

【关于经济法概念】

一、知识要点

对经济法概念的理解，要掌握以下几点：

1. 经济法是调整社会特定经济关系的法律规范。

2. 经济法调整社会经济关系的前提是社会经济必须市场化。

3. 经济法只调整需要国家干预或调整的市场经济关系。这种关系是随着社会经济形式的变化而变化的关系，在不同的时期或不同的国家，经济法对经济干预的程度和对象是不同的。

4. 经济法是一个集合性概念。它不是一部法规，而是多部经济法律、法规构成的一个群体。

二、典型案例

张某是下岗职工，为了解决生活和就业问题，筹集了2万元资本，在自家临街的住宅里开办了一个出售烟酒食杂的小卖部，经营效果很好。可是开业不到半月，工商管理部门认定张某违反了《个人独资企业法》，没有按规定向当地工商行政管理机关办理登记及取得营业执照等事宜，责令其停止营业并补办有关手续。

三、思考问题

1. 什么是经济法？

2. 经济法的调整对象是什么？

3. 经济法的立法目的是什么？

四、案例分析与参考答案

本案例反映的是一起工商行政管理部门对不履行工商登记、私自营业的违法行为的处理。该案例是一个典型的经济管理案例，处于管理者一方的是当地工商管理部门，代表国家行使管理权；处于被管理者一方的张某则是自谋职业的下岗职工，当他从开始营业时起，就成为了工商管理部门的管理对象。二者之间的这种管理与被管理关系属于经济法所调整的特定的经济管理关系。

经济法是调整在市场经济条件下，国家为促进和保障市场经济的健康发展，维护社会经济秩序而制定的调整国家在管理与协调经济运行过程中发生的特定的经济关系的法律规范的总称。也就是说经济法是由多部干预经济的法律构成，与本《案例教程》相配套的《经济法基础知识》教材中所提到的有市场主体法、市场管理法、市场运行法、宏观调控法等法律法规。而本案例中所适用的工商登记管理的有关法规和《个人独资企业法》是市场管理法和市场主体法的重要组成部分，也是经济法的重要内容。

经济法的立法目的是为了促进和保障市场经济的健康发展，维护社会经济秩序。本案例中张某不经履行工商登记手续，便自行营业的行为，显然是没有取得合法经营身份，造成市场秩序紊乱的行为。因此必须责令其停止营业并补办有关手续。

五、法理基础

经济法作为一个独立的法律部门，它的调整对象只能是经济关系，但又不是所有的经济关系，它只调整特定的经济关系，即只调整和社会主义市场经济运行相关的经济管理和经济协作关系。主要包括以下内容：(1) 国家经济管理关系，主要有综合经济管理关系、职能经济管理关系、行业经济管理关系、经济监督关系等；(2) 经济协调关系，主要有市场管理关系、经济竞争关系即反垄断和反不正当竞争关系以及在国家计划协调作用下发生的经济联合与协作关系等；(3) 企业组织管理关系，主要是指在确定企业的法定组织形式，企业的设立、变更与终止以及企业内部管理方面发生的经济关系。

六、自测案例

李某个人投资开办了一家独资企业，在经营过程中因进货与结算清理不及时，与另一家私企张某所开办的贸易货栈发生了经济纠纷。李某决定向法院起诉，但不知此类纠纷属哪个法律部门管辖应到哪个法庭起诉。有人说李某和张某是平等的法律主体，所发生的纠纷又是个人间的财产纠纷，应当到民事庭起诉，这种说法对吗？

【关于经济法的地位】

一、知识要点

经济法是一个独立的法律部门，与它的经济性的特征是分不开的。首先它所调整的社会矛盾主要涉及的是由经济权利与经济义务而引发的经济纠纷。其次在它的调整手段上虽然运用了行政的甚至刑事的惩处方法，但最主要的是运用了经济的方法。最终我们对经济法的确认还在于经济法只在经济领域中，而且只在经济调控与经济干预中适用，对非经济领域经济法不发生任何法律效力。

二、典型案例

案例一

2002年年底S省M市国家税务局稽查分局接到举报，称该市红星食品厂偷逃增值税，经查实，该厂偷税金额达127487.78元。为此稽查分局除对有关责任人追究刑事责任外，责令该厂补缴所偷税款，并处以所偷税额两倍的罚款。

案例二

公民甲、乙、丙三人分别出资10万元、20万元、20万元，经工商注册，取得营业执照，开办了一家合伙企业。经营一年以后企业获利不大，甚至还有亏损的可能，因而甲乘携款办事之机，将10万元货款据为己有，并通知乙、丙二人，自己已自行撤资，从合伙企业中退出。乙、丙二人十分气愤，遂到当地人民法院民事庭提起诉讼。

三、思考问题

案例一

1. 本案是否为经济案件？在本案中采用了哪些调整方法？

2. 经济法是否为独立的法律部门？

3. 经济法与民法、行政法有什么相同点和不同点？

案例二

1. 本案是否为民事案件？为什么？

2. 乙、丙二人是否应当到法院民事庭提起诉讼？

四、案例分析与参考答案

案例一

本案例所涉及的是一起经济管理中的税收征管问题，是经济案件，而且是经济犯罪案件。本案在处理中除了对有关责任人追究了刑事责任外，主要运用了行政命令（责令补缴所偷税款）和行政处罚（处两倍罚款）的调整方式。这种调整方式使学生不禁要问经济法与刑法、行政法有什么不同？经济法是否为独立的法律部门？所谓法律部门，也称为部门法，通常是根据一定标准或原则所划定的同类性质的法律规范的总称。一般情况下划分的主要标准和依据是法律所调整的对象，即调整不同的社会关系需要不同的法律部门。由此可知一个法律部门能否独立存在，取决于它是否有自己特定的调整对象，凡是具有自己特定的调整对象的，就可以构成一个独立的法律部门，而不是取决于对过失主体的处理和惩治方式。经济法特定的调整对象是“国家在管理和协调经济运行过程中发生的特定的经济关系”，因而经济法就是一个独立的法律部门。本案例所涉及的税收管理关系是经济法所调整的经济管理关系的组成部分，是民法和行政法所不能调整的社会关系，因此必须用经济法来调整。

尽管从现象上来看，经济法与行政法在调整方法等方面存在一些相同之处，但二者之间在调整主体、调整对象、调整方法以及法律适用上却存在诸多根本的不同，因此我们决不能以在案件的处理中是否运用了行政命令和行政处罚等行政法的处理手段作为界定适用经济法或行政法的依据。初学者必须牢记：只有“调整对象的特殊性才是划分法律部门的标准”。本案例可以帮助初学者理解这一点，虽然在对过失主体的处理和惩治方式上与行政法所采用的方式完全一致，但这只是表象，惟有调整对象的不同才决定了本案的性质属于经济法的管辖范围。

案例二

我们从经济法的概念上得知：经济法是调整国家在管理与协调经济运行过程中发生的经济关系的法律规范。本案从表面上看，似乎为甲、乙、丙三人的个人经济纠纷，属于平等主体之间的财产纠纷，是一般的民事案件。但甲、乙、丙三人的纠纷源于共同开办合伙企业，并已经取得营业执照共同经营一年有余。为此三人间的纠纷已属于需要国家调整的合伙企业运行关系，而不再是一般平等主体之间的财产纠纷。本案中，由于甲的自行撤资，违反了《合伙企业法》，属于经济案件，只有经济法才是调整社会经济关系的法律规范，因而，此案应由经济法律部门管辖。

乙、丙二人应到人民法院经济庭提起诉讼，民事庭对此案也不会立案受理。

五、法理基础

（一）经济法是一个独立的法律部门

经济法作为独立的法律部门，有其特定的调整对象。法律部门的划分不是由人们的主观意志决定的，而是由它所调整的那部分社会关系的性质所决定。经济法的调整对象为国家在管理与协调经济运行过程中发生的特定的经济关系，而不调整非特定的经济关系，更不调整其他性质的非经济关系，因而它的调整对象与其他法律部门所调整的社会关系是有明显区别的，所以我们说它是一个独立的法律部门。

（二）经济法与相邻法律部门的关系

与经济法容易发生交叉的法律部门主要有民法与行政法。了解经济法与上述两个法律部门的区别可以表现经济法调整对象的特殊性，突现出经济法是其他法律部门所不可代替的；掌握经济法与它们的联系，既可以明确相关法律部门的共同作用，也更有利于理解不同法律部门间的区别，从而可以使我们更加明确经济法这一法律部门在社会主义法律体系中的地位。

1. 经济法与民法。

（1）经济法与民法的联系：①二者都有调整经济关系的功能。②二者不能完全割裂开来，在特定情况下民事权利的行使要受到经济管理权力的约束，而经济管理权力的行使通常要充分尊重民事权利。

（2）经济法与民法的区别：①调整对象不同。经济法调整需要由国家管理与协调的特定的经济关系，民法则调整平等主体之间的财产和人身关系。②法律关系的主体不同。一方面民法的主体只限于法人和自然人；而经济法的主体除法人和自然人之外还包括企业内部的机构以及其他非法人的经济实体。另一方面民法主体之间的法律地位是完全平等的；而经济法主体在处于管理关系时，其相对人之间的地位是管理与被管理的关系。③调整方法有所不同。民法采用平等互利、等价有偿的调整方法；而经济法除此之外有时还采用非平等的命令方式。④处理的方式不同。民法只采用经济的制裁方式；而经济法除经济的制裁方式之外有时还可以采取行政和刑事的制裁方式。

2. 经济法与行政法。

（1）经济法与行政法的联系：①它们都体现了国家对社会生活的干预。②它们所调整的社会关系都具有隶属性。③它们都要采取命令与服从的办法调整社会关系。④行政法所调整的社会关系（组织性行政关系）和经济法所调整的社会关系（经济性行政关系）相互作用。

（2）经济法与行政法的区别：①调整对象不同。行政法调整的社会关系所体现的是一种权力从属关系，而且多数情况下这种关系是不具有经济内容的。②主体不同。行政法主体一方是政府另一方则是下属的行政机关、企事业单位或公民；经济法主体一方包括国家行政机关还有企事业单位、经济组织或公民，另一方也是企事业单位、经济组织或公民，还有企业内部的管理机构和生产组织。③调整方法不同。行政法是采取单纯的强制性的办法调整，而经济法则是除了强制性的方法之外还采取指导性和监督性相结合的方法。④法律适用的程序不同。行政法调整的纠纷由行政诉讼程序解决；而经济法调整的纠纷可能由民事诉讼程序、行政诉讼程序甚至刑事诉讼程序来解决。

六、自测案例

有人说法院经济法庭在处理某些经济案件时，同时运用了行政命令（如责令补缴税款）和行政处罚（如吊销营业执照）的调整方式，由此看来完全可以不必设立经济法庭，经济案件可以完全由民事法庭或行政法庭来审理。这种看法是否有道理？

【本章课后参考】

近现代我国经济法的发展过程：

1840年鸦片战争之后，随着资本主义经济的入侵，中西方商贸活动迅速增加，为了适应商品交换关系的发展需要，清政府仿照国外的形式，颁布了《商人通则》、《公司律》、《破产律》、《商标注册暂行办法》等经济法规。

国民党统治时期，为了维护官僚买办资产阶级的利益，在继承、修改旧有法律的基础上，又照搬照抄一些国外的法律，以中央政府的名义，先后颁布了诸如《公司法》、《工厂法》、《专利法》、《电业法》、《土地法》等120多部有关经济方面的法律、法规，但大多数都没有得到很好实施。

在土地革命、抗日战争、解放战争时期中国共产党的根据地，我们党和人民政府比较重视根据地和解放区的经济立法工作，并把这些法律作为管理经济、发展生产、组织商品流通和支援革命战争的重要手段。从1928年我党制定的第一部土地法《井冈山土地法大纲》开始，到1949年4月25日的《中国人民解放军布告》为止，先后颁布了《中华苏维埃共和国土地法》、《工商投资暂行条例》、《矿山开采出租办法》等，共制定和颁布了近200件经济法规。

建国后，为了恢复国民经济，建立和巩固社会主义所有制，推动社会主义经济建设的发展，国家及各部委共颁布近1万多件法律、法规，而其中直接用来调整经济关系的法律、法规就有8000多件，占全部法律法规总数的80%。

党的十一届三中全会以来，随着我国经济体制改革的深入发展和社会主义市场经济体制的确立，经济法作为一种促进社会经济发展，保障改革开放，维护社会经济秩序的重要工具，逐步受到人们广泛重视，并且应用范围也越来越大。

【本 章 练 习】

一、填空题

1. 法作为一种行为规范，它的作用是通过规定人们的__________来实现的。

2. 法是反映统治阶级________的，由国家制定或______并以国家强制力保证其实施的社会行为规范的总和。

3. 社会主义法律是建立在________基础之上的，体现的是工人阶级和广大人民的意志，是实现人民民主专政的______。

4. 凡调整________的社会关系的_______的总和，就构成一个独立的部门法。

5. 宪法由全国人民代表大会______并公布施行。它具有________的法律效力和地位，是其他法律部门立法的基础。

6. “经济法”一词最早出现在法国空想社会主义者________在1755年编著的________一书中。

7. 经济法是调整国家在__________经济运行过程中发生的__________的法律规范的总称。

8. 法规体例是__________中以常用法律术语所表述的带有特定明确意义的____表达形式。

9. 行为，是法律法规中列举的允许、__________或__________人们做出一定行为的表述。

10. 法律是我国法律规范的主要形式，专指我国________，即__________及其常务委员会制定并公布的法律规范。

二、单项选择题

1. 具有现代意义的经济法，最先产生的国家是(　　)。

A. 英国　　B. 日本

C. 德国　　D. 前苏联

2. 经济法调整的经济关系是指(　　)。

A. 政府救济灾民　　B. 企业间订立合同

C. 学校上报招生计划　　D. 公证遗嘱

3. 划分法律部门的标准是(　　)。

A. 主体特殊性　　B. 调整方法的特殊性

C. 处理程序的特殊性　　D. 调整对象的特殊性

4. 法律法规中列举的预先情况和条件的表述是(　　)。

A. 假设　　B. 行为

C. 处理　　D. 后果

5. 法的本质是(　　)。

A. 国家制定和认可的行为规范　　B. 国家强制力保障实施的行为规范

C. 以权利义务为内容的行为规范　　D. 统治阶级的国家意志

6. 下列不属于我国法律效力的内容是(　　)。

A. 空间效力　　B. 时间效力

C. 对人的效力　　D. 专属效力

7. 下列规范性文件中(　　)不是我国法律的表现形式。

A. 宪法　　B. 地方性法规

C. 国际条约　　D. 党章

8. 下列法律关系中不属于经济法调整的对象有(　　)。

A. 经济管理关系　　B. 经济竞争关系

C. 企业组织关系　　D. 政府救济灾民关系

9. 社会主义法律的本质是由(　　)决定的。

A. 社会民众　　　　B. 执政党

C. 生产资料公有制　　　　D. 决大多数人意志

10. 社会主义法制的内容不包括(　　)。

A. 立法　　　　B. 守法

C. 执法　　　　D. 约法

三、多项选择题

1. 在下列各项中，反映了法的基本特征的有(　　)。

A. 是国家制定和认可的行为规范　　　　B. 是国家强制力保障实施的行为规范

C. 是以权利义务为内容的行为规范　　　　D. 是代表了多数人利益的行为规范

2. 下列各项中，(　　)属于我国的法律形式。

A. 宪法　　　　B. 某企业的重要规章制度

C. 个人所得税暂行条例　　　　D. 会计法

3. 在下列各项中，必须由特定机关实施的活动包括(　　)。

A. 经济守法　　　　B. 经济执法

C. 经济司法　　　　D. 经济立法

4. 经济法的调整对象包括(　　)。

A. 经济管理关系　　　　B. 个人财产关系

C. 经济协调关系　　　　D. 企业组织关系

5. 法的效力范围包括(　　)。

A. 无限度的范围　　　　B. 对什么人生效

C. 时间范围　　　　D. 空间范围

四、判断题

1. 从有人类社会以来，为了调整人们之间的关系就有了法，不过最初是不成文的简单习惯法，然后逐步出现了成文法，法随着社会的发展而发展，它将永远伴随着人类社会而存在。(　　)

2. 法是要求人们普遍遵守的社会行为规则，因而，它必须代表全社会绝大多数人的意志和利益。(　　)

3. 法的效力主要是指法律对哪些人具有约束力，它的效力最主要表现在制约对社会具有危害力的犯罪分子。(　　)

4. 法是反映统治阶级意志和利益的，由国家制定和认可的，以国家强制力保证其实施的，社会行为规范的总和。(　　)

5. 凡是由全国人大常委会制定和通过的法律都可以称为宪法或法律。(　　)

6. 行政法规是国务院根据国家宪法和法律制定的规范性文件，因而它必须经过全国人大常委会批准。(　　)

7. 经济法的调整对象是特定的经济关系，因而经济法是调整所有经济关系的法律规范的总称。(　　)

8. 宏观的经济管理关系即国民经济管理关系是经济法的调整对象，而微观的经济管理

关系不属于经济法的调整对象。 ( )

9. 经济法既调整经济关系，又调整思想关系。 ( )

10. 从十一届三中全会以来，中国法制史上第一次出现了经济立法。 ( )

11. 经济法是人类社会发展到一定历史阶段的产物，是一个历史范畴。( )

12. 经济法是调整国家在管理与协调经济运行过程中发生的经济关系的法律规范的总称。( )

五、简答题

1. 简述法的产生过程，说明法有哪些基本特征？
2. 法律的效力从哪几个方面去理解？如何理解？
3. 法的本质是什么？
4. 我国的法律有哪些表现形式？
5. 如何理解经济法？

第二章

经济法律关系

【本章概要】

一、教学重点、难点

重点：(1) 在现实的经济法律关系中哪些个体具有主体的资格。(2) 经济法律关系主体中的“法人”是较为重要的主体，对法人的概念、成立条件要深刻熟练地掌握和理解。(3) 经济法律关系内容中的经济权利和经济义务，在经济法律关系的三要素中比较容易被学生忽略。(4) 在经济法律关系客体中的“物”，除了涵盖一般意义上的物之外，还包括了作为一般等价物的货币和有价证券。(5) 经济法律行为和经济法律事件都是符合经济法律规范的规定的法律事实，但因主体在事实中的作用不同而分为不同的两类。(6) 经济代理行为是市场经济条件下最常发生的一种法律行为，对代理的特征要作重点掌握。

难点：

1. 对法人的理解。《民法通则》中明确地宣布了“法人是具有民事权利能力和民事行为能力的组织”。这就是说“法人”不是人，而是一个社会组织。首先，要使学生摈弃来自社会上认为单位主要领导即是法人的错误认识，明确法人是一个社会组织，而不是作为法人代表的具有自然生命体的个人。其次，要明确法人是个法律用语，法人之间在社会经济生活中的法律地位是完全平等的。那种认为公司和所属企业都是法人，因而称为“上级法人”和“下级法人”，前者管后者，这种认识是错误的，这是把法律关系和工作中的管理关系混淆了，同时它也违背了法人是平等主体的重要民事原则。

2. 对代理的理解。要注意代理是一种法律行为，它与替人办事有质的不同。替人办事时，办事人完全按照委托人的交代去办理事务；而代理时，代理人是凭着委托人所授予的权限，按照自己的意思去办理事务。

二、教学建议

本章是在对法律、经济法有了一般了解的基础上，进一步对有关经济司法中的法学基础理论进行学习，因而要注意多增加举例，使学生克服对法律学习的为难情绪。

【实 训 案 例】

【关于经济法律关系】

一、知识要点

1. 经济法律关系是一种思想的社会关系。

2. 经济法律关系是一种国家意志关系。

3. 经济法律关系由国家的强制力保证其实现。

二、典型案例

1999年赵红与钱程、孙达生、李德胜等四人合伙与某市的一家集体企业签定了承包合同。四人约定承包人每人出资5万元，承包2年，承包期间由合伙人共同经营，共负盈亏，并推举赵红为该企业的法定代表人。承包期满后钱、孙、李等三人多次要求清算分红，赵红却以承包期内经营亏损为借口多次推诿阻挠清算。后钱程个人又与所在企业间因债务纠纷发生诉讼，钱遂申请法院委托某会计事务所对该承包企业在经营期间的损益情况进行审计，审计结果表明该企业在此期间扣除上缴企业承包金之外，账面盈利26.9万元。经查此账面利润被赵红私自挪作它用，钱程遂诉之于法院，要求赵红偿还本人应得的承包收益67250.00元（为账面利润的1/4）。

三、思考问题

1. 本案所涉及的法律关系是否经济法律关系？为什么？

2. 经济法律关系有哪些特征？

四、案例分析与参考答案

本题的解题思路要考虑当事人之间的关系是自然人之间的平等主体民事关系，还是带有需要国家干预的管理性质经济法律关系，只有找出了案件的症结，才能作出正确的处理。

本案例所涉及的赵红与钱程等人之间的法律关系是经济法律关系，而非民事关系。因为赵红等人的合伙承包是以与某集体企业间的承包经营为前提。他们之间的关系既为《民法通则》所调整，也为国家对集体企业承包经营责任制所作的特别规定所调整。在处理本案时，要考虑到经济法律关系最显著的特征是行政、经济及商事的包容。如单纯的合伙关系是民事法律关系，一般不受国家干预，但在承包经营责任制上形成的合伙经营关系受《集体企业法》的调整，便成为经济法律关系。因而必须受到强制性规范的约束。本案中政府的管理权、公有主体财产权及经营者的自主经营权交织在一起，并且案中的所有权和经营权关系、企业关系、合同关系之间又密不可分，如果作为单一的民事法律关系对待，则无法根据法律的规定准确把握本案所涉及的所有利益关系，将会造成审判失当甚至错误。

此外在处理本案时，还要考虑到原告作为投资人在主张以投资资金为分利依据之前，还应考虑到企业缴纳的所得税金及企业自身留利问题。这是经济法律规范作了明确规定的，纳税留利之后的盈余方可作为各合伙人分享的利润，因此本案中钱程所主张的数额不可能全部得到法律的支持。

五、法理基础

经济法律关系是指经济法律关系主体在经济管理和经济协作过程中，根据经济法的规定形成的经济权利和经济义务关系。在全社会的生产、交换、分配、消费的过程中，国家机关、企事业单位、公民之间随时产生着各种各样的经济关系。在这些经济关系中，凡属于经济法规调整的，就是经济法律关系，经过经济法规调整的各方，就形成了它们之间在法律上的经济权利和经济义务关系。经济法律关系是国家意志在特定经济关系方面的表现，是受国家强制力保护的，能够使各方经济权利和经济利益得以实现的合法关系。

六、自测案例

李某出国学习，将自己的一套住宅及该住宅的《房屋所有权证》一并交给朋友王某照管使用，两年以后王某听说李某已在国外定居，便将该住宅进行了装修，并托房屋产权管理处的熟人私自将《房屋所有权证》变更到自己名下。此事在李某回国后才发现，便诉至法院。请问李某与王某之间纠纷的法律关系是经济法律关系吗？

【关于经济法律关系构成要素】

一、知识要点

1. 任何法律关系都是由三要素构成，经济法律关系也不例外。

2. 任何一个要素都必须具备确定的性质。

主体：职权主体和职责主体，权利主体和义务主体。

内容：经济职权和经济职责，经济权利和经济义务。

客体：经济职权和经济职责或经济权利和经济义务所指向的事物（对象）是明确的。

3. 经济法律关系要素是经济事实在经济法律上的反映。

二、典型案例

李某自1994年担任某加工厂厂长后，下令财务人员将8万多元资金列入成本以冲减利润，并指使工作人员隐瞒其他经营收入，利用两本账等手段逃避税收，从而多向本厂职工发了大量奖金。在全国税收物价大检查时，李某告诉主管财务的副厂长，自查的问题不报，查到时再说。1996年厂里两名财务人员向税务部门举报了李某的问题，经当地国家税务局全面审查核实：该厂自1994年至1996年偷逃所得税24.1万元，漏纳增值税15万元。税务机关除责令补交以上税款外，同时处以偷漏税额两倍的罚款，并将李某问题上报当地检察院。检察院经调查确认该厂已构成偷税罪，将李某依法逮捕。人民法院经审理后认为李某已构成犯罪，鉴于李某在任职期间作出一定成绩，且案发后积极补交税款，决定给李某“免于刑事处分”，同时建议有关部门给予党纪、政纪处分。

三、思考问题

1. 某加工厂与税务局之间是否存在经济法律关系？如果存在，请指出其构成要素。

2. 本案中的权利主体与义务主体是一种什么关系？

四、案例分析与参考答案

以上案例所涉及的是税收征纳关系，这一法律关系为宏观调控关系，属经济法律关系范畴。其主体双方为某加工厂和当地国家税务局。某加工厂系经济活动主体，直接参与经济活动；当地国税局系经济管理主体，依法行使税收管理职能，它们之间存在经济法律关系。对于某加工厂而言，因其负有依法纳税的义务而成为税收法律关系的义务主体，国税局则依法成为行使征税职能的权利主体。加工厂负有纳税义务，国税局负有征税的职责就是这项经济法律关系的内容。加工厂偷漏税，违反了《税收征管法》的行为和国税局对其检查、处理的征管行为即是这项经济法律关系的客体。

就这一具体经济法律关系而言，二主体间的权利、义务是不对等的，双方当事人之间的权利、义务关系并非双方协商产生的，而是由单方（经济管理主体即国税局）的意志所决定的，这种单方意志性为双方的管理性不平等所决定。其客体行为包括偷漏税行为与征管行为，如果没有这两种行为，双方主体的经济权利和经济义务就无法实现。本案中加工厂负有执行税务机关补交税款及罚款的义务；税务机关亦有征管的权力是国家赋予的法定职权不可让渡或放弃，只能依法行使。

至于李某作为义务主体的法人代表，应依法承担法律规定的行政和刑事责任。

五、法理基础

经济法律关系是根据经济法形成的权利、义务关系。

国家机关及其工作人员在行使经济管理职能时，依法享有的职权是经济职权。作为经济法主体的国家机关主要是指经济管理机关，他们从不同角度代表国家行使管理经济的职权。

企业是国民经济体系中最重要的组成部分，是市场最基本最重要的竞争主体，是经济法主体中最重要的一类。

六、自测案例

某市造纸厂（以下简称甲方）与某县化工厂（以下简称乙方）共同签订了一项买卖合同，约定甲方向乙方购买化工原料12吨，总价款6万元，由乙方负责送货，运费比交通统一运价优惠15%，合同签订后1个月内供货，甲方预付定金1万元，如一方发生违约按总价款20%即1.2万元赔偿受害方。请说明此案中的经济法律关系三要素。

【关于经济法律关系的产生、变更和终止】

一、知识要点

1. 经济法律关系的产生、变更和终止必须具有法律依据。

2. 有合法的权利主体和义务主体。

3. 有确定、可靠的法律事实。

二、典型案例

甲公司与乙服装厂签订一份合同，约定：由乙服装厂加工5万套服装，每套单价100元；甲公司于10月30日前向乙服装厂支付予付货款100万元，服装厂要在12月1日前交付第一批服装2万套，12月10日甲公司支付乙服装厂款项200万元，在次年1月15日前交付第二批服装3万套，甲公司在接到第二批服装15日内将余款200万元付给乙服装厂。合同约定一旦双方出现纠纷，提交仲裁委员会仲裁。

合同按期履行，但到12月5日，乙服装厂突发火灾，将厂房、布料和大部分设备烧毁。甲公司知道后，便停止向乙服装厂支付第二笔款项。经乙服装厂交涉，甲公司同意若乙厂在

1月5日前恢复生产能力，甲公司便支付余下的全部款项，双方继续履行合同。由于筹措资金困难，乙服装厂在1月15日才恢复生产，请求甲公司继续履行合同，甲公司认为，由于服装销售季节性很强，这时再生产服装已错过了销售高峰期，很难卖得出去。于是通知对方解除合同，表示可以结清乙厂已交付服装的款项。乙服装厂经多次与甲公司协商未果，遂向人民法院提起诉讼。

三、思考问题

1. 甲公司与乙服装厂是否形成了经济法律关系？其构成要素有哪些？

2. 乙服装厂发生的火灾是什么性质的法律事实？

3. 甲公司在得知乙服装厂因失火烧毁厂房、布料和大部分机器设备时即中止履行合同是否合法？为什么？

4. 乙服装厂于1月15日恢复生产能力，而甲公司却提出解除合同是否合法？为什么？

四、案例分析与参考答案

这是一起因经济法律关系变更而引起的纠纷。甲公司与乙服装厂由于一纸合同签定这一法律行为的发生，而在两者之间形成了经济法律关系（在本案中为合同关系）。在这个经济法律关系中，主体为甲公司与乙服装厂，二者因互相享有收取货款或取得服装的权利又互相负有支付货款或交付服装的义务，因而互为权利主体和义务主体。这一法律关系的内容为甲公司按合同约定分期支付货款，乙服装厂按合同的要求分批、按时、保质保量的交付服装。而这一法律关系的客体则为货款和服装。

合同开始履行后，12月5日乙服装厂不幸所发生的火灾。火灾这一法律事实的发生，与甲公司和乙服装厂双方当事人的主观意志均没有任何关联，但它却使双方订立的合同不能再正常履行，并进而引起了合同内容的修改，使双方所结成的法律关系发生了变更。我们说火灾这一客观事实被称为“事件”。

甲公司在得知乙服装厂因失火烧毁厂房、布料和大部分机器设备时即中止履行合同，是一种带有自我保全性的合法行为。正是因为火灾这一事件和甲公司中止合同的行为的发生才使双方所结成的法律关系发生了变更。

乙服装厂于1月15日恢复生产能力，而甲公司却提出解除合同的行为也系合法行为。这一行为的发生，使双方的经济法律关系（即合同关系）归于消灭。

五、法理基础

经济法律关系是指经济法律关系主体在经济管理和经济协作过程中，根据经济法的规定形成的权利、义务关系。

经济法律关系的构成要素是构成经济法律关系的必不可少的组成部分。任何经济法律关系都必须具备：主体、内容、客体三个构成要素。

能够引起经济法律关系产生、变更和消灭的客观事实称为法律事实。法律事实依照其是否与当事人的主观意志为转移分为事件和行为。

事件是指不依当事人的主观意志为转移，并能引起经济法律关系产生、变更和消灭的客观事实。

六、自测案例

2001年3月，三江市头江区糖酒公司（以下简称甲方）与本市醉八仙酿酒厂（以下简称乙方）签订了一项买卖合同。合同约定：甲方向乙方购买该厂生产的“醉八仙”牌白酒，数量为5万瓶，总价款为人民币25万元，交货时间从2001年5月20日起，每隔10天供货1万瓶，第二批交货时结清第一批货款，以后照此办理。合同签定后，2001年4月上级主管部门决定撤消头江区糖酒公司，由5月1日起将其合并到市糖酒公司。因“醉八仙”系地方名酒，销路很好，经与酒厂协商本合同转给市糖酒公司并每月增加供货2000瓶。试分析：在本例中，因哪些事实的发生，引起了哪些经济法律关系的产生或变更？

【关于经济法律关系的保护】

一、知识要点

1. 通过对经济法律关系的保护，达到维护正常的经济秩序、保护社会主义市场经济健康发展的目的。

2. 对经济法律关系负有保护职责的职能机关：各经济管理机关、仲裁机关、司法机关。

3. 保护手段：经济制裁、行政制裁、刑事制裁。

二、典型案例

××方便食品公司是一家专营谷物即食早餐食品的跨国公司，其生产的品牌有可乐氏玉米片、可乐氏麦片、可乐氏米片等。其主要商标“Kellogg's”与可口可乐、奔驰、柯达一样连年被权威杂志《广告年代》评为世界著名商标。

1996年4月，该公司的中国有限公司在市场上发现，广东行宫有限公司所生产销售的同类商品，所有包装上除将××方便食品公司原包装上的商标“Kellogg's”改成“Kongaln”外，其包装形式、图案完全与××方便食品公司产品包装一模一样。1996年9月15日××方便食品公司与其中国有限公司以商标侵权和不正当竞争为由向当地法院起诉广东行宫有限公司。1996年12月23日，一审法院以商标文字不同判决原告败诉。1997年1月，××方便食品公司提起上诉，经审理二审法院撤消一审错误判决，责令行宫有限公司停止使用与××方便食品公司相近似的包装，并追究其经济责任。

三、思考问题

1. 本案中××方便食品公司和广东行宫有限公司是何种法律关系？如何产生的？

2. 此法律关系因何而受到破坏？又是如何获得保护？

四、案例分析与参考答案

前述案例中××方便食品公司和行宫有限公司之间是一种竞争法律关系，属经济法律关系的一种。这种法律关系的形成源于二者生产销售同一类商品，《反不正当竞争法》对竞争行为进行了规范。在本案中行宫有限公司的行为违反了《反不正当竞争法》第五条第一款第二项的规定，模仿××方便食品公司的知名商品所特有的包装、装潢，造成和××方便食品公司商品相混淆，致使××方便食品公司的利益受到损害，两公司间的正常竞争法律关系因之遭到破坏。侵权方的行为为非法行为，被侵权主体××方便食品公司选择了最强有力的自我保护方式，对行宫有限公司提起诉讼，这种行为才是法律行为。通过法律行为，请求法律禁止行宫有限公司的不正当竞争手段，最终使自身权益得到了维护，使被破坏的竞争关系得到了恢复。

在法律规范中所规定的权利、义务是抽象的，而在具体的法律关系中，法律规范所规定的事实情况、权利主体、义务主体、权利与义务及其所指向的对象则是具体的。对本案例分析的关键，在于找出二者之间所形成的法律关系，只有找出了这种法律关系，并说明这种法律关系正在遭到不法侵害，才能向人民法院寻求法律保护。

五、法理基础

行为是由当事人自己意志作出的，并能够引起一定法律关系产生、变更和消灭的主观活动。

经济法律关系依法确立后，不仅涉及经济法律关系主体的经济权利，而且也关系到国家和人民的利益，因此必须受到法律的保护。

国家对经济法律关系的保护，是通过职能机关实现的。他们以各自的职能活动维护各种经济法律关系的实现，维护社会主义市场经济秩序。

六、自测案例

2003年6~8月，甲旅行社以离间手段诱使乙旅行社欧美部10余名员工未办理调动手续，相继携带工作中使用、保管的客户档案投奔甲旅行社。甲旅行社以这些人员组建了本社欧美二部，并以这些员工掌握的原客户档案与国外客户联系，致使乙旅行社国外客户在一周时间内取消了原订当年8~12月份旅游团队120余个，占原订团队总数的2/3，减少计划收入1842万元，利润损失273万元。因而，乙旅行社欲寻求保护，并要求甲旅行社归还其客户档案，赔偿经济损失。试问：对本案中的受害人应由哪些机关用什么方法施以保护？

【关于经济法律行为】

一、知识要点

1. 经济行为的主体必须合格。

2. 经济行为主体意思表示必须真实。

3. 经济行为的内容必须合法。

4. 经济行为必须具备法定形式。

二、典型案例

案例一

2001年2月河西市汽车配件公司（以下简称甲方）与黄海市汽车修理厂（以下简称乙方）签订了购买一批汽车配件的合同。当年7月甲方发来某种配件300个，价款为1.5万元，乙方以该配件质量有问题为由，拒付货款，要求退货。双方发生争执，甲方遂诉至法院，要求乙方遵守合同，如数付款。乙方在答辩中却坚持拒付，并提起反诉称：甲方发来的配件均为翻修次品，要求全部退货并赔偿乙方的全部损失。

经法院查明：2001年初甲方推销员王某来黄海市汽车修理厂推销配件时，为了让乙方签订购销合同，达到多推销多提成的目的，竟在洽谈时隐瞒了该配件为翻修再产品的主要情节，欺骗乙方签订了合同。乙方在进货后在修理过程中，用户屡屡发现质量问题，乙方因此拒绝付款。

案例二

2001年2月某二轻公司与某市建材批发商店签订了一批石棉垫购销合同。同年4月，二轻公司发来石棉垫1111.4公斤，价款为8983元，建材批发商店以该石棉垫质量有问题为由，拒付货款，要求退货。双方几经协商未能解决，二轻公司遂诉诸法院，要求建材批发商店信守合同，如数付款。建材批发商店提起反诉称二轻公司按合同发来石棉垫均为假货，要求全部退货，并赔偿全部损失。

经法院查明：2001 年 1 月二轻公司业务员张某来建材批发商店推销石棉垫。该石棉垫是新产品，既无国家标准，也无部颁标准。其主要成分是以石棉线为主，掺及石棉灰、橡胶、铁丝、石墨等材料制成，不耐高温、高压。业务员张某为让建材批发商店同意签订合同，竟在洽谈时以次充好，隐瞒了产品的瑕疵欺骗建材批发商店前后签订了三份合同，前两次货物销售后，用户纷纷提意见退货。因而发现其质量问题而拒付货款，发生纠纷。

三、思考问题

案例一

1. 本案中发生了哪些经济行为？

2. 本案应如何处理？为什么？

案例二

当事人的经济行为是否有效？理由是什么？

四、案例分析与参考答案

案例一

本案是因当事人一方主体的行为，故意违背真实意思表达原则而引发的经济纠纷。本案中所发生的经济行为有：

1. 河西市汽车配件公司与黄海市汽车修理厂签订购买汽车配件合同的行为，该行为为有效的经济法律行为。

2. 河西市汽车配件公司发来某种配件 300 个。此行为从表面看似乎为有效的法律行为，但其实质因推销员隐瞒了此批配件为翻修产品的真实情况，因而为违法行为。

3. 黄海市汽车修理厂以该配件质量有问题为由，拒付货款，要求退货，此行为看似违反合同约定的行为，但因有证据说明这批配件为翻修产品，而成为法律行为。

根据《合同法》第 52 条的规定“一方以欺诈、胁迫的手段订立的合同，为无效合同”。河西市汽车配件公司王某，在洽谈时隐瞒了该配件为翻修再产品的主要情节，以欺骗手段与黄海市汽车修理厂签订的合同，显然是属于欺诈性质的合同，当归于无效。无效合同给对方造成的损失应承担赔偿责任，因而河西市汽车配件公司应当按照黄海市汽车修理厂的反诉请求全部作退货处理并赔偿黄海市汽车修理厂的全部损失。至于案件的当事人王某因其所作出的行为为推销员的职务行为，因而他所造成的责任应由黄海市汽车修理厂承担，黄海市汽车修理厂如何追究王某的个人责任，则由该厂按内部规章制度进行处理。

案例二

此合同应当无效。因为合同是双方的法律行为，只有双方当事人的意思表示真实，并达到一致协议，才能产生法律后果。该案中二轻公司业务员张某故意隐瞒产品瑕疵，采用欺诈手段诱使对方违背自己的真实意愿，与其签定合同是属无效的经济行为。建材批发商店要求退货并赔偿其全部经济损失是合理的，法院应当予以支持。

五、法理基础

经济法律行为是指经济法律关系主体为设立、变更或终止一定法律关系所实施的一种合法行为。

经济法律行为必须是主体从外部表现出来的活动；经济法律行为是主体有自觉意识的活动；经济法律行为必须是符合法律的行为。

经济法律行为的有效条件：(1) 经济法律关系主体必须合格；(2) 主体意思表示必须真

实；(3) 经济法律行为的内容必须合法；(4) 经济法律行为的形式必须符合法律规定。

六、自测案例

2002年7月居民黎某与红光有限公司签定了一份合同，黎某将位于市中心区的门市房租给红光有限公司，租期1年，租金每月3000元，于每月5日前给付；并约定合同成立之日红光有限公司预交6000元给黎某作为租房押金，租赁期满退还押金。半年后红光有限公司提出续租半年，并提出在原押金基础上，再交付4个月的租金1.2万元，作为续租半年的租金。请回答本案中发生了哪些经济法律行为？产生了哪些经济法律关系？

【关于经济代理】

一、知识要点

代理行为是代理人在一定范围内以被代理人的名义与第三人进行的法律行为。

1. 代理行为必须具有法律意义。

2. 代理行为是代理人以被代理人的名义进行的活动。

3. 代理人在授权范围内独立地表达自己的意思。

4. 代理行为所产生的后果由被代理人承担或享有。

二、典型案例

某乡办针织厂派业务员陈某与市纺织机械厂签订了一份订货合同。合同规定：针织厂向纺织机械厂订购A631型捻线机两台，总金额为3.2万元，年底交货，合同签订后一个月内购货方向供货方支付1.6万元预付货款。陈某把签订的合同文本拿回厂后，厂长不同意其中的预付货款条款，但陈某未作更改，依旧坚持了原合同。纺织机械厂收到合同定单后，没有追究预付货款问题，随即便按合同安排了生产。年底，纺织机械厂按合同规定的日期交货，并通知针织厂提货，但针织厂回答，因合同中签订了预付货款条款，合同无效，拒不提货。为此，纺织机械厂向人民法院提起诉讼，要求对方提货并支付货款。

三、思考问题

1. 陈某代理签订的合同是否有效？

2. 陈某的越权代理责任是否由针织厂承担？陈某本人应承担什么责任？该经济行为是否有效？法院应如何处理？

四、案例分析与参考答案

陈某以针织厂业务员的身份，代理本厂与纺织机械厂签订的合同当然有效。本案中虽然厂长已明确表示不同意该合同预付货款的条款，但却没有及时认真地修订预付货款条款，因而陈某代理所产生的经济法律后果仍由针织厂承担。对于针织厂内部来说，陈某的行为属于越权代理，厂内应按本厂的规章制度予以处分。

在本案中纺织机械厂并没有追究预付货款条款，因而与陈某是否越权代理无关。针织厂以“预付货款条款无效”为理由主张合同无效是没有根据的，因此针织厂应继续履行合同，提回捻线机支付货款，如合同中签订了违约责任，还应当承担违约责任。

五、法理基础

代理是指代理人在授权范围内，以被代理人的名义与第三人进行的法律行为。代理产生的法律后果由被代理人承担。代理人是指根据被代理人的委托、法律规定或主管机关、法院指定行使代理权的人；被代理人是指按照法律规定或者在法律规定的范围内授权他人代理自己所为的人。

代理权产生有三种形式：委托代理、法定代理、指定代理。

代理权的终止。(1) 委托代理的终止：①代理期届满或代理事项完成；②被代理人取消委托或代理人辞去委托；③代理人死亡；④代理人丧失民事行为能力；⑤作为被代理人或代理人的法人终止。(2) 法定和指定代理的终止：①被代理人取得或者恢复民事行为能力；②被代理人或代理人死亡；③代理人丧失民事行为能力；④指定代理的人民法院或者其他指定单位取消指定；⑤由其他原因引起的被代理人和代理人之间的监护关系消灭。

无权代理是指没有代理权而以他人名义进行的代理行为。无权代理的法律后果有以下几种情况：(1) 如果被代理人和第三人都不知道的无权代理，这种法律后果完全由无权代理人本人承担。(2) 如果无权代理行为，经过被代理人追认，则被代理人承担法律责任。(3) 本人知道他人以本人名义实施法律行为而不作否认表示的，视为同意，其法律后果由本人承担。(4) 如果第三人知道行为人无权代理还与行为人进行经济活动，给他人造成损害的由第三人和行为人负连带责任。

滥用代理权是指代理人利用享有代理权的便利条件损害被代理人利益的行为。滥用代理权是无效的，滥用代理权的行为人要承担相应的法律后果。滥用代理权的三种表现形式为：(1) 代理人以被代理人的名义同自己进行的法律行为；(2) 代理人以被代理人的名义同自己代理的其他人进行的法律行为；(3) 代理人与第三人恶意串通损害被代理人的利益。其中第三种表现形式，根据法律规定，应由代理人和第三人共同负连带责任，除赔偿被代理人的损失之外，还要对代理人和第三人处以其他形式的制裁，构成犯罪的要依法追究刑事责任。

六、自测案例

李某是某机械厂的采购员，负责原材料的采购，随身带有加盖公章的空白合同。厂领导为了防止滥采购的情况发生，内部规定采购人员每批订货金额不得超过5万元，特殊需增加采购额的情况，需经主管厂长批准。2004年3月李某在工作中得知某钢铁厂处理一批钢材，价格与质量特别优惠，便自行决定签订了采购12万元钢材的合同。问：

1. 李某订立的合同是否有效？

2. 如果机械厂的内部规定曾事先通知了钢铁厂和其他关系企业，那么此合同是否有效？为什么？

3. 如果按第2问条件，如何使该合同生效？

【本章综合案例】

案例一

(一) 案情介绍

2003年5月某市万家福超市与强力方便食品公司签订了购买12万包“强力”牌方便面的合同。合同约定每月5日前由强力公司送货1万包，每下一次送货结算前一次货款，每包方便面价格为0.81元，方便面质量符合国家有关食品检验标准。送货至第三个月以后，万家福超市发现“强力”方便面的调味袋中含不符合卫生标准的“苏丹红”，遂要求停止供货、退回库存的5000包方便面，并解除合同关系，强力公司自知理亏，同意了超市的要求，双方解除了合同关系。

（二）思考问题

1. 万家福超市和强力方便食品公司是什么关系？这种关系是如何产生的？又因何使双方的关系归于消灭？

2. 指出万家福超市与方便食品公司所结成关系中的主体、内容和客体。

（三）参考答案

万家福超市与强力食品公司因签订合同的经济法律行为的发生，双方结成了经济合同关系。又因强力食品公司生产的方便面调味袋中含不符合卫生标准的“苏丹红”，万家福超市作出了要求解除合同的行为，强力作出了同意的表示（也是一种“行为”），使双方的合同关系归于消灭。

万家福超市与强力食品公司所结成的经济合同关系中，其合同关系的主体为：万家福超市和强力食品公司；其合同关系的内容为：供货的数量、价款、交货地点、批次、时间和质量标准等；其合同关系的客体为：方便面和货款。

案例二

（一）案情介绍

李某和张某在同一单位工作，李某是锅炉工人，张某为总务科干事。一天，李某准备将自己的一处住宅卖给王某，李某和王某谈妥定金、价款、交房时间、手续变更等实质性问题之后，因王某与李某的文化水平都较低，遂请张某代笔书写了房屋买卖合同。在签名时李某对张某说，你替我签了罢。张某因与李某是同事，没有多考虑就代李某写下了名字。合同签订并在王某交付了定金之后，李某反悔，向王某提出是张某超越权限代理我签订的合同，与我的想法不太一致，要求重新商定合同。

（二）思考问题

什么是代理？张某代笔书写合同的行为是代理行为吗？

（三）参考答案

代理行为是代理人在一定范围内以被代理人的名义与第三人进行的法律行为。代理行为具有以下特点：代理行为必须是具有法律意义的行为；代理行为是代理人以被代理人的名义，在代理人授权范围内独立表达自己意思的行为。张某代李某书写合同时，合同的内容是李某和王某所谈妥的，与张某的意思表示无关，而且张某的代书行为也不是具有法律意义的行为，因而，这个合同不能认为是张某超越代理权限与王某签订的合同，李某应按照合同规定的内容履行义务。

【本 章 练 习】

一、填空题

1. 经济法律关系是指经济法律关系主体在经济管理和经济协作过程中，根据经济法的规定形成的________和________关系。

2. 经济法律关系的主体，是指在____________中享有权利、承担义务的当事人或参加者，简称经济法主体。

3. 法人的民事权利能力和民事行为能力依法同时________同时________。

4. 经济法律关系的客体，是指主体之间的经济权利和经济义务所________的对象。

5. 智力成果又称精神财富，是指经济法主体从事__________所创造取得的成果，如发明创造、商标设计、学术成果等。

6. 事件，是指不依________的主观意志为转移，并能引起经济法律关系产生、变更和消灭的客观事实。

7. 默示形式是指当事人通过行为的作为或不作为的间接方式表示自己的内在意愿，有____________和__________两种方式。

8. 无效经济行为，是指当事人的经济行为缺乏__________，违反法律，侵害国家或者他人利益的行为。

9. 经济代理行为，是指代理人在授权范围内，以__________的名义与__________进行的经济法律行为，其法律后果归被代理人承担和享有。

10. 代理人与第三人恶意串通损害被代理人的利益，应由__________和________共同负连带责任。

二、单项选择题

1. 经济法律关系最主要的参加者是(　　)。

A. 公民　　B. 事业单位

C. 企业　　D. 国家机关

2. 公民作为经济法律关系主体时，其行为能力受到限制的情况是(　　)。

A. 职业　　B. 性别

C. 种族　　D. 年龄和思维是否正常

3. 下列单位中不具法人资格的是(　　)。

A. 事业单位　　B. 依照法律成立的国家机关

C. 经核准尚未登记的企业　　D. 社会团体

4. 能够成为经济法律关系客体的物是指(　　)。

A. 客观存在的物　　B. 法律意义上的物

C. 有使用价值的物　　D. 有经济价值的物

5. 某个体工商户承揽某地毯半成品加工业务，它们之间的经济法律关系客体是(　　)。

A. 地毯半成品　　B. 地毯加工设备

C. 地毯加工行为　　D. 地毯原料

6. 经济法律行为必须以(　　)。

A. 法律事实为构成要素

B. 当事人的主观愿望为其构成要素

C. 一定的法律后果为其构成要素

D. 意思表示为其构成要素

7. 下列行为属于代理行为的是(　　)。

A. 代为清理账目　　B. 居间人传话

C. 代定合同　　D. 行记活动

8. 父母为未成年的儿子代理参加损害赔偿诉讼属于(　　)。

A. 委托代理　　B. 法定代理

C. 指定代理　　D. 委托代理和法定代理

9. 下列事物中属于经济法律行为的有(　　)。

A. 发生地震　　B. 铁路中断造成延迟交货

C. 当事人有意违约　　D. 山洪爆发

10. 企业法人对它的法定代表人和有关工作人员的经营活动(　　)。

A. 承担民事责任　　B. 不承担民事责任

C. 承担部分民事责任　　D. 经上级同意不承担民事责任

三、多项选择题

1. 下列组织中符合经济法主体条件的组织有(　　)。

A. 某市民政局　　B. 中国红十字会

C. 某机械厂加工车间　　D. 某个体早点铺

2. 下列单位属于法人的是(　　)。

A. 某工业局　　B. 某学校

C. 某厂的分厂　　D. 某研究所

3. 经济法律关系客体可以归纳为(　　)。

A. 财　　B. 物

C. 完成一定工作　　D. 非物质财富

4. 无效的经济行为有(　　)。

A. 主体不合格　　B. 意思表示不真实

C. 内容或形式不合法　　D. 显失公平

5. 下列代理活动中，(　　)属于无效代理。

A. 某甲知道某乙以本人名义实施法律行为而不作否认表示的

B. 代理人某甲以被代理人的名义同自己进行的法律行为

C. 代理人某甲与第三人某丙商议串通损害被代理人某乙的利益

D. 未成年中学生小明的父亲代理小明参加伤害诉讼

6. 下列组织中符合法人条件的组织有(　　)。

A. 某市民政局　　B. 中国红十字会

C. 某机械厂加工车间　　D. 某个体早点铺

7. 指能够引起经济法律关系产生、变更和消灭的客观情况是(　　)。

A. 法律规范　　B. 法律行为

C. 法律准则　　D. 法律事件

8. 下列各项中，能够作为经济法律关系客体的有(　　)。

A. 货币　　B. 衬衣

C. 修理自行车　　D. 祖传秘方

9. 经济法主体能够享有的经济权利有(　　)。

A. 经济管理权　　B. 财产权

C. 人身自由权　　D. 专利权

10. 国家对经济法律关系的保护，是通过下列职能机关实现的(　　)。

A. 税收　　B. 工商管理

C. 商品检验　　D. 劳动管理

四、判断题（对的划√，错误的划×）

1. 经济法律关系是一种物质利益关系，即经济关系。(　　)

2. 经济法律关系主体资格不受法律限制。(　　)

3. 经济法律关系主体的权利能力主要是指特殊的权利能力，取决于各自成立的宗旨和业务活动的范围。(　　)

4. 企业经上级主管机关核准，即可取得法人资格。(　　)

5. 某公司的供销科具有法人资格。(　　)

6. 法人的权利能力始于法人成立之日，止于法人消灭之时；法人的行为能力与权利能力相一致。(　　)

7. 被撤销的经济行为从开始起无效。(　　)

8. 代理是一项法律行为，既要符合法律的规定，又要受到法律的保护。(　　)

9. 经济代理行为，是指代理人在授权范围内，以被代理人的名义与第三人进行的经济法律行为，其法律后果归代理人承担和享有。(　　)

10. 要式法律行为是指法律法规明确必须经一定程序或一定格式才能宣告行为成立的法律行为。(　　)

11. 行政责任，是指由于当事人违反经济行政法规而应当承担的法律后果，即由人民法院依照《刑法》对当事人的经济行政违法行为给予行政制裁。(　　)

12. 行为，是指不依当事人的主观意志为转移，并能引起经济法律关系产生、变更和消灭的客观事实。(　　)

五、简答题

1. 说明经济法律关系的概念，经济法律关系有哪些要素？

2. 法人应具备哪些条件？

3. 法人的权利能力和行为能力有什么特点？

4. 经济法律行为的有效要件有哪些？

5. 简述无权代理行为及其法律后果。

6. 简述代理权滥用及其法律后果。

六、案例分析

案例一

某年9月，走私分子王某以人民币120元从一中学生许某（15岁）手中买到家中收藏的银元40枚。许某的父亲得知后，请求王某返还银元，遭到王的拒绝，许某之父遂诉诸法院。

问：此案如何处理？理由是什么？

案例二

1986年2月，林东市汽车配件公司（以下简称甲方）与黄海市汽车修理厂（以下简称乙方）签订了一批配件合同。同年7月，甲方发来某种配件300，价款为1.5万元，乙方以该配件质量有问题为由，拒付货款，要求退货。双方发生争执，甲方遂诉至法院，要求乙方遵守合同，如数付款。乙方在答辩中却坚持拒付，并提起反诉称甲方发来的配件均为翻修次品，要求全部退货并赔偿乙方的全部损失。

经法院查明：1986年1月，甲方推销员王某来黄海汽车修理厂推销配件时，为了让乙方同意签订购销合同，达到多推销、多提成的目的，竟在洽谈时，隐瞒了该配件为翻修再生产品的主要情节，欺骗乙方签订了合同。乙方进货后在修理过程中，用户屡屡发现质量问题，乙方因此拒绝付款。

问：当事人的经济行为是否有效？理由是什么？

案例三

试说明下列行为是否有效？并说明理由及如何处理？

1. 某甲患有精神病，将家中钻石戒指拿出，同乙交换了两包香烟。

2. 三新五金商店谎称拼装彩电是原装进口货，对外销售谋取暴利。

3. 甲委托乙购买一台环保型无氟电冰箱，结果乙买了一台普通电冰箱，甲极为不满，两人因此发生争执。

案例四

1998年6月，某钢铁厂购买某设备厂40T冲床一台。钢铁厂提货后，付给设备厂1.2万元。8月，钢铁厂安装试车，因产品质量差不能使用，于是钢铁厂要求退货，经双方协商决定作出退货处理。钢铁厂将冲床退给设备后，货款却一直不能收回。

同年9月，钢铁厂要求返还货款。这时，设备厂在经济调整中已并入某机械厂，而机械厂认为原设备厂所欠货款不能由机械厂承担，钢铁厂无奈起诉到法院。

问：该笔欠款应由谁负担？为什么？

案例五

1996年11月10日，某物资服务中心与某劳动服务公司签订了一份铝锭购销合同（发案后经法院审查劳动服务公司的营业执照，没有“经营铝锭”这一项目）。合同规定：由劳动服务公司供给物资贸易服务中心优质再生铝锭400吨，共计货款146万元；交货时间为1997年元月10日；交货地点为某市火车站；付款方法为在合同签订后5天内由物资贸易服务中心预付货款50%。合同签订后物资贸易服务中心按合同规定向劳动服务公司预付货款73万元。劳动服务公司收款后，无货履行合同，又不退还预付款，因而酿成纠纷。于是，物资贸易服务中心起诉至法院。

问：双方当事人有哪些过错？该经济行为是否有效？

第三章

财产所有权法律制度

【本 章 概 要】

一、教学重点、难点

重点：(1) 财产所有权的概念及特征；(2) 举例说明财产所有权的权能；(3) 财产所有权的民事保护方法。

难点：(1) 财产所有权的特征；(2) 财产所有权的取得方式；(3) 财产所有权的两种共有形式。

二、教学建议

"财产所有权法律制度"属民法范畴，但在经济法律部门的司法实践中，经济法律关系与财产所有权密不可分，因而我们在《经济法基础知识》中增加了本章内容，希望教师们在教学中对本章加以重视。

【实 训 案 例】

【关于财产所有权概念】

一、知识要点

1. 财产所有权的主体是所有权人。所有权是物权的一种表现形式，它是所有制在法律上的表现。

2. 财产所有权表现为占有、使用、收益和处分四项权能。占有权是指所有人依法对其财产的控制权，包括实际控制和法律控制；所有人和非所有人合法占有财产，主要是为了对财产进行有效的利用，以获取一定的利益，这种所有人或者非所有人对财产进行有效利用的权利，就是使用权；收益权是指主体在原来的财产之上获取经济利益的权利。处分权是指所有人对自己的财产进行处置的权利，其实质是决定财产的命运。

3. 财产所有权是物权，不包括无形财产的所有权。我国的《物权法》已于 2007 年 3 月 16 日第十届全国人民代表大会第五次会议通过，自 2007 年 10 月 1 日起开始施行。

4. 所有权的取得包括原始取得和继受取得。

二、典型案例

某城市社区为了活跃社区文化，由社区居民共同筹集建筑材料、共同参加劳动，修建了五间房屋。在修建的过程中居民王某极为热心，通过熟人多次找规划和土地部门，以社区的名义使建房得到了批准。房屋建成之后，在办理房产执照的过程中，王某又利用熟人关系私自将房产执照办理到个人名下。之后社区只用了两间房屋作为社区文化站，将另三间承包给王某开设小卖部。三年以后，社区领导发生变化，王某就以产权人的名义将房屋出售，遂引起产权争议案。

三、思考问题

1. 此五间房屋的所有权该归谁所有？该房屋的所有权属于何种取得形式？

2. 王某在承包开设小卖部期间，对房屋的占有是否合法？

四、案例分析与参考答案

本案的解题思路从所有权的取得方式和所有权的权能入手。

该五间房屋的所有权应该归社区居民集体所有。因为这五间房屋是由社区居民共同筹集建筑材料、共同参加劳动所建成的，是属于大家创造出来的新财产。法律规定通过生产劳动创造出来的新财产，应该由生产资料的所有人和生产者享有其所有权。而王某没有合法根据，既没有投入建筑材料又没有投入劳动，仅仅是居心不良地帮忙办理了批准手续，却骗取了房屋执照，这显然是一种欺诈行为。

该房屋所有权的取得形式应该为原始取得。

王某在承包小卖部期间，对房屋的占有是合法的。对于财产所有权来说，它具有占有、使用、收益、处分四项权能。这四项权能是可以相互分离、分别行使的，王某在承包小卖部期间，即是以承包的方式合法地取得了部分房屋的占有和使用权。

五、法理基础

财产使用权是指所有人依法对自己的财产享有的占有、使用、收益和处分的权利。

占有权是指所有人依法对其财产的控制权，包括实际控制和法律控制。它是取得财产所有权的第一步。非所有人的合法占有是指非所有人依据法律规定或者所有人的意志对所有人的财产享有占有权，如承包、租赁。使用权是直接在所有物即财产上行使的权利，所以使用权的存在要以实际占有财产为前提。当财产与所有人分离时，所有人的使用权也与所有权发生分离，非所有人的使用权只能在法律或合同规定的范围内行使，并且按照指定的用途使用。

原始取得是指财产所有权第一次产生或者不依靠原所有人的权利而取得所有权。生产是财产原始取得的方式之一，这种取得方式，是通过生产创造出新的财产，通常由生产资料的所有人和生产者享有其所有权。

六、自测案例

李某家所居住的房屋是李家的祖居，多年来没有及时审验、更换房屋执照，2001年旧城改造需要动迁安置，可是李某却无论如何也没有找到有关产权资料，只能凭周围的老邻居作证。请问在没有确定李某的房屋产权之前，多年来实际上他已经行使了所有权的哪些权能？

【关于所有权法律关系】

一、知识要点

1. 所有权关系的权利主体为所有人，义务主体是不特定的。

2. 所有权关系权利主体的内容为：占有、使用、收益和处分权；义务主体的义务内容为：不对权利人的所有权构成侵犯。

3. 所有权关系的客体为具有价值和使用价值的实际物，不包括无形财产的所有权。

二、典型案例

乡民李某夫妇在自家的宅基地上自建了三间住房。两年后李某父母先后病故，父母的住房也因医疗欠债而变卖，留下李某未成年的弟弟不能独立生活，李某夫妇遂收养了弟弟共同生活。十年之后弟弟23岁，准备结婚，便要求李某夫妇让出一间住房归自己所有，李某夫妇没有答应，发生纠纷。

三、思考问题

1. 说明该住宅所有权的主体、内容和客体。

2. 该住宅的所有权是如何取得的？其弟的要求是否合法？

四、案例分析与参考答案

解题思路，血缘关系与共同生活不是取得财产所有权的依据。财产的原始取得所依据的是通过劳动创造和孳息。除国家之外，财产的原始取得只能靠创造和孳息，因而创造者必然是主体。

该住宅所有权的主体为：李某夫妇。

该住宅所有权的内容为：李某夫妇对该住宅的占有，家庭居住或出租使用，因居住或出租所获取的利益和对此住宅出售、依法改建等处分的权利。

该住宅所有权的客体为：三间住宅。

该住宅系李某夫妇在自己的宅基地上所建，因而该住宅是李某夫妇通过劳动的原始取得，才获得了该住宅所有权。李某弟弟的要求是违法的。因其弟弟本身是在李某夫妇独立生活后，因父母去世无法独立生活而投靠哥哥的。此住宅的取得与弟弟没有任何联系，因而弟弟没有要求分割房屋产权的依据，法律不能满足弟弟的要求。

五、法理基础

财产所有权的主体是指财产所有权法律关系的参加者或当事人。财产所有权的内容为财产所有权主体所享有的经济权利和承担的义务。财产所有权的客体是主体的权利与义务共同指向的对象。

财产所有权的取得分为原始取得和继受取得。

原始取得是指财产所有权第一次产生或者不依靠原所有人的权利而取得所有权。原始取得的形式和方法包括生产、孳息、添附。另外还有国家作为原始取得的两种方式：国家可以依据法律规定，强制将某些财产没收归国家所有；无人认领的遗失物和所有人不明的埋藏物法律认定归国家所有。

继受取得是指所有人通过合法途径从原所有人那里取得财产所有权。包括（1）转让财产。即通过买卖、赠与、互易等法律行为，由一方将财产所有权转移至另一方手中，新的所有人则取得该财产的所有权。(2）继承或接受遗赠。所有人死亡后，其遗留的财产由其合法继承人继承，或根据所有人的意志赠送给他人，合法继承人或受遗赠人依法取得遗产的所有权。(3）其他合法原因取得。

六、自测案例

援引前述自测案例：李某家所居住的房屋是李家的祖居，多年来没有及时审验、更换房屋执照，2001 年旧城改造需要动迁安置，李某手中只有解放前的旧房照和周围的老邻居作证。请问有关部门判定李某房屋所有权的取得属于何种方式？

【关于财产共有】

一、知识要点

1. 两个或两个以上主体对某一财产共同享有所有权。

2. 按份共有：对共有财产按各自的份额享有权利、承担义务。

3. 共同共有：不分份额地共同享有权利、承担义务的共有关系。

二、典型案例

案例一

李某（男）与张某（女）于 1979 年结成夫妻，初婚时居住在女方张家。三年后经夫妻共同积累，在县城内购买了四间瓦房。1999 年李某离家外出做生意，两年后发生婚变于 2002 年协议离婚。离婚后双方自行约定了财产的归属，其四间瓦房每人各分得两间，但没有办理产权过户手续。因李某在外地经商，便将自己分得的两间房屋出售于表弟王某，王某搬入后张某也知系李某将所分得的房屋卖于王某。2003 年夏天当地发生水灾使房屋部分受损，损坏部分王某一侧较大。在维修房屋的费用上张某与王某发生纠纷，遂诉至法院。

案例二

赵红与李军同为某市化工研究院工程师，二人的主要工作任务为研究开发化工新产品，但二人都对机械设计有较大兴趣，因而在业余时间共同设计了一种新型矿山机械，并经申请取得了专利权，二人协商对该专利享有相等的权利。事后，化工研究院闻听此事，提出赵、李二人系本单位职工，二人开发出的新型矿山机械专利权应归单位所有。二人不同意此意见，与单位发生争执，化工研究院遂诉至法院，请求法院确定该专利权的归属。

三、思考问题

案例一

1. 李某与张某对此四间房屋的共有属何种共有形式？

2. 王某与李某之间的自行买卖房屋是否具有法律效力？

3. 水毁后的房屋维修费用应如何处理？

案例二

化工研究院提出的要求是否合法？此专利权应归谁所有？此种所有权的形式如何？

四、案例分析与参考答案

案例一

李某与张某在婚姻存续期间所购买的房屋是典型的共同共有形式。在这种共同共有关系中，是以共同关系的存在为前提，只要共同关系存在，共同共有关系就不能割裂，这种共有关系只有在共同关系结束时才可以划分份额。李某与张某在离婚时双方自行约定了财产归属，李某又自行将自己分得的两间房屋，没有通过过户手续出售给表弟王某，这一系列行为都是没有法律依据的，不受法律保护。在法律上这四间瓦房仍由李某和张某共有，因而对水毁后房屋的维修费用，仍应由李某与张某不分份额地共同负担。但李某与张某离婚已遂，只因离婚当时房屋分割没有及时履行法律手续，此时只能由法院调解解决或依据双方约定的份额来判定费用负担。至于表弟王某，只有在李某和张某的共有产权分割得到法律确认后，才能再进行买卖。

案例二

化工研究院的要求是没有法律依据的。因为赵红和李军设计的新型矿山机械系利用业余时间所为，并且化工研究院的主要工作任务是研究和开发化工新产品，在专业上与机械设计无关，化工研究院仅凭赵、李二人系本单位职工为由，要求获取赵、李二人的专利是不合法的，法院应驳回化工研究院的要求，确认张、李二人的专利权属。

此专利权因系赵红与李军共同发明，因而此专利应归赵、李共同所有。又因为在取得专利后二人曾协商对该专利享有相等的权利，所以赵、李的共有形式是各占50%所有权的按份共有。

五、法理基础

财产所有权法律关系的权利主体可以是一个，也可以是两个或几个，这种所有权称为共有财产权。共有财产权有两种形式：

1. 按份共有，是指两个或两个以上的共有人，对共有财产按照各自的分额，分别对共同拥有的财产享受权利、承担义务的一种共有关系。按份共有人享有以下权利：(1) 按份共有人按照预先确定的份额分别对共有财产享有占有、使用、收益和处分的权利。(2) 按份共有人有权处分其份额。(3) 共有人出售其份额，其他共有人在同等条件下，有优先购买的权利。(4) 按份共有人转让其份额，一般不受时间限制，只要共有关系存在，共有人就享有该项权利。按份共有人在享有以上权利的同时，也承担一定的义务，主要包括：按份共有人享有的份额越大，其承担的责任和风险也越大；任何共有人未经其他共有人的同意，不得擅自占有和使用共有财产；共有人转让其份额时，不得损害其他共有人的利益，等等。

2. 共同共有，是指两个或两个以上的公民或法人，根据某种共同关系而对某项财产不分份额地共同享有权利并承担义务的共有关系，如夫妻关系、家庭财产共有关系等。在共同共有关系中，是以共同关系的存在为前提，只要共同关系存在，共同共有关系就不能割裂。共同共有财产不分份额，各共有人平等地享有权利和承担义务。

共同共有人对共有财产享有平等的占有、使用权。对共有财产的收益，不是按比例分配，而是共同享有。对共有财产的处分，必须征得全体共有人的同意。

共同共有人对共有财产共同承担义务。如对共有财产进行维护、保管、改良等，其费用由共同共有人共同承担。这种共有关系只有在共有关系结束，如夫妻离婚时，才可以划分份额。

六、自测案例

李军与张红于1978年结婚，已共同生活了27年，近5年来由于李军做生意长期在外地独居，形成一种孤僻的生活习性，因而造成夫妻离婚。李军在外地所居住的房屋，原系租用他人的，后出租人欲将该房屋出售，李军便自行买下。在离婚中李军没有透露自己在外地居住的房屋已为自己所购置，因而在财产分配协议中没有涉及该房屋。离婚后1年张红不经意间从李军朋友处听说，李军的房屋所有权已在3年以上，故起诉到法院要求分割财产，问张红的主张法院能否支持？

【关于财产所有权的保护】

一、知识要点

1. 通过《民法》、《行政法》、《刑法》三个法律部门对财产所有权进行保护。

2. 《民法》是对财产所有权最常用的保护手段。

二、典型案例

案例一

农民李某拾到一头走失的母牛，饲养两、三个月以后经配种，生下一头小牛，一年多以后失主张某听说后，找到李某提出要回母牛和所生小牛，并答应酬谢李某劳务费600元。但李某却坚持说，拣拾到的物品即归自己所有，因而发生争执。张某遂诉至法院。

案例二

中学生小明为了去网吧玩游戏，从附近一建筑工地偷出钢材、水泥等物资，低价卖给另一建筑工地的包工头李某，获赃款850元。当小明再次偷窃时被抓获，送至公安局，经审讯小明交代了曾卖给李某赃物的行为。失窃的工地遂通过公安机关要求李某交出赃物，李某认为自己在购买时并不知是赃物，拒绝交出。

三、思考问题

案例一

1. 李某是否取得了对母牛的所有权？

2. 法院应如何处理此案？

案例二

丢失钢材、水泥的建筑工地向包工头李某请求返还原物是否符合法律规定？

四、案例分析与参考答案

案例一

本案例要从所有权的取得和不当得利的角度来考虑问题，同时还涉及对于不当得利返还时应当扣除劳务及管理费用。

李某拣拾到的母牛，属于不当得利行为。对于不当得利，法律规定应当向受损失人返还不当得利。

李某在拣拾到母牛以后，经过精心饲养并经配种母牛产下小牛。按法律规定，拣拾到的母牛法院应判归失主张某所有，但在此一系列过程中，李某花费了大量的精力和成本，对此张某应按通常市场价格（包括劳动力价格和饲料花费）对李某进行补偿。

至于新生的小牛，属于母牛的孳生物，按法律规定，主物归谁所有，孳生物即应随主物归谁所有。但在本案中，主物母牛虽为张某所有，但新生的小牛并非母牛在拣拾前受孕，而是李某在拣拾后配种所生，且母牛在怀孕期间的护理与饲养均为李某所为。因而法院在处理本案时，除应考虑到母牛为失主张某所有，新生的小牛即应归张某所有之外；也应考虑到李某在拾得母牛后对母牛配种、护理和饲养等过程的实际经济付出，并按照李某实际付出的大小给以恰当的经济补偿。

案例二

本案中小明盗窃的物资已出售给包工头李某，属于将所有人的财产非法占有后，并转移到第三人手中，所有人可以请求返还原物。我国法律规定：第三人如果从他人手中购买了非法占有物，应视其是善意占有或恶意占有作不同处理。如果第三人是善意取得，并且不知道该占有物是非法占有，所有人不得要求善意的第三人返还原物，只能请求转让人赔偿损失；如果第三人是恶意占有，即第三人购买占有物时，明知道该物是非法占有物，却仍然购买，则所有人可以无条件要求最后占有人返还原物，但对于赃物不使用善意取得制度。本案中的盗窃物资即不能使用善意取得制度，李某应将购得的赃物返还给建筑工地。换言之，丢失钢材、水泥的建筑工地向包工头李某请求返还原物是符合法律规定的。

五、法理基础

财产所有权的法律保护是指国家通过法定程序和方法对所有人的合法财产的占有、使用、收益和处分的权利给以法律性的强制支持。财产所有权的保护方法有：请求确认所有权、请求返还原物、请求停止侵害、请求恢复原状、请求排除妨害、请求消除危险、请求赔偿损失、请求返还不当得利；对国有财产的所有权法律还给以特殊的保护。

六、自测案例

1987年，陕西长安县农民李某在村外的一座高岗上开荒时，无意掘得一件铜器，便放在家中。第二年秋天古董贩子张某串村收购旧物，发现此铜器以120元收得，后以6000元价格卖给文物走私分子，走私分子在非法携带文物出境时被抓获。问本案应如何处理？为什么？

【本章综合案例】

一、案情介绍

骗子赵某以租房名义租下了钱某的两居室楼房，讲明租期为半年，并约定了租金等事宜。赵某租妥房屋后，便伪造了《房屋产权证书》，又以做生意资金周转不灵为名，将该房屋以18万元的价格典给了孙某，同时交付了伪造的身份证和《房屋产权证书》，并签订了典当协议，约定半年以后以20万元赎回，如超过半年，每超过半年增加赎金2万。并在协议中言明，孙某可以对该房屋做简单装修，装修费用在不超过2万元之内，凭装修收据由赵某在赎房时一并付清。半年后钱某来找赵某续租或退房，见房屋已装修一新，住户不是赵某而是孙某，双方才发现受骗。但已找不到骗子赵某，于是房东赵某将孙某诉至法院，请求收回房屋。此时孙某不但已支付了典房款，而且还花费了18000元装修款。

二、思考问题

请问法院该如何处理此案？

三、参考答案

骗子赵某与孙某达成的典当协议没有到房屋产权管理部门登记、备案，不受法律保护。

故法院判定，孙某应将该房屋交还房东赵某；孙某对房屋所作的装修属于在原房产上作了添附，对添附所支出的费用，房东赵某不能获得不当得利，应对孙某做出适当补偿。至于骗子赵某应另案追究刑事责任。

【本 章 练 习】

一、填空题

1. 财产所有权的核心是____________。

2. 所有权是______的一种表现形式，它是________在法律上的表现。

3. 所有人或者非所有人对财产进行有效利用的权利，就是________权。

4. 收益权是指主体在原来的财产之上获取______的权利，包括____孳息和________孳息。

5. 占有权是指所有人对其财产的________权，包括______控制和________控制。

6. 对共同共有的财产的处分，必须征得________________的同意。

7. 非法占有人在占有某项财产时，不知道或者不应当知道自己的占有是非法占有，而实施了占有行为，叫做______占有。

8. 财产所有权的四项权能包括______权、______权、______权、______权。

9. 财产所有权的权利主体是________。

10. 处分权是所有人对自己的财产进行____的权利。它包括____处分和____处分。

二、单项选择题

1. 某学生在上学路上拾到一个书包，在没有找到失主前，这种占有属于(　　)。

A. 合法占有　　B. 恶意占有

C. 善意占有　　D. 恶意地非法占有

2. 不同社会所有权的性质取决于不同社会的(　　)。

A. 生产力水平　　B. 占统治地位的所有制性质

C. 法律制度　　D. 领导者的意志

3. 所有人不明的埋藏物、隐藏物视为无主财产，其所有权属于(　　)。

A. 发现人　　B. 原所有人

C. 土地所有者　　D. 国家

4. 所有制在法律上表现为(　　)。

A. 工业产权　　B. 债权

C. 知识产权　　D. 所有权

5. 共同共有人对共有财产的收益(　　)。

A. 按照比例分配　　B. 平均分配

C. 共同享有　　D. 不得分配

6. 企业通过生产而取得财产所有权的这种方式属于(　　)。

A. 原始取得　　B. 继受取得

C. 所有人取得　　D. 非所有人取得

7. 非所有人有合法的原因占有所有人的财产基础上的使用(　　)。

A. 一定合法

B. 属于非法

C. 在法律或合同规定的范围内为合法使用

D. 只有所有人的特别授权的使用才是合法使用

8. 财产所有权的权利主体是(　　)。

A. 所有的人　　B. 特定的所有人

C. 权利和义务　　D. 物质

9. 遗失物应归所有人所有，无人认领时，所有权属于(　　)。

A. 拾得人　　B. 国家

C. 拾得人所在单位　　D. 拾得人送交的单位

10. 财产所有权的主体包括(　　)。

A. 人和物　　B. 所有权人

C. 非所有人　　D. 权利主体和义务主体

三、多项选择题

1. 对国家财产的特殊保护的规定是(　　)。

A. 国家财产被他人侵占追索时，不受时效限制

B. 当财产所有权归属无法确认时，推定为国家所有

C. 所有人不明的埋藏物、隐藏物归国家所有

D. 国家财产被他人非法转移时，不管什么情况，占有人都应当返还原物

2. 财产所有权的民事保护手段有(　　)。

A. 赔偿损失　　B. 消除危险

C. 请求恢复原状　　D. 请求停止侵害

3. 财产所有权客体的表现形式主要有(　　)。

A. 智力成果　　B. 有价证券

C. 物质资料　　D. 货币

4. 属于原始取得财产所有权方式的有(　　)。

A. 生产　　B. 买卖

C. 继承　　D. 没收

5. 财产所有权消灭的原因主要有(　　)。

A. 抛弃所有权　　B. 所有物本身的消灭

C. 所有权主体的消灭　　D. 孳息

6. 属于继受取得财产所有权方式的是(　　)。

A. 添附　　B. 转让财产

C. 接受遗赠　　D. 发现埋藏物

7. 非所有人的占有分为(　　)。

A. 合法占有　　B. 非法占有

C. 善意占有　　D. 恶意占有

8. 所有人在行使财产所有权时，必须承担(　　)义务。

A. 必须遵守国家法律　　B. 不得防碍社会公共利益

C. 必须符合社会主义道德风尚　　D. 不得妨害相邻关系

9. 下列说法表述财产所有权法律特征的是(　　)。

A. 权利主体和义务主体都是特定的　　B. 权利主体是特定的即所有权人

C. 客体是有形的“物”　　D. 具体内容包括四项权能

10. 财产所有权的四项权能是(　　)。

A. 占有权　　B. 使用权

C. 处分权　　D. 控告权

四、判断正误题

1. 财产所有权的一项或两项权能可以与所有权分离。(　　)

2. 作为一种法律制度，不同社会所有权的性质是相同的。(　　)

3. 共有人出售其份额，其他共有人在同等条件下，有优先购买的权利。(　　)

4. 财产所有权的权利主体是特定的，义务主体是不特定的。(　　)

5. 所有制是所有权在法律上的表现。(　　)

6. 收益权是所有权的一项独立权能，是所有权的核心。(　　)

7. 非所有权人的占有一定是非法占有。(　　)

8. 乘坐火车下车时，错拿了他人的帽子，这是非法占有他人的所有物。(　　)

9. 在共有关系存在期间，按份共有人无权处分其份额。(　　)

10. 共同共有财产不分份额，各共有人平等地享有权利和承担义务。(　　)

五、简答题

1. 举例说明两种不同的共有形式。

2. 举例说明财产所有权的权能有哪些?

3. 什么是财产的原始取得和继受取得?

4. 合法取得财产所有权的方式及原因是什么?

5. 什么是财产所有权? 它有哪些特征?

六、案例分析

1. 农民许老汉把一头误认为得了传染病、即将病死的牛抛弃，被邻村养牛专业户林某发现，赶回家中，精心饲养了半年多，逐渐恢复健康，成为高产奶牛。后来，许老汉听说此事，找到林某要牛，并且愿出 300 元作为林某的饲养费。遭到林某拒绝。许老汉向法院起诉，此案应如何处理?

2. 一个个体户，采取多计支出、少写利润等非法手段，几年来偷税 15 万元。该个体户偷税的这15万元是否属于不当得利？为什么？

3. 甲、乙、丙三人分别出资4000元、5000元、6000元在村里开办了一个小吃部。约定三人共同经营，平均分红，半年后，小吃部获取利润1.2万元，每人分得3000元，其余留作发展基金。这时甲被征兵入伍，甲将自己的财产份额转让出去，乙给的价格是4000元，丙给的价格是5000元，丁给的价格是5000元，甲决定转让给丁。乙和丙不同意，甲的决定是否有法律根据？为什么？

4. 张某出国学习，将自己的一套私房及房屋执照交给了朋友李某照管、居住。后来听说张某在国外定居，李某将该房屋进行了改造，并且将房屋更名为自己所有。张某应当如何保护自己的房屋所有权？

第四章

公司法律制度

【本 章 概 要】

一、教学重点、难点

重点：(1) 公司的主要特征；(2) 有限责任公司的设立条件；(3) 股份有限公司的组织机构、设立方式；(4) 债券与股份的区别；(5) 公司债券的发行条件；(6) 公司利润的分配顺序；(7) 一人公司。

难点：(1) 两类公司特征的异同；(2) 两类公司的组织机构的区别；(3) 两类公司设立的条件和程序；(4) 公司债券的发行的条件和程序。

二、教学建议

社会主义市场经济的四大支柱之一是现代企业制度，公司是规范的企业组织形式，现代企业是相对于传统企业而言的。传统企业是指规模较小的由个人所有和经营的企业，现代企业则是指由企业家经营的企业资产的所有者和经营者相分离的企业。企业制度是指资产的组织和经营方式。现代企业制度是市场经济充分发展的产物，是以产权制度为基础和核心的企业组织制度。它的基本内容是企业法人制度、有限责任制度、科学组织制度；它的基本特征是产权清晰、权责明确、政企分开、管理科学。现代企业的组织形式不是按照所有制的性质划分的，国际上通常的分类是将企业划分为个人业主制企业、合伙制企业、公司制企业。在所有这些企业组织形式中，公司是现代企业制度中最具有典型性和代表性。在我国建立现代企业制度是为了改革国有企业管理体制，以适应社会主义市场经济的要求，使千千万万企业成为健全的市场主体，形成社会主义市场经济的微观基础。因此，我国的《公司法》在整个企业法律体系中处于极其重要的地位，本章是重点章之一。

在教学时，教师可采用案例法、讨论法、对比法等多种教学方式，部分教学内容可作适当的拓展。

【实 训 案 例】

【关于公司法概念】

一、知识要点

公司是依照公司法设立的以营利为目的的企业法人。准确理解公司的概念，应把握以下几个特征：(1) 公司是企业法人，具有法律规定的独立性；(2) 公司是营利性经济组织，具有营利性；(3) 公司必须依法成立，并有一定的组织机构，具有组织性。在我国，《中华人民共和国公司法》(以下简称《公司法》) 所称的公司，是指在中国境内设立的有限责任公司和股份有限公司，在我国境内的外商投资的有限责任公司也适用《公司法》，但相关法律另有规定的，适用其规定。

二、典型案例

张某、李某和王某分别出资30万元、20万元、10万元，准备设立一个公司。根据法律规定，三人为公司注册了名称，并成立了相应的机构，明确了公司的经营方向和目标。三人为了表明诚意，约定利益均分，责任共担。公司对外清偿债务时，如果一方有困难，其他人应主动为其分担，直至用公司以外的个人财产来清偿。

三、思考问题

三人预设立的公司是什么类型的公司？这类公司有什么特点？我国法律是如何规定的？

四、案例分析与参考答案

本题主要考查公司的种类。解析本题的关键在于很好地理解和掌握按照股东对公司所负责任不同对公司的分类，及我国《公司法》对公司种类的规定。

三人预设立的公司是无限责任公司。无限责任公司是指由两个以上股东组成，全体股东对公司债务负连带无限清偿责任的公司。这类公司我国法律不保护。因为，《中华人民共和国公司法》中所称的公司，是指依照《公司法》的规定，在中国境内设立的有限责任公司和股份有限公司。

五、法理基础

上述案例主要涉及的法理基础包括公司的概念和种类及我国《公司法》的特殊规定。

(一) 公司的概念和特征

公司是依照《公司法》设立的以营利为目的的企业法人。公司具有如下特征：

1. 公司是企业法人。公司是以独立民事主体资格进行经济活动的企业法人，公司一旦成立，就意味着国家承认其法人资格。它就像自然人一样拥有自己独立的财产，有权进行合法的经济活动。

2. 公司是营利性经济组织。公司必须是营利性经济组织。所谓营利，是指通过生产、经营或服务以谋求物质利益，主要指货币增值。营利性是公司的一个重要特征。

3. 公司必须依法成立，并有一定的组织机构。

(二) 公司的种类

按照股东对公司所负责任不同公司可以分为：

1. 有限责任公司。指公司股东以其出资额为限，对公司承担有限责任，公司以其全部资本为限，对公司债务承担有限责任的公司。

2. 无限责任公司。指由两个以上股东组成，全体股东对公司债务负连带无限清偿责任的公司。

3. 两合公司。指由无限责任股东与有限责任股东组成的公司。

4. 股份有限公司。指由有限责任股东组成，全部资本分为等额股份，股东仅就其所认购股份对公司承担责任的公司。

另外，按照公司的组织系统，公司可分为母公司和子公司；按照公司的管辖，公司可分为总公司和分公司。

（三）我国《公司法》的规定

《中华人民共和国公司法》中所称的公司，是指依照《公司法》的规定，在中国境内设立的有限责任公司和股份有限公司。在我国境内的外商投资的有限责任公司也适用《公司法》，但相关法律另有规定的，适用其规定。

六、自测案例

甲、乙两人准备投资设立一个公司。由甲出资金，乙出技术（非专利技术，经评估为公司注册资本的30%）。甲乙双方约定：如果公司营利，两人按8:2分享；如果公司亏损，如超过乙方投资的限度，乙方不承担，则全部由甲方承担。请问：该公司是什么性质的公司？在我国，能否获准注册？为什么？

【关于有限责任公司的设立与组织机构】

一、知识要点

有限责任公司的设立必须符合法定条件，遵循法定程序。《公司法》规定的条件有：(1) 股东符合法定人数；(2) 股东出资达到法定资本最低限额；(3) 股东共同制定公司章程；(4) 有公司名称，建立符合有限责任公司要求的组织机构；(5)) 有公司住所。有限责任公司的组织机构包括股东会、董事会、经理和监事会。

二、典型案例

甲、乙、丙、丁四人开发了一套应用软件，经法定评估机构评估，确认其价值为人民币10万元，并认定其不属于国家认可的高新技术成果。四人经过市场调查和预测，认为该软件有一定的市场前景。于是决定共同开办一个软件开发与技术咨询服务的有限责任公司，甲、乙各以人民币2万元出资，丙、丁各用经评估机构评估作价为人民币1.5万元的办公设备出资，另外将软件以非专利技术作为四人的共同财产作价出资。

三、思考问题

1. 四人投资可否设立有限责任公司？

2. 四人的出资方式是否符合法律规定？

3. 该有限责任公司能否设立？

四、案例分析与参考答案

本题重在考查有限责任公司的设立。解析本题的关键在于理解、掌握有限责任公司的设立条件，特别是公司法定资本限额、出资方式的规定，弄清四人出资是否达到法定资本最低限额。

本案例的分析的关键在有限责任公司设立中的前两个条件。

四人投资可以设立有限责任公司。《公司法》规定：有限责任公司的股东为50人以下。四人符合《公司法》规定。四人的出资方式符合法律规定。《公司法》规定：股东可以用货币出资，也可以用实物、工业产权、非专利技术和土地使用权作价出资。但该有限责任公司不能设立。根据《公司法》规定，有限责任公司的注册资本为在公司登记机关登记的全体股东认缴的出资额。公司全体股东的首次出资额不得低于注册资本的20%，也不得低于法定的注册资本最低限额，其余部分由股东自公司成立之日起两年内缴足；其中，投资公司可以在五年内缴足。有限责任公司注册资本的最低限额为人民币3万元。全体股东的货币出资金额不得低于有限责任公司注册资本的30%。本案中四人出资达到了17万元，依《公司法》规定货币出资应达到5.1万元，而实际货币出资才4万元。所以该有限责任公司不能设立。

五、法理基础

上述案例的分析，主要涉及有限责任公司的设立条件。有限责任公司的设立条件包括：

1. 股东符合法定人数。有限责任公司股东是50人以下。

2. 股东出资达到法定资本最低限额。具体规定：有限责任公司的注册资本为在公司登记机关登记的全体股东认缴的出资额。公司全体股东的首次出资额不得低于注册资本的20%，也不得低于法定的注册资本最低限额，其余部分由股东自公司成立之日起两年内缴足；其中，投资公司可以在五年内缴足。有限责任公司注册资本的最低限额为人民币3万元。法律、行政法规对有限责任公司注册资本的最低限额有较高规定的，从其规定。股东可以用货币出资，也可以用实物、知识产权、土地使用权等可以用货币估价并可以依法转让的非货币财产作价出资；但是，法律、行政法规规定不得作为出资的财产除外。对作为出资的非货币财产应当评估作价，核实财产，不得高估或者低估作价。法律、行政法规对评估作价有规定的，从其规定。全体股东的货币出资金额不得低于有限责任公司注册资本的30%。

3. 股东共同制定公司章程。设立公司必须依法制定公司章程。公司章程对公司、股东、董事、监事、高级管理人员具有约束力。有限责任公司章程应当载明下列事项：(1) 公司名称和住所；(2) 公司经营范围；(3) 公司注册资本；(4) 股东的姓名或者名称；(5) 股东的出资方式、出资额和出资时间；(6) 公司的机构及其产生办法、职权、议事规则；(7) 公司法定代表人；(8) 股东会会议认为需要规定的其他事项。

4. 有公司名称，建立符合有限责任公司要求的组织机构。依照《公司法》设立的有限责任公司，必须在公司名称中标明有限责任公司或者有限公司字样。

5. 有公司住所。公司以其主要办事机构所在地为住所。

六、自测案例

甲、乙、丙、丁四人均为某市居民，2005年5月，四人协商一致，决定共同出资设立一家生产饮料的有限责任公司。注册资本为50万元，其中甲以货币出资15万元，乙以技术出资作价10万元，丙以实物出资作价12万元，丁以一处房产出资作价13万元。四人还商定：公司不设董事会，由甲担任执行董事，并兼任公司经理。公司运营一段时间以后，丙以经济上困难为由，欲抽回资金，其他三人不同意。请问：该公司是否符合有限责任公司设立条件？该公司在机构设置上是否存在问题？丙在经济上确实遇到了困难，可否抽回资金？

【关于股份有限公司的设立与组织机构】

一、知识要点

股份有限公司的设立，除应具备法定条件外，还应采取法定的设立方式：发起设立和募集设立。两种设立方式在发起人人数和条件以及认购股份上的不同规定。股份有限公司的组织机构包括股东大会、董事会、经理和监事会。股份有限公司必须设立董事会和监事会。股份有限公司的股份及股份发行的原则、价格和股票的种类，股份转让及公司高级管理人员持股的规定，有关上市公司的规定。

二、典型案例

甲、乙、丙三家均为国有企业，在企业改制过程中，计划进行股份制改造，共同作为发起人，设立一家股份有限公司。公司注册资本为人民币2000万元，其中甲企业认购500万元股份，乙企业认购300万元股份，丙企业认购200万元股份，其余股份依法向社会公开募集。公司在设立过程中，三家企业共同制定公司章程。由于公司规模较小，公司决定不设董事会，由认购股份最多的甲企业的负责人担任公司的执行董事并兼任公司的总经理。

三、思考问题

该股份有限公司的发起人数是否符合法律规定？该股份有限公司的股份发行事项是否符合法律规定？该股份有限公司章程制定的程序是否合法？该股份有限公司的机构设置是否符合法律规定？

四、案例分析与参考答案

本题主要考查股份有限公司的设立及组织机构。解析本题的关键在于理解和掌握股份有限公司的设立条件、设立方式和组织机构的设置。尤其是关于发起人人数的特殊规定、发起人认购股份比例的规定、公司章程的规定、有别于有限责任公司的关于组织机构设置的规定。

该股份有限公司的发起人数符合法律规定。《公司法》规定，设立股份有限公司，应当有二人以上二百人以下为发起人，其中须有半数以上的发起人在中国境内有住所。

该股份有限公司的股份发行事项符合法律规定。《公司法》规定，以募集方式设立股份有限公司的，发起人认购的股份不得少于公司总股份的35%。本例中已达到50%。

该股份有限公司章程制定的程序不合法。《公司法》规定，以募集方式设立股份有限公司的，公司章程由发起人制定，并经创立大会通过。本例中没有经创立大会通过。

该股份有限公司的机构设置不符合法律规定。《公司法》规定，股份有限公司必须设立董事会作为公司的经营管理机构。公司决定不设董事会，只设执行董事并兼任公司的总经理，不符合《公司法》规定。

五、法理基础

解析本题涉及的法律基础主要有：

（一）股份有限公司的设立

设立股份有限公司，应当有二人以上二百人以下为发起人，其中须有半数以上的发起人在中国境内有住所。股份有限公司发起人承担公司筹办事务。发起人应当签订发起人协议，明确各自在公司设立过程中的权利和义务。

股份有限公司的设立，可以采取发起设立或者募集设立的方式。

发起设立，是指由发起人认购公司应发行的全部股份而设立公司。

募集设立，是指由发起人认购公司应发行股份的一部分，其余股份向社会公开募集或者向特定对象募集而设立公司。

股份有限公司采取发起设立方式设立的，注册资本为在公司登记机关登记的全体发起人认购的股本总额。公司全体发起人的首次出资额不得低于注册资本的20%，其余部分由发起人自公司成立之日起两年内缴足；其中，投资公司可以在五年内缴足。在缴足前，不得向他人募集股份。

股份有限公司采取募集方式设立的，注册资本为在公司登记机关登记的实收股本总额。

股份有限公司注册资本的最低限额为人民币五百万元。法律、行政法规对股份有限公司注册资本的最低限额有较高规定的，从其规定。

以发起设立方式设立股份有限公司的，发起人应当书面认足公司章程规定其认购的股份；一次缴纳的，应即缴纳全部出资；分期缴纳的，应即缴纳首期出资。以非货币财产出资的，应当依法办理其财产权的转移手续。

发起人不依照前款规定缴纳出资的，应当按照发起人协议承担违约责任。

发起人首次缴纳出资后，应当选举董事会和监事会，由董事会向公司登记机关报送公司章程、由依法设定的验资机构出具的验资证明以及法律、行政法规规定的其他文件，申请设立登记。

以募集设立方式设立股份有限公司的，发起人认购的股份不得少于公司股份总数的35%；但是，法律、行政法规另有规定的，从其规定。

发行股份的股款缴足后，必须经依法设立的验资机构验资并出具证明。发起人应当自股款缴足之日起三十日内主持召开公司创立大会。创立大会由发起人、认股人组成。创立大会应有代表股份总数过半数的发起人、认股人出席，方可举行。创立大会对前款所列事项作出决议，必须经出席会议的认股人所持表决权过半数通过。

（二）股份有限公司的组织机构

股份有限公司的组织机构包括股东大会、董事会、经理和监事会。股东大会是由公司股东组成的公司权力机构，依法可决定公司重大事项。股东大会分为定期和临时会议两种。股东大会由董事会召集，董事长主持。董事会对股东大会负责，依法行使经营管理的职权。董事会的成员为5至19人，董事长为公司的法定代表人。

六、自测案例

甲、乙两公司均为有限责任公司。2005年5月，两公司计划与一家外商投资企业丙公司和一家外国企业丁公司及中国公民郝某共同发起设立一家股份有限公司。五方商定：以募集方式设立股份有限公司，注册资本为一亿元。甲、乙两公司各认购股份人民币1000万元，丙、丁公司以外币认购，换算人民币为500万元，郝某认购股份为人民币300万元。请问：上述股份有限公司设立中，发起人是否达到法定人数？发起人出资是否符合法律规定？

【关于公司债券】

一、知识要点

公司债券是指公司依照法定条件和程序发行的、约定在一定期限还本付息的有价证券。公司债券依照不同的标准可以进行不同的分类。公司债券与股票有四点区别。发行公司债券的公司应符合《证券法》规定的六个条件，并且发行公司债券募集的资金，必须用以审批机关批准的用途，出现《证券法》规定的限制性条件，不得再次发行公司债券。公司债券以法定程序发行，也必须依法进行转让。

二、典型案例

某公司成立于2000年5月，公司自成立以来，经济效益一直很好。该公司已于2003年1月发行两年期公司债券1000万元，3年期公司债券500万元。公司现有净资产5000万元。为了继续筹集资金，公司董事会决定2005年5月将再次发行公司债券。

三、思考问题

该公司应该是什么种类的公司？该公司发行债券的程序是否合法？该公司如果获准发行公司债券，其最高限额是多少？该公司发行公司债券筹集到的资金，可否用于改善职工的住房条件？

四、案例分析与参考答案

本题重在考查公司债券的发行资格、条件和程序。解析本题的关键是把握发行公司债券的主体资格，不同主体的条件上的细微差别，发行公司债券程序上的关键步骤。

该公司应该是股份有限公司。因为《证券法》规定，股份有限公司的净资产额不低于人民币3000万元，有限责任公司的净资产额不低于人民币6000万元。该公司的净资产额是5000万元，还可以发行公司债券，所以只能是股份有限公司。

该公司在公司债券的发行程序上不符合法律规定。因为《公司法》规定，决定发行公司债券的权利属于股份有限公司的股东大会，而不是董事会。

该公司本次发行公司债券的最高限额为5000×40%－500＝1500万元。因为《证券法》规定，公司累计债券总额不得超过公司净资产额的40%。累计债券总额是指公司成立以来发行的所有的尚未还本付息的债券。

不能用于改善职工的住房条件。因为《证券法》规定，发行公司债券募集的资金，必须用以审批机关批准的用途，不得用于弥补亏损和非生产性开支。

五、法理基础

上述案例的解析主要涉及的法律基础是公司债券的发行。

（一）公司债券的发行资格

根据《公司法》的规定，公司债券的发行人包括股份有限公司、国有独资公司、两个以上的国有企业或者两个以上的国有投资主体投资设立的有限责任公司。除此以外的其他企业、有限责任公司等按《公司法》的规定均不得发行公司债券。

（二）公司债券的发行条件

根据《证券法》的规定，发行公司债券必须符合发行条件和不得出现不能再次发行公司债券的情况。

（三）公司债券发行的程序

公司发行债券的程序主要包括：由公司的权力机关作出决议，报请国务院有关部门批准，公告公司债券募集办法，公司债券的承销，认购公司债券并缴纳债券的债款，置备公司债券存根簿。

六、自测案例

某股份有限公司成立5年来，经营状况一直很好。公司现有资产8000万元，各种负债

3000万元，其中包括前一次发行的尚未到期还本付息的公司债券800万元。公司的经营前景非常看好，公司需进一步扩大生产规模，公司为了筹集资金，准备再一次发行公司债券1000万元，期限3年。如果公司的其他条件均符合法律规定，请问：该公司可否再一次发行公司债券？为什么？如果该公司为有限责任公司，结果会怎样？

【关于公司的财务会计管理】

一、知识要点

公司应当根据国家法律、法规的规定，建立本公司的财务、会计制度。《公司法》规定，公司除法定的会计账册外，不得另设会计账册。公司应当按照规定按期编制财务会计报告，应当在每一会计年度终了时编制财务会计报告，并依法经会计师事务所审计。财务会计报告应当依照法律、行政法规和国务院财政部门的规定制作。有限责任公司应当依照公司章程规定的期限将财务会计报告送交各股东。股份有限公司的财务会计报告应当在召开股东大会年会的20日前置备于本公司，供股东查阅；公开发行股票的股份有限公司必须公告其财务会计报告。公司应依法进行利润分配。公司的利润分配顺序为：（1）弥补以前年度亏损；（2）缴纳所得税；（3）法定公积金不足弥补以前年度亏损的，弥补亏损；（4）依法提取公积金；（5）提取任意公积金；（6）向股东分配利润。

二、典型案例

宏达股份有限公司成立于2000年5月，注册资本为人民币1亿元。由于该公司决策正确、经营有方、管理有术，公司的经营效益很好，一直盈利。到2004年底，公司已累计提取法定盈余公积金6000万元。2004年度，该公司税后利润达到5800万元。公司董事会决定，不再提取法定公积金，但提取200万元的任意公积金。

三、思考问题

公司董事会的决定是否符合法律规定？为什么？

四、案例分析与参考答案

本题考查的重点在公积金的提取和使用。解析本题的关键在于掌握（1）法定公积金的提取比例和不再提取的情形，（2）任意公积金的提取程序。

公司董事会作出的不再提取法定公积金的决定是符合法律规定的，提取任意公积金是不符合法律规定的。

《公司法》规定，公司每年应当按照税后利润的10%提取法定公积金。当公司法定公积金累计金额已达到公司注册资本的50%以上的，可不再提取。宏达股份有限公司2004年以前提取的法定公积金6000万元，已超过公司注册资本的50%，依法可以不再提取。

《公司法》规定，公司从税后利润中提取任意公积金，须经股东大会会议决定，董事会无权决定。

五、法理基础

解析上述案例涉及的法理基础是公司的利润分配问题。

（一）公司的利润分配顺序

公司利润是指公司在一定时期内从事经营活动的财务成果，包括营业利润、投资净收益以及营业外收支净额。根据《公司法》和税法的规定，公司的利润分配顺序是：

1. 弥补以前年度亏损。根据我国《企业所得税法》规定，纳税人发生年度亏损的，可以用下一年度的所得弥补；下一年度的所得不足以弥补的，可以逐年延续弥补，但是弥补期限最长不得超过 5 年。

2. 缴纳所得税。

3. 规定公积金不足弥补以前年度亏损的，弥补亏损。

4. 依法提取公积金。《公司法》规定，公司分配当年税后利润时，应当提取利润的 10% 列入公司法定公积金。当公司法定公积金累计额为公司注册资本的 50% 以上的，可不再提取。

5. 提取任意公积金。《公司法》规定，公司在从税后利润中提取法定公积金后，经股东大会决议，可以提取任意公积金。任意公积金虽然不受法律的强制限制，但由于任意公积金的提取势必影响股东的利润分配，所以，非经股东大会会议决定，不能提取任意公积金。

6. 向股东分配利润。有限责任公司的股东按照实缴的出资比例分取红利；股份有限公司按照股东持有的股份比例分配，但股份有限公司章程规定不按持股比例分配的除外。股东会、股东大会或者董事会违反前款规定，在公司弥补亏损和提取法定公积金之前向股东分配利润的，股东必须将违反规定分配的利润退还公司。

公司持有的本公司股份不得分配利润。

（二）公积金的使用

公司的公积金属于股东权益，应当按照规定的用途使用。根据《公司法》的规定，公积金主要有两方面用途：

（1）弥补亏损。公司的亏损根据国家税法规定可以用缴纳所得税前的利润弥补，超过用所得税前利润弥补期限仍未补足的亏损，可以用公司税后利润抵补；发生特大亏损，税后利润仍不足抵补的可以用公司的公积金抵补。

（2）扩大公司生产经营。

（3）转增资本。公司为了实现增加资本的目的，可以将公积金的一部分转为资本。对用任意公积金转增资本的，法律没有限制，但用法定公积金转增资本时，法律规定公司所留存该项公积金不得少于注册资本 25%。

六、自测案例

某科技开发公司是由四位股东于 1990 年投资设立的，公司的主要经营内容是高科技产品，注册资金是 150 万元。经过几年的努力，公司连续盈利，至 2004 年，公司积累的公积金已达 140 多万元。由于经营业务的不断扩大，公司也需要增加资本扩大经营。于是，股东会召集会议，于 2004 年 9 月 10 日作出决议，公司将积累的公积金拿出 100 万元，作为增资投入，股东原有出资比例不变，公司注册资本由原来的 150 万元变为 250 万元。请问：该公司的做法是否正确？为什么？

【本章综合案例】

案例一

（一）案情介绍

某股份有限公司2003年5月经国务院债券管理部门批准，发行三年期到期一次还本付息的公司债券2000万元，但仅募集到1500万元。由于该公司经营效益不好，连年亏损，到2005年5月，公司的净资产额仅剩2800万元。公司为了弥补亏损，拟再次发行公司债券。吸取上次的教训，为了吸引投资者，募集到足够的资金，决定债券的利率水平略高于国务院限定的利率水平。

（二）思考问题

该公司能否再次发行债券？为什么？

（三）参考答案

该公司不能再次发行债券。因为存在下列不符合再次发行公司债券的情况：

1. 前一次发行的公司债券未募足；
2. 公司最近连续亏损；
3. 该股份有限公司的净资产额2800万元，低于3000万元；
4. 发行公司债券募集资金用于弥补公司亏损；
5. 债券的利率水平高于国务院限定的利率水平。

案例二

（一）案情介绍

甲、乙、丙三位投资者共同投资设立某有限责任公司，公司注册资本为人民币500万元，其中甲投资者的投资额为200万元，乙投资者和丙投资者的投资额同为150万元。该公司投资的当年就获利，但由于竞争的压力，2003年公司亏损20万元。2004年，该公司及时调整了经营策略，开发了适销对路的新产品，遂盈利70万元。该公司是按10%提取法定公积金的，而且不提取任意公积金（该公司适用33%的所得税税率）。

（二）思考问题

该公司2004年的利润应如何分配？

（三）参考答案

根据《公司法》的规定，该公司的利润分配顺序是：弥补亏损，缴纳所得税，提取法定公积金，向股东分配利润。具体为：

1. 弥补亏损 $70-20=50$（万元）；
2. 缴纳所得税 $50\times33\%=16.5$（万元）；
3. 提取法定公积金 $(50-16.5)\times10\%=3.35$（万元）；
4. 向股东分配利润。

可向股东分配的利润为 $50-16.5-3.35=30.15$（万元）

因为：甲投资者的投资比例为 $200/500\times100=40\%$

乙投资者的投资比例为 $150/500\times100=30\%$

丙投资者的投资比例为 $150/500\times100=30\%$

所以：甲投资者 $30.15\times40\%=12.06$（万元）

乙投资者 $30.15\times30\%=9.045$（万元）

丙投资者 $30.15\times30\%=9.045$（万元）

案例三

（一）案情介绍

几位投资者在讨论资金的投向问题，为购买某上市公司的股票还是债券发生了争执。甲投资者说：“公司债券和股票都上网发行，因此，购买公司债券和购买股票应该没什么差别”。乙投资者说：“好像没多大差别，只是公司如果年终盈利，购买股票可以得到分红，购买债券可以得到利息；但如果公司亏损，公司就不会向股东分红，也不付债券的利息”。丙投资者说：“你们的说法不对，还是有差别的；购买公司债券，公司到期还本付息，收益是固定的；购买公司股票，公司是不退还股本的，但收益会很高”。

（二）思考问题

甲、乙、丙三个投资者的观点是否正确？

（三）参考答案

甲投资者的购买公司债券和购买股票应该没什么差别的观点不正确。因为投资者购买公司债券，就成为公司的债权人，但并不拥有股东的权利。

乙投资者的如果公司亏损，公司就不会向股东分红，也不付债券利息的观点不正确。因为公司债权的性质决定了无论公司是否盈利，在约定的期限内公司都负有对债权人还本付息的义务。

丙投资者的购买公司股票，公司是不退还股本的，但收益会很高的观点不正确。因为公司债券与公司股票具有不同法律特征。公司债券的利息是固定的，而公司股票的收益可能较高，也可能较低，因为可能没有，甚至是负收益，风险比债券大。

【本 章 练 习】

一、填空题

1. 有限责任公司的股东以其________为限，对公司承担有限责任；公司以其__________________为限，对公司债务承担有限责任。

2. 受母公司控制但具有独立________的公司是子公司。分公司在法律上和经济上均无________。

3. 股份有限公司的监事会成员不得少于________人。监事会是对公司业务活动实行________的机构。

4. 按照股东对公司所负责任不同，公司可以划分为________公司、________公司、________公司和________公司。

5. 以商品批发为主的有限责任公司，其注册资本最低限额为人民币________万元。

6.《中华人民共和国公司法》中所称的公司，是指在中国境内设立的__________公司和________公司。

7. 有限责任公司的监事会成员由________代表和适当比例的公司________代表组成。

8. 设立股份有限公司，可采取________设立或者________设立的方式。
9. 公司必须拥有自己的名称或者______，因为它是代表法人的__________。
10. 股份有限公司注册资本的最低限额为人民币________万元。
11. 向________、________、__________发行的股票，应当为记名股票。
12. 有限责任公司的股东为______人以上______人以下。
13. 一人有限责任公司的注册资本最低限额为人民币______。
14. 股份有限公司注册资本的最低限额为人民币______。
15. 有限责任公司的注册资本不得________。

二、单项选择题

1. 公民甲、乙、丙三人共同出资40万元组建生产性有限责任公司，不设董事会和监事会，上述违法之处是(　　)。

A. 股东人数　　B. 注册资本
C. 不设董事会　　D. 不设监事会

2. 设立有限责任公司的法定人数是(　　)。

A. 没有限制　　B. 1~30人
C. 3~60人　　D. 2~50人

3. 以募集方式设立股份有限公司的，发起人认购的股份不得少于公司股份总数的(　　)。

A. 20%　　B. 30%
C. 15%　　D. 35%

4. 有限责任公司的股东在股东会议上行使表决权是按照(　　)。

A. 一人一票　　B. 所持股份
C. 出资比例　　D. 职务高低

5. 有限责任公司的权力机构是(　　)。

A. 董事会　　B. 股东大会
C. 股东会　　D. 职工代表大会

6. 有限责任公司的股东以工业产权、非专利技术作价出资的金额不得超过该公司注册资本的(　　)。

A. 25%　　B. 20%
C. 10%　　D. 30%

7. 发行公司债券，有限责任公司的净资产额不低于人民币(　　)。

A. 1000万元　　B. 5000万元
C. 6000万元　　D. 3000万元

8. 股东人数较少和规模较小且不设立董事会的有限责任公司，其法定代表人是(　　)。

A. 董事长　　B. 执行董事
C. 总经理　　D. 股东会指定的负责人

9. 下列公司中不具有法人资格的是(　　)。

A. 股份有限公司　　B. 有限责任公司

C. 某分公司　　D. 某子公司

10. 经商定，公民甲、乙、丙、丁四人共同投资，共担风险，设立一家公司。在他们议定的各项条件中，符合法律规定的有(　　)。

A. 成立一家股份有限公司

B. 设立登记时每人投资 2 万元

C. 不设董事会

D. 其中一人的全部投资将以商标专用权折价出资

11. 可以制订发行公司债券方案的是(　　)。

A. 监事会　　B. 董事会

C. 股东会　　D. 股东会或者股东大会

12. 有限责任公司设立监事会的，监事会的成员不得少于(　　)。

A. 5 人　　B. 3 人

C. 2 人　　D. 4 人

13. 法定公积金提取比例为公司当年税后利润的(　　)。

A. 10%　　B. 15%

C. 20%　　D. 20%

14. 自公司成立之日起，3 年内不得转让其持有的本公司股票的是 (　　)。

A. 董事长　　B. 发起人

C. 总经理　　D. 普通股东

15. 公司发行债券，其累计债券总额不得超过公司的净资产的(　　)。

A. 10%　　B. 20%

C. 30%　　D. 40%

16. 公司的法定公积金累计额为公司注册资本的(　　)以上时，可不再提取。

A. 25%　　B. 30%

C. 50%　　D. 40%

17. 股份有限公司可以发行无记名股票，其发行对象是(　　)。

A. 发起人　　B. 社会公众

C. 法人　　D. 国家授权投资机构

18. 有限责任公司全体股东的货币出资金额不得低于有限责任公司注册资本的(　　)。

A. 30%　　B. 20%

C. 25%　　D. 50%

19. 一人有限责任公司的注册资本最低限额为人民币(　　)。

A. 3 万元　　B. 5 万元

C. 10 万元　　D. 8 万元

20. 设立股份有限公司，应当有(　　)以上二百人以下为发起人，其中须有半数以上的发起人在中国境内有住所。

A. 五人　　B. 二人

C. 三人　　D. 一人

三、多项选择题

1. 以公司的控股权为标准，公司可以分为(　　)。

A. 母公司　　B. 子公司

C. 总公司　　D. 分公司

2. 采取发起设立方式设立股份有限公司的条件有(　　)。

A. 发起人是3人以上　　B. 发起人是5人以上

C. 发起人认购公司股份的35%以上　　D. 发起人认购公司的全部股份

3. 有限责任公司的法定组织机构有(　　)。

A. 职工代表大会　　B. 股东会

C. 董事会　　D. 监事会

4. 股份有限公司的设立方式主要有(　　)：

A. 本体设立　　B. 合并设立

C. 募集设立　　D. 发起设立

5. 几个企业欲组建一个股份有限公司，在股份制改造方案中，不符合《公司法》规定的有(　　)。

A. 发起人是5人　　B. 设立方式为发起设立

C. 股本总额为人民币800万元　　D. 发起人认购的股份是240万元

6. 公司提取的公积金主要用于(　　)。

A. 转增资本　　B. 赞助社会公益事业

C. 用于职工福利　　D. 弥补公司亏损

7. 不可以随意转让其股票的有(　　)。

A. 公司董事长　　B. 公司经理

C. 公司监事　　D. 公司董事

8. 公司设立监事会的，不可以选任为其成员的是(　　)。

A. 公司董事　　B. 公司职工

C. 公司股东　　D. 公司经理

9. 某科技开发有限责任公司，李某出资4万元，于某出资6万元，王某出资8万元。公司设立后，召开了第一次股东会，有关这次股东会的下列情况中，不符合《公司法》规定的有(　　)。

A. 会议由李某召集和主持

B. 会议决定公司不设董事会，由于某任执行董事并兼任总经理，任期3年

C. 会议决定公司设一名监事，由王某担任，任期6年

D. 会议决定公司以5万元的价格购买赵某的一项专利权

10. 公司的特征有(　　)。

A. 公司必须盈利　　B. 公司必须依法成立

C. 公司是企业法人　　D. 公司是营利性经济组织

11. 下列有关股份有限公司股份转让的行为中，违反《公司法》规定的有(　　)。

A. 公司成立两年，某发起人将其持有的本公司股份转让给另一发起人

B. 公司的某监事在公司成立5年后将其所持本公司的股票全部卖出
C. 公司收购本公司一批股票用作奖金
D. 公司在一份合同中，接受本公司的股票作为抵押权的标的

12. 我国《公司法》规定，不得兼任公司监事的有(　　)。
A. 公司董事　　B. 公司经理
C. 公司财务负责人　　D. 公司股东

13. 我国公司法所调整的公司包括设在中国境内的(　　)。
A. 股份有限公司　　B. 无限责任公司
C. 两合公司　　D. 有限责任公司

14. 关于股份有限公司的股份发行，正确说法的有(　　)。
A. 同次发行的股票，每股的发行条件和价格应当相同
B. 实行公开、公平、公正原则
C. 必须同股同权，同股同利
D. 股东个人持股有最高限制比例

15. 公司股东的出资方式除货币外，还有(　　)。
A. 实物　　B. 工业产权
C. 劳务　　D. 土地使用权

四、判断正误

1. 公司的经理由董事会聘任或者解聘，因而董事会的成员不得兼任经理。(　　)
2. 公司可以设立分公司，分公司具有法人资格。(　　)
3. 股份有限公司经过股东大会决定，可以收购本公司的股票。(　　)
4. 有限责任公司不得发行股票。(　　)
5. 在我国的两类公司中，董事会和监事会都是必设机构。(　　)
6. 公司发行债券其累计总额不得超过公司注册资本的40%。(　　)
7. 以商品批发为主的有限责任公司法定最低资本限额是30万元人民币。(　　)
8. 董事每届任期不得超过三年，且不得连选连任。(　　)
9. 不设董事会的有限责任公司的法定代表人是总经理。(　　)
10. 公司的法定公益金必须用于公司的集体福利。(　　)
11. 股票发行价格可以按照票面金额，也可以高于或者低于票面金额。(　　)
12. 股份有限公司可以设立监事会，也可以不设立监事会。(　　)
13. 在我国境内设立的外商投资的有限责任公司不适用《公司法》(　　)
14. 我国的公司承担的都是有限责任，没有承担无限责任的。(　　)
15. 国有独资公司是特殊形式的有限责任公司，不设股东会。(　　)
16. 公司债券的转让价格由转让人和受让人约定。(　　)
17. 股东人数较少和规模较小的有限责任公司，依法可以不设立监事。(　　)
18. 按照《公司法》的规定，凡是有限责任公司就可以发行公司债券。(　　)
19. 股份是公司资本的单位成分，每一股份代表一定的金额。(　　)
20. 一个自然人只能投资设立一个一人有限责任公司。(　　)

五、简答题

1. 股票与债券有哪些区别？
2. 公司债券发行的条件是什么？
3. 公司的税后利润如何分配？
4. 什么是一人有限公司？《公司法》对一人有限公司有什么特别规定？

六、案例分析

1. 有科技、贸易、机电三家企业协商同意，以募集方式设立“上海宏大电子股份有限公司”。拟定注册资本人民币2000万元，科技公司以自己的专利权评估作价480万元出资，贸易、机电两家各出资100万元人民币，其余向社会公开募集。三方做了大量工作后，向有关部门提出公司设立申请，结果未获批准。

问：(1) 未获批准的原因何在？

(2) 如何操作才能被批准？

2. 某股份有限公司现有净资产为7000万元人民币，一年前曾发行三年期的公司债券800万元，半年期债券1000万元人民币。为了筹集资金，扩大生产规模，经股东大会决议再次向社会公开发行公司债券，期限为一年。

问：(1) 公司再次发行债券的限制性条件有哪些？

(2) 该公司本次发行公司债券的最大额度是多少？为什么？

3. 现在有具有完全民事行为能力的中国公民5人，计划共同组建一个以商品批发为主的有限责任公司。其中，两人打算以人民币现金出资，一人以机器、房屋出资，另有两人拟用劳务出资。

问：(1) 上述5人出资方式合法吗？

(2) 设立有限责任公司的条件是什么？

4. 某股份有限公司成立于1995年1月，股本总额为人民币3000万元，其中有2200万元人民币系向社会公开发行募集。由于经营管理不善，连续几年造成亏损严重。董事长及三名董事将每人持有的本公司100万元的股份转让给了公司。为了摆脱困境拟向社会再次发行1000万元股份用于弥补亏损。

问：上述行为中有哪些地方违法？并说明理由。

5. 一家全民所有制企业、一家集体企业和某大学约定，共同组建一个以生产经营为主的有限责任公司。国有企业认缴出资额是35万元人民币，其中以实物作价出资15万元，并依法办理了财产转移手续，以货币出资20万元，已存入公司的临时账户的只有10万元。集体企业以实物和土地使用权作价出资15万元，并依法办理了财产转移手续。该大学以工业产权（非高新技术成果）作价出资8万元，也依法办理了财产转移手续。

问：(1) 设立上述公司是否符合法定人数？

(2) 股东出资是否达到了法定资本的最低限额？

(3) 股东出资是否符合股东缴纳其认缴的出资额的规定？

(4) 如果违反了股东缴纳其认缴的出资额的规定，应当承担何种法律责任？

第五章

企业法律制度

【本章概要】

一、教学重点、难点

重点：(1) 全民所有制企业的设立条件；(2) 变更和终止的原因；(3) 个人独资企业的法律特征；(4) 合伙企业设立的条件；(5) 合伙企业的退伙原因。

难点：(1) 合伙企业的债务清偿；(2) 全民所有制企业的厂长负责制；(3) 合伙企业合伙财产的转让；(4) 合伙企业的入伙和退伙。

二、教学建议

市场经济的条件下，企业是市场的最主要、最大量的一类主体。所以，关于企业的立法，成为经济法体系中首要问题，故有企业法为经济法的龙头法之说。我国的经济体制改革的目标就是建立社会主义的市场经济体制。自十一届三中全会以来，我国在加速经济立法时，尤其重视建立和健全企业法律制度。这不仅体现在对公有制企业的一系列的法律法规的立、改、废，而且也制定和颁布了关于外商投资企业、合伙企业的大量法律法规，以及《公司法》、《破产法》等重要法律。这些都有力地保证和促进了经济体制改革的顺利进行，加速了我国对外开放的步伐。特别是自2001年12月我国正式加入世界贸易组织后，我国的企业必然要更深一步走入国际市场，那么就要求我国的法律也必须同国际贸易规则接轨，所以学习、掌握企业法，极为重要。本章主要介绍内资企业的法律制度。

【实 训 案 例】

【关于企业的概念】

一、知识要点

企业是指从事生产、流通或服务性活动的社会经济组织，是现代经济的基本单位。根据不同的标准，可以对企业进行不同的分类。企业法律制度是指关于企业设立、企业组织和对企业实施管理的各种法律规范的总称。

二、典型案例

吴某是从事服装加工的个体户。他裁制的衣服，不仅穿着得体，而且还十分考究，所以不仅当地的普通市民经常出入，而且一些知名人士都光顾他的服装店。由于顾客越来越多，他一家无法应对。这种情况下，他添置了几台缝纫设备，招聘了5名高级缝工。吴某专职裁剪，同时还指导缝工加工。

三、思考问题

吴某的服装店是什么类型的企业？说明理由。

四、案例分析与参考答案

本题主要考查企业的概念和特征。解析本题的关键是全面理解和掌握企业的概念和企业的特征，注意区别企业和个体户的不同。

吴某的服装店不是企业。企业是指从事生产、流通或服务性活动的营利性的社会经济组织。吴某的服装店虽然从事服装加工的服务性活动，但不是依照法定条件和程序设立的社会经济组织，不具备企业的特征。

五、法理基础

上述案例涉及的法律基础为：

企业是指从事生产、流通或服务性活动的营利性的社会经济组织，是现代经济的基本单位。它是人类社会生产力发展到一定阶段的产物。在现代社会里，企业的组织形式呈现多样化，但一般来讲，都带有企业的基本特征。企业的主要特征是：

1. 企业是社会经济组织，企业这一特征使企业与非组织的公民、个体工商户区分开。

2. 企业是依法设立的社会组织，企业必须依照法律规定的设立条件和设立程序才能成立，并取得权利能力和行为能力。

3. 企业是从事生产经营活动的社会经济组织，企业这一特征使它与不从事经营性活动的其他社会组织如国家机关、事业单位、社会团体区分开。

4. 企业是具有独立或相对独立法律人格的社会组织，这是对企业法律到位的概括。

六、自测案例

中信公司是一家中外合作经营企业。中方合资者为某市一家国有大型企业，投资比例为60%，外方合资者为韩国的个人投资商，投资比例为40%。该企业于2004年5月依照法定程序设立。请问：该企业是何种性质的企业？

【关于《全民所有制工业企业法》】

一、知识要点

全民所有制工业企业（以下简称企业）是依法自主经营、自负盈亏、独立核算的社会主义商品生产和经营单位。设立企业应符合法律规定的条件，而且还必须依法报请政府或者政府主管部门审核批准。经工商部门核准登记，发给企业法人营业执照，企业方可成立。企业的变更主要包括转产、停产整顿、合并、分立。企业的终止主要指解散和破产。《全民所有制工业企业法》规定企业实行厂长（经理）负责制和民主管理制度，明确了企业的权利和义务，企业和政府的关系。

二、典型案例

某市一副食品厂是全民所有制工业企业，2003 年 7 月，经过该企业职工代表大会选举，上级主管部门批准，王某担任该企业的厂长。2003 年 10 月，该企业的上级主管部门向王某提出借用两名管理人员帮忙，由于该企业的业务也较忙，人手紧张，所以王某拒绝了上级主管部门的要求。2005 年 2 月，该企业上级主管部门因为王某不服从领导，决定免去王某的厂长职务。

三、思考问题

1. 王某拒绝上级主管部门借用本企业管理人员的要求的行为是否合法？为什么？

2. 该企业上级主管部门免去王某厂长的职务的行为是否合法？为什么？

四、案例分析与参考答案

本题主要考查企业的权利和企业的内部管理制度。解析本题的关键是要掌握企业的权利和义务，企业和政府的关系，企业厂长的任免等。

王某拒绝上级主管部门借用本企业管理人员要求的行为合法。因为该企业的上级主管部门的要求是一种摊派行为，企业有权拒绝。根据规定，摊派是指在法律、法规规定之外，以任何方式要求提供人力、物力和财力的行为。该企业的上级主管部门要求企业提供人力的行为是一种摊派行为，所以该企业依法可以拒绝。

该企业上级主管部门免去王某厂长的职务的行为不合法。《全民所有制工业企业法》规定，职工代表大会选举的厂长由职工代表大会罢免，并报政府主管部门批准。该企业的厂长是由企业职工代表大会选举的，并报请了政府主管部门的批准，是位合法的厂长，因而，该企业的上级主管部门无权罢免。

五、法理基础

上述案例涉及的法理基础主要有：

（一）厂长（经理）的任免

厂长的产生有两种方式，具体采用哪种方式由政府主管部门决定：一是政府主管部门委任或者招聘；一是由企业职工代表大会选举。前者须征求职工代表的意见；后者须报政府主管部门批准。

厂长由政府主管部门委任或者招聘的，由政府主管部门免职或解聘；由企业职工代表大会选举的，由职工代表大会罢免。

（二）企业的权利

《企业法》和《转换经营机制条例》中规定，企业的权利包括：生产经营决策权、产品、劳务定价权、产品销售权、物资采购权、进出口权、投资决策权、留用资金支配权、资产处置权、联营兼并权、劳动用工权、人事管理权、工资奖金分配权、内部机构设置权、拒绝摊派权。

六、自测案例

张某受上级主管部门的委派，担任该市一家全民所有制工业企业的厂长。由于其经营决策失误，造成企业经营走入困境，大批职工下岗，威胁企业的生存和发展。万元召开职工代表大会，罢免了张某。职工代表大会该不该罢免张某？为什么？

【关于个人独资企业法律制度】

一、知识要点

个人独资企业是指企业资产属于私人所有、雇佣工人 8 人以上的营利性的经济组织。个人独资企业法是调整国家在协调经济运行过程中发生的关于个人独资企业的经济关系的法律规范的总称。农村村民、城镇待业人员、个体工商户、辞退职人员及国家法律、法规和政策允许的离退休人员可以申请开办私营企业。私营企业在生产经营中依法享有权利，同时也应当履行管理规定的义务。作为私营企业的个人独资企业是指依法在中国境内设立，由一个自然人投资，财产为投资人个人所有，投资人以其个人财产对企业债务承担无限责任的经营实体。个人独资企业是承担无限责任的非法人企业。

二、典型案例

王某为某市待业人员，经济上独立于父母。2003 年 5 月，王某在当地工商行政管理机关注册成立了一家个人独资企业，由于经营管理不善，企业连年亏损。2005 年 6 月，王某决定解散企业。

三、思考问题

王某是否可以设立个人独资企业？王某对企业的债务应承担什么样的责任？如果王某的企业亏损严重，债权人是否可以要求以王某父母的财产清偿债务？

四、案例分析与参考答案

本题主要考查个人独资企业的有关问题。解析本题的关键是掌握个人独资企业的概念和特征。

王某可以设立个人独资企业。根据《个人独资企业法》的规定，个人投资企业的投资人为具有中国国籍的自然人，但国家公务员、党政机关领导干部、警官、法官、检察官、商业银行工作人员除外。所以王某符合条件。

王某成立的是个人独资企业，应以王某的个人财产对企业的债务承担无限责任。由于王某经济上独立于父母，所以债权人无权要求以王某父母的财产清偿债务。

五、法理基础

上述案例涉及的法理基础包括：

(一) 个人独资企业的概念

个人独资企业是指依照《个人独资企业法》在中国境内设立，由一个自然人投资，财产为投资人个人所有，投资人以其个人财产对企业债务承担无限责任的经营实体。九届全国人大常委会第十一次会议于 1999 年 8 月 30 日通过、自 2000 年 1 月 1 日起施行的《中华人民共和国个人独资企业法》是个人独资企业的基本法律依据。

（二）个人独资企业的法律特征

1. 个人独资企业是由一个自然人投资的企业。根据《个人独资企业法》的规定，设立个人独资企业只能是一个自然人，国家机关、国家授权投资的机构或者国家授权投资的部门、企业、事业单位等都不能作为个人独资企业的设立人。

2. 个人独资企业的投资人对企业的债务承担无限责任。由于个人独资企业的投资人是一个自然人，对企业出资的多少、是否追加资金或减少资金、采取什么样的经营方式等事项均由投资人一人作主。当企业的资产不足以清偿到期债务时，投资人应以自己个人的全部财产用于清偿，这实际上将企业的责任与投资人的责任连为一体。

3. 个人独资企业的内部机构设置简单，经营管理方式灵活。个人独资企业的投资人既是企业的所有者，又可以是企业的经营者，因此，法律对其内部机构和经营管理方式不像公司和其他企业那样加以严格的规定。

4. 个人独资企业是非法人企业。个人独资企业由一个自然人出资，投资人对企业的债务承担无限责任。企业的责任即是投资人个人的责任，企业的财产即是投资人个人的财产。因此，个人独资企业不具有法人资格。个人独资企业虽然不具有法人资格，但却是独立的民事主体，可以自己的名义从事民事活动。

六、自测案例

为了规避风险，对外承担有限责任，2005 年 3 月，王某拟投资设立一家有限责任公司，自任董事长兼总经理，并聘用相应的管理人员和经营人员。请问：王某的企业如能注册成立，应该是什么企业？对外应承担什么责任？

【关于合伙企业法】

一、知识要点

合伙企业是指依法在中国境内设立的由各合伙人订立合伙协议，共同出资、合伙经营、共享收益、共担风险，并对合伙企业债务承担无限连带责任的营利性组织。设立合伙企业应当具备法律规定的条件，遵循法律规定的程序。根据《合伙企业法》的规定，合伙企业存续期间，合伙人的出资和所有以合伙企业名义取得的收益均为合伙企业的财产。合伙企业财产的转让要符合法律规定，合伙人执行合伙企业事务，有全体合伙人共同执行合伙企业事务、委托一名或数名合伙人执行合伙企业事务两种形式。合伙人在执行合伙事务中享有权利并承担相应义务。合伙企业按照约定分配损益，没有约定的平均分配。执行合伙企业事务的合伙人，对外代表合伙企业。合伙人之间对合伙企业债务负连带无限责任，合伙人之间的分担比例对债权人没有约束力。合伙企业存续期间，合伙人以外的第三人可加入合伙，入伙的新合伙人对入伙前合伙企业的债务承担连带责任。退伙是指合伙人退出合伙企业，退伙有自愿退伙和分店退伙。合伙人退伙后，并不能解除对于合伙企业既往债务的连带责任。合伙企业的解散和清算。

二、典型案例

甲、乙、丙三人商定共同出资设立一家合伙企业，并签订了书面合伙协议。合伙协议约定：甲、乙以现金出资，丙以劳务出资；甲、乙以自己的出资额为限对合伙企业承担责任，丙执行合伙企业的事务；丙每年可以得到合伙企业利润的 20%，但不承担亏损和其他责任，甲、乙享有其余利润。

三、思考问题

1. 该合伙企业的名称是否符合法律规定？为什么？

2. 合伙协议约定的出资方式是否符合规定？为什么？

3. 丙执行合伙企业的事务是否符合法律规定？为什么？

4. 甲、乙、丙对合伙企业的利润分配与责任承担方式是否符合规定？为什么？

四、案例分析与参考答案

本题主要考查合伙企业的设立和合伙企业的管理。解析本题的关键是要掌握合伙企业的设立条件，合伙企业的合伙事务执行的形式，合伙企业的利润分配和亏损承担。

合伙企业的名称不符合规定。根据《合伙企业法》规定，合伙企业的名称应当与其责任形式及所从事的营业相符合，在其名称中不得使用“有限”或者“有限责任”的字样。

合伙协议约定的出资方式符合规定。根据《合伙企业法》规定，合伙人可以用货币、实物、土地使用权、知识产权或者其他财产权利缴纳出资。经全体合伙人协商一致，合伙人也可以用劳务出资。

丙执行合伙企业的事务符合法律规定。合伙企业事务的执行有两种方式，一种是由全体合伙人共同执行合伙企业的事务，另一种是委托一名或数名合伙人执行合伙企业的事务。

甲、乙、丙对合伙企业的利润分配符合规定，责任承担方式不符合规定。根据《合伙企业法》的规定，合伙人按合伙企业协议的约定分享利润分担风险和亏损。合伙人均应承担无限连带责任，不允许有承担有限责任的合伙人。

五、法理基础

解析上述案例涉及的法理基础包括合伙企业的设立、合伙企业的事务执行、合伙企业的利润分配和亏损承担。

（一）合伙企业的设立

合伙企业是指依照《合伙企业法》在中国境内设立的由各合伙人订立合伙协议，共同出资、合伙经营、共享收益、共担风险，并对合伙企业债务承担无限连带责任的营利性组织。

根据《合伙企业法》的规定，设立合伙企业应当具备法律规定的条件。

合伙企业的设立登记要符合规定的程序。

（二）合伙企业事务的执行

合伙人执行合伙企业事务，有全体合伙人共同执行合伙企业事务、委托一名或数名合伙人执行合伙企业事务两种形式。

其一，全体合伙人共同执行合伙企业事务是合伙企业事务执行的基本形式，也是在合伙企业中经常使用的一种形式。在采取这种形式的合伙企业中，按照合伙协议的约定，各个合伙人都直接参与经营，处理合伙企业的事务，对外代表合伙企业。其二，委托一名或数名合伙人执行合伙企业事务，即由合伙协议约定或者全体合伙人决定委托一名或者数名合伙人执行合伙企业事务，对外代表合伙企业。未接受委托执行合伙企业事务的其他合伙人，不再执行合伙企业的事务。

（三）合伙企业的利润分配和亏损承担

1. 合伙损益分配原则。合伙损益即合伙企业的利润或亏损，由合伙人依照合伙协议约定的比例分配和分担。合伙协议未约定合伙损益分配比例的，由各合伙人平均分配和分担。合伙协议不得约定将全部利润分配给部分合伙人或者由部分合伙人承担全部责任。

2. 合伙损益分配具体形式。合伙企业年度或者一定时期的利润分配或者亏损分担的具体方案，由全体合伙人协商决定或者按照合伙协议约定的办法决定。合伙损益分配的时间比较灵活，既可以按年度进行分配，也可以在一定时期内进行分配。合伙损益分配的具体方案应由全体合伙人共同决定。

六、自测案例

甲、乙、丙商定共同出资设立一家合伙企业，并签订了书面合伙协议。合伙协议约定：甲、乙以现金的形式各出资20万元，丙以劳务出资。合伙企业成立后，乙欲退伙，将其在合伙企业中的全部财产份额转让给丁。甲、丙、丁继续经营，并商定由甲执行合伙企业事务。甲以合伙企业的名义签订了一份价款为50万元的购货合同，货款已付，但始终没有收到货物。请问：丙能否以劳务出资？乙将其在合伙企业中的财产份额全部转让给丁应符合那些要求？丁可否拒绝承担合同损失？如果乙退伙前，合伙企业就存在债务，乙退还后，是否还要承担责任？

【本章综合案例】

案例一

（一）案情介绍

三人均为下岗工人，2004年5月，三人商定共同投资设立一家合伙企业，并签订了书面合伙协议。合伙协议约定：甲、乙、丙三人分别出资15万元、10万元、5万元，合伙人按出资比例分配收益，推举乙为合伙企业的代表，执行合伙企业事务但乙对外签订合同的标的超过30万元的，必须征得全体合伙人一致同意。

该合伙企业经营一段时间后，丙合伙人书面申请，经全体合伙人一致同意，将丙的财产份额全部转让给丁。丁入伙后又经营了一段时间，该合伙企业的负债总额已达100万元，且已经到期，而企业资产总额只有50万元。在债务的清偿过程中，发生了争议：

甲合伙人认为，全部债务中，有20万元属于乙合伙人违反合伙协议约定，私自与一家个人独资企业签订总标的50万元的合同造成的，该部分债务与合伙企业无关。

乙合伙人认为，某公司欠合伙企业货款20万元，乙合伙人欠该公司10万元，两者相互抵消。

丙合伙人认为，自己早已退伙，与债务无关。

丁合伙人认为，全部债务中有20万元属于自己入伙前合伙企业已经形成的，与自己没有关系，当初与丙的约定是对入伙前的债务不承担责任。

（二）思考问题

合伙人甲、乙、丙、丁的观点是否符合法律规定？为什么？合伙企业资产不足清偿债务的部分应如何处理？

（三）参考答案

合伙人甲、乙、丙、丁的观点均不符合法律规定。因为：

合伙企业欠某独资企业的货款，先应由合伙企业及其他合伙人承担偿还责任，以保证债权人的正当经济利益得到实现。然后，再根据合伙协议追究合伙人乙的责任。

合伙企业、某公司及乙合伙人之间的债权债务不能抵消。乙合伙人欠某公司的债务，属于个人的债务，与合伙企业无关。而该公司欠合伙企业的货款，会直接影响合伙企业债权人的利益。

根据《合伙企业法》规定，丙合伙人在退伙后，仍然对退伙前合伙企业的债务承担连带责任。

根据《合伙企业法》的规定，丁作为后入伙的合伙人，对其入伙前合伙企业的债务承担连带责任。虽然丙、丁之间有协议，但该协议违反《合伙企业法》，所以协议无效。

合伙企业资产不足清偿债务的，差额部分由合伙企业的全体合伙人承担无限连带责任。

案例二

（一）案情介绍

王某为某市一家国有企业的下岗职工，2004 年 5 月 10 日以家庭共有财产申报设立一家从事餐饮经营的个人独资企业。企业开业以后，由于是特色经营，生意红火，所以业务量不断扩大，不到半年时间，又设立了两家分店，并聘了两名店长负责分店经营。2004 年 11 月，王某到外地从事房地产投资，将企业交给妻子张某管理。由于张某经营不善，企业效益下降，第一分店的店长私自与其同学合开了一家与本餐饮企业具有相同特色的另一家餐饮企业，并任经理，主要工作精力转移。第二分店因拖欠房租被起诉至法院，张某以店长承包经营为由提出抗辩。2005 年 5 月，张某未经清算就决定解散企业，不再清偿债务。

（二）思考问题

个人独资企业是否可以家庭财产申报出资？第一分店店长的行为是否合法？张某的抗辩理由是否成立？为什么？张某解散企业的行为是否合法？该个人独资企业解散后，张某能否逃避企业债务？

（三）参考答案

根据《个人独资企业法》规定，投资人可以个人财产出资，也可以家庭共有财产出资。

第一分店店长的行为不合法，违反了《个人独资企业法》的规定：未经投资人同意不得从事与本企业相竞争的业务。

张某的抗辩理由不能成立，分店是以总店名义开展经营活动，投资人对受托人的职权限制不能对抗善意的第三人。个人投资企业解散时，应当进行清算，未经清算解散企业不符合法律规定。个人独资企业解散后，原投资人对个人独资企业存续期间的债务仍应承担偿还责任。

【本 章 练 习】

一、填空题

1. 企业是从事生产、流通或服务性活动的营利性的________组织，是现代经济的____

________。

2. 企业的变更主要包括________、________、合并、分立等。企业的终止主要指________________和______________。

3. 全民所有制企业的职工代表大会是企业实行民主管理的____________，是职工行使______________________的机构。

4. 私营企业可以有三种形式：______、______、________。

5. 私营独资企业对企业的债务承担________责任，私营合伙企业的合伙人对企业的债务承担______________________责任，有限责任公司对企业的债务承担__________责任。

6. 一个合伙企业至少有________个以上的合伙人，__________是合伙企业经营活动的依据。

7. 合伙企业的利润和亏损，由合伙人依照____________分配和分担。

8. 合伙企业对其债务，应先以其__________进行清偿。合伙企业财产不足清偿到期债务的，各合伙人应当承担____________责任。

9. 合伙协议未约定合伙损益分配比例的，由各合伙人__________分配和分担。

10. 合伙人之间对合伙企业债务负连带无限责任，合伙人之间的分担比例对债权人____________。

二、单项选择题

1. 全民所有制企业的法定代表人是(　　)。

A. 职工代表大会　　B. 企业管理委员会

C. 企业厂长（经理）　　D. 股东大会

2. 全民所有制企业的职工代表大会的性质是(　　)。

A. 企业的权力机构　　B. 企业的咨询机构

C. 企业的议事机构　　D. 职工行使民主管理权利的机构

3. 私营企业与个体工商户在雇工上的区别是（　　）。

A. 私营企业存在雇工，个体工商户不存在雇工

B. 私营企业雇工 10 人以上，个体工商户雇工 2 人以下

C. 私营企业雇工 8 人以上，个体工商户雇工 7 人以下

D. 私营企业雇工 20 人以上，个体工商户雇工 19 人以下

4. 个人独资企业(　　)。

A. 是法人企业　　B. 是非法人企业

C. 不能从事民事活动　　D. 不是独立的民事主体

5. 各个合伙人对合伙企业的债务承担(　　)。

A. 有限责任　　B. 无限责任

C. 连带责任　　D. 无限连带责任

6. 合伙企业的财产不足以清偿其债务的，债权人(　　)。

A. 无权索要

B. 应当按照合伙协议确定的比例分别向各合伙人索要

C. 可以向任何一个合伙人要求全部偿还

D. 只能向合伙企业的负责人要求全部偿还

7. 某合伙企业，甲用货币出资，乙用专利权出资，丙用设备、房屋出资，丁用劳务出资，但是有一个合伙人不同意，那么上述出资方式不符合法律规定的是(　　)。

A. 甲　　B. 乙

C. 丙　　D. 丁

8. 根据《合伙企业法》，合伙人承担合伙企业债务责任的方式是(　　)。

A. 对内对外均承担连带责任

B. 对内对外均承担按份责任

C. 对内承担按份责任，对外承担连带责任

D. 对内承担连带责任，对外承担按份责任

9. 合伙协议没有约定合伙企业损益分配比例的(　　)。

A. 由各合伙人平均分配和分担　　B. 由负责人决定

C. 按照各自出资比例确定　　D. 由企业的管理者承担债务

10. 合伙人于某丧失个人偿债能力，这种退伙属于(　　)。

A. 自愿退伙　　B. 通知退伙

C. 当然退伙　　D. 协议退伙

三、多项选择题

1. 全民所有制企业对其财产享有(　　)。

A. 占有权　　B. 使用权

C. 依法处分权　　D. 财产所有权

2. 对合伙企业的债务承担连带责任的有(　　)。

A. 全体合伙人　　B. 债务发生后的退伙人

C. 债务发生后的人伙人　　D. 债务发生前的退伙人

3. 下列有关全民所有制企业性质和地位的正确表述的有(　　)。

A. 是社会主义商品生产和经营单位　　B. 企业的财产属于全民所有

C. 经济上自主经营、自负盈亏、独立核算　　D. 法律上具有法人资格

4. 根据《合伙企业法》，下列选项中，可以作为合伙企业合伙人出资的有(　　)。

A. 货币　　B. 劳务

C. 实物　　D. 专利技术

5. 根据《全民所有制工业企业法》的规定，下列企业中，应当终止的有(　　)。

A. 资不抵债的企业　　B. 被依法撤消或解散的企业

C. 被另一个企业兼并的企业　　D. 被人民法院宣告破产的企业

6.《全面所有制企业法》规定全民所有制企业厂长产生的方式有(　　)。

A. 政府主管部门委任　　B. 政府主管部门招聘

C. 企业职工代表大会选举　　D. 企业管理委员会决定

7. 企业的变更主要包括(　　)。

A. 破产　　B. 分立

C. 合并　　D. 转产

8. 可以申请开办私营企业的人员包括(　　)。

A. 农村村民　　B. 城镇待业人员

C. 辞职、退职、退休人员　　D. 国家公务员

9. 属于个人独资企业法律特征的是(　　)。

A. 为非法人企业　　B. 投资人是一个自然人且是中国公民

C. 投资人对企业的债务承担无限责任　　D. 经营管理方式不受法律限制

10. 合伙人李某在合伙企业的投资额是 10 万元，现在她欲将自己的合伙财产转让于非合伙人周某 4 万元，下列说法正确的是(　　)。

A. 她应当通知其他合伙人，否则转让行为无效

B. 其他合伙人中有一个不同意，她不得进行转让

C. 在同等条件下，其他合伙人有优先受让的权利

D. 按照《合伙企业法》的有关规定，在合伙企业的存续期间她无权转让

11. 私营企业可以有三种形式(　　)。

A. 独资企业　　B. 合伙企业

C. 股份有限公司　　D. 有限责任公司

12. 私营企业的义务有(　　)。

A. 申请商标注册　　B. 依法纳税

C. 遵纪守法　　D. 服从国家管理机关监督管理

四、判断正误题

1. 个人独资企业不具有法人资格，有独立承担民事责任的能力。(　　)

2. 乡村集体所有制企业的财产属于该企业的全体职工共同所有。(　　)

3. 城镇集体企业的职工代表大会不是权力机构，是企业实行民主管理的基本形式。(　　)

4. 合伙协议未约定合伙亏损或者利润分配比例的，由各合伙人按照出资比例分配和分担。(　　)

5. 合伙协议可以进行修改，但是必须经过全体合伙人协商同意。(　　)

6. 全民所有制企业职工代表大会选举的厂长，必须报经政府主管部门批准。(　　)

7. 合伙企业存续期间，任何合伙人都不得转让其在合伙中的财产份额。(　　)

8. 全民所有制企业对外的权利和义务，不因企业的变更而消失。(　　)

9. 合伙人全部缴清出资，为合伙企业的成立日期。(　　)

10. 合伙企业存续期间，任何情况下合伙人都不得请求分割合伙企业的财产。(　　)

五、简答题

1. 全民所有制企业设立的条件有哪些？

2. 什么是合伙企业？合伙企业的法律特征有哪些？

3. 申请设立合伙企业应当具备哪些条件？

4. 什么是个人独资企业？其法律特征有哪些？

5. 全民所有制企业变更和终止的原因是什么？

六、案例分析题

1. 公民甲、乙、丙分别出资4万元、3万元、3万元设立一个合伙企业。1997年经批准正式成立。1998年。该企业向银行贷款8万元，期限是2年。在1999年的5月，经乙、丙同意，甲将自己的全部合伙财产份额转让给丁。甲办理了退伙结算手续。1999年年终结算时，该合伙企业亏损了5万元，加上向银行贷款的本息9万元，企业共负债14万元。

问题：(1) 甲对该合伙企业的债务是否承担偿还责任？为什么？

(2) 丁表示，在他入伙前发生的银行贷款，他不承担任何责任。该主张有无法律根据？

(3) 乙、丙同意按照合伙协议确定的比例承担偿还债务的责任，超过合伙协议确定的比例部分拒不承担责任。其说法是否合法？

2. 2000年1月，甲投资5万元设立个人独资A企业。2002年1月，甲决定解散企业。解散清算结果如下：A企业全部资产价值5万元；欠乙的货款6万元；欠银行贷款8万元；甲的家庭个人财产10万元，可执行的个人财产是7万元。

问题：(1) 甲对超过企业资产部分的债务是否承担偿还责任？为什么？

(2) 甲如果用个人财产偿还债务，其个人财产是多少？

(3) 按照法律的规定，甲应当如何进行债务的清偿？

3. 某市一全民所有制工业企业的厂长因为意外事故身亡。政府主管部门派了一名厂长，该企业的职工代表大会对新厂长不满意，于是采取表决方式，罢免了新厂长，并且选举了一名本企业的职工当选厂长。

问题：(1) 政府主管部门是否有权向企业委派厂长？为什么？

(2) 企业的职工代表大会的行为是否符合法律的规定？为什么？

4. 某儿童服装厂属于城镇集体企业。为了提高经济效益，企业超越经营范围从事经营活动，因此厂长被政府主管部门免职，并且准备调入新厂长。该厂长认为，服装厂超越经营范围从事经营活动是违法的，自己被免职也是应该的。但是政府主管部门无权委派新厂长。该厂职工大会提出，政府主管部门不但无权免职原厂长，而且也无权任命新厂长。

问题：服装厂厂长和职工大会的说法是否正确？为什么？

第六章

外商投资企业法律制度

【本 章 概 要】

一、教学重点、难点

重点：（1）外商投资企业的概念与种类的理解；（2）外商投资企业的出资方式、比例及期限；（3）中外合营、合作企业及外资企业的组织形式、组织机构的规定及两种企业的主要区别。

难点：（1）合营企业的注册资本与投资总额的内容及出资额转让的法律规定；（2）合作企业中外商先行回收投资的规定。

二、教学建议

首先应让学生了解新修订的外商投资企业法概况。

为适应中国加入世界贸易组织的进程，根据世界贸易组织规则和我国对外的承诺。我国对1978年以来的外商投资企业法律中与进一步扩大对外开放、加入世界贸易组织过程不相适应的内容进行了修改补充。并于2001年3月15日施行新修改的《中华人民共和国中外合资经营企业法》，2000年10月31日施行新修改的《中华人民共和国中外合作企业法》、《中华人民共和国外资企业法》。

新修改的外商投资企业法的主要变化体现在三点：（1）生产经营计划权：外商投资企业有权在批准的合同范围，自行制定企业的生产经营计划（无须再报企业主管部门备案）；（2）物资采购权：外商投资企业在批准的经营范围内所需要的原材料，有权自行决定在中国市场购买或在国际市场购买（改变了"优先在中国市场购买"的规定）；（3）产品销售权：外商投资企业有权自行销售产品，中国政府鼓励其向国际市场销售产品（放弃了"首先向国际市场销售产品"的规定）。

【实 训 案 例】

【关于外商投资企业法概述】

一、知识要点

外商投资企业是指在中国境内依据中国法律设立的，由中国投资者和外国投资者或完全由外国投资者投资的企业。外商投资企业包括中外合资经营企业（以下简称合营企业）、中外合作经营企业（以下简称合作企业）、外资企业三种主要形式。人们习惯称这三类企业为“三资”企业。外国投资者是指国外（包括港、澳、台地区）的公司、企业和其他经济组织或个人，中国投资者是指与外商共同投资举办企业的中国公司、企业或者其他经济组织。我国外商投资企业法主要调整：(1) 外国投资者与中国投资者之间企业内部关系；(2) 外商及外商投资企业与中国政府之间的关系。外商投资企业法的基本原则包括：维护国家主权原则、平等互利原则和参照国际惯例原则。

二、典型案例

王某原是国民党高级将领，1949 年去了台湾，从此与在大陆的家人失去联系。王某到台湾后，就辞去军队要职开办企业。经过 30 多年的经营，积蓄下了亿万财产，但他对家乡和亲人的思念与日俱增。20 世纪 80 年代，大陆改革开放后，王某作为第一批台商来大陆投资开办企业，并且经过多方努力找到了惟一健在的亲人弟弟。王某的弟弟生活在北方农村，弟弟的儿子为当地有名的玉米种植专业户。为了离散之苦和壮大的事业，王某预以现金 1000 万美元与侄儿共同投资设立一家从事玉米深加工的企业。这在当地是一个大的投资项目。

三、思考问题

1. 如果该企业获准设立，是什么类型的企业？

2. 如果该企业不能获准设立，是什么原因？须作怎样的调整？

四、案例分析与参考答案

本题主要考查外商投资企业投资者的界定。解析本题的关键是要掌握：(1) 外商投资企业的概念。外商投资企业是指在中国境内依据中国法律设立的，由中国投资者和外国投资者或完全由外国投资者投资的企业。(2) 外商投资企业投资者的界定。外国投资者是指国外（包括港、澳、台地区）的公司、企业和其他经济组织或个人，中国投资者是指与外商共同投资举办企业的中国公司、企业或者其他经济组织。

该企业应该是外商投资企业。外商投资企业是指在中国境内依据中国法律设立的，由中国投资者和外国投资者或完全由外国投资者投资的企业。根据法律规定，外商投资企业以外国投资者为必备投资主体，即投资主体必须包括或全是外国投资者。外国投资者是指国外（包括港、澳、台地区）的公司、企业和其他经济组织或个人。

该企业不能获准设立。根据规定，外国投资者是指国外（包括港、澳、台地区）的公司、企业和其他经济组织或个人，中国投资者是指与外商共同投资举办企业的中国公司、企业或者其他经济组织。本题中，王某欲与侄儿共同投资设立企业，其侄儿不具备投资设立外资企业的主体资格。该企业若要获准设立，只能有两种调整：一是王某单独投资设立外资企业，二是王某与中国公司、企业或者其他经济组织共同投资设立中外合作经营企业或中外合资经营企业。

五、法理基础

上述案例涉及的法律基础包括：

外商投资企业是指在中国境内依据中国法律设立的，由中国投资者和外国投资者或完全由外国投资者投资的企业。外商投资企业包括中外合资经营企业、中外合作经营企业、外资企业三种主要形式。人们习惯称这三类企业为“三资”企业。外商投资企业以外国投资者为必备投资主体，即投资主体必须包括或全是外国投资者；外商投资企业必须是在中国境内设立的、经中国法律规定的政府机关审查批准、到工商行政管理部门办理登记手续、具有中国国籍的企业。外商投资企业的外国投资者是指国外（包括港、澳、台地区）的公司、企业和其他经济组织或个人，中国投资者是指与外商共同投资举办企业的中国公司、企业或者其他经济组织。

六、自测案例

1986年，王某到美国攻读MBA，完成学业后，受聘于纽约一家公司，从普通职员做到该公司的CEO。1996年5月，王某辞去该公司的职务，在纽约创办了一家东方顺达公司。东方顺达公司成立后，经营业绩直线攀升，到2004年5月，总资产已达10亿美元。2005年3月，王某携现金、设备、技术在大连设立一家生产保健品的企业。请问：该企业是外商投资企业吗？为什么？

【关于《中外合资经营企业法》】

一、知识要点

中外合资经营企业（以下简称合营企业），是外国的公司、企业、其他经济组织或个人同中国的公司、企业或其他经济组织，依照中国法律，经中国政府机关批准，设在中国境内的，由双方共同投资、共同经营，按照投资比例分配利润、分担风险的企业。《中外合资经营企业法》规定了中外合资经营企业的设立条件和程序、中外合资经营企业的组织形式与注册资本、中外合资经营企业合营各方的出资方式与出资期限、中外合资经营企业的组织机构、中外合资经营企业的期限、解散与清算等内容。合营企业营业执照签发日期，即为该合营企业的成立日期。

二、典型案例

2004年9月10日，某中外合资经营企业成立。该中外合资经营企业的注册资本为1000万美元，其中外国合营者认缴的出资额为600万美元，中国的合营者认缴的出资额为400万美元。根据合营企业合同的约定，合营双方分期缴付出资。2004年11月20日，外国合营者缴付现金80万美元。2004年12月15日，中国合营者以建筑物和场地使用权出资60万美元。

三、思考问题

合营各方的出资是否符合法律规定？为什么？

四、案例分析与参考答案

本题主要考查中外合资经营企业合营各方的出资方式与出资期限。解析本题的关键是要掌握：（1）出资方式。合营各方出资方式包括货币出资（现金出资）、实物出资（建筑物、厂房、机器设备或其他物料作价出资）、工业产权、专有技术（无形财产出资）、中方可以用土地使用权作价出资。（2）出资期限。包括一次缴清出资和分期缴付出资的规定。

合营各方在缴付出资额和期限上不符合《合营企业法》的规定。根据中外合资经营企业法律制度的规定，合营合同规定一次缴清出资的，合营各方应从营业执照签发之日起6个月内缴清；合营合同规定分期缴付出资的，合营各方第一期出资不得低于各自认缴出资额的15%，并且应当在营业执照签发之日起3个月内缴清。所以外国合营者第一期缴付出资额应不低于600×15%=90（万美元）。根据《中外合资经营企业法》的规定，合营企业营业执照签发日期，即为该合营企业的成立日期，2004年9月10日是合营企业营业执照签发日期。所以中国合营者应在2004年12月10日前缴付出资。

五、法理基础

上述案例涉及的法理基础为：

（一）合营企业的注册资本与投资总额

1. 注册资本。合营企业的注册资本，是指为了设立合营企业在登记管理机构登记的资本总额，应为合营各方认缴的出资额之和。因为注册资本是合营企业进行正常经营活动和承担有限责任的基本保证。因此，在合营期内各方不得抽回其出资，在投资比例上，我国对外国合营者出资只规定了一般不低于25%的下限，合营各方按注册资本比例分享利润、分担风险及亏损。

2. 投资总额。投资总额是指根据合营企业合同及章程规定的生产规模，需要投入的基本建设资金和生产流动资金的总和。它通常是由合营各方出资的注册资本加上合营企业的借款额构成，因而投资总额要大于注册资本。

合营企业的注册资本和投资总额之间应当保持正确、合理的比例关系，我国工商行政管理总局对合营企业投资总额的比例关系作了具体、明确的规定。

（二）出资方式

根据《中外合资经营企业法》的规定合营各方可以下列方式出资：一是以货币出资，即以现金出资；二是以实物出资即以建筑物、厂房、机器设备或其他物料作价出资；三是以工业产权、专有技术出资即以无形财产出资；四是中方可以用土地使用权作价出资。以实物、工业产权、专有技术、土地使用权出资的，其作价由合营各方按照公平合理的原则协商确定或由合营各方同意的第三人进行评估。

外国合营者的投入，必须符合国家规定的条件。以工业产权、专有技术作价出资的，应当出具拥有所有权和处置权的有效证明。

（三）出资期限

合营各方就按照合同规定的期限缴清出资。合营各方缴付出资额后，应由中国注册的会计师验证，出具验资报告后，由合营企业据以发给出资证明书。

合营合同规定一次缴清出资的，合营各方应从营业执照签发之日起6个月内缴清；合营合同规定分期缴付出资的，合营各方第一期出资，不得低于各自认缴出资额的15%，并且应当在营业执照签发之日起3个月内缴清。

六、自测案例

某中外合作经营企业的注册资本为500万美元，合营企业的合同约定合营双方分期缴付出资。该合营企业于2005年3月15日取得企业法人营业执照。2005年3月25日，该合营企业实收资本为零，2005年6月15日，该合营企业实收资本为75万美元，其中中国合营者缴付60万美元，外国合营者缴付15万美元。请问：该合营企业在出资上是否符合《合营企业法》的规定？为什么？

【关于《中外合作经营企业法》】

一、知识要点

中外合作经营企业的根本特征是，在法律规定的范围内，合作企业的一切事项都由中外合作者依法通过合作企业的合同、章程做出约定，具有比较大的灵活性，更能够适应中外合作者各自的要求和实际情况。

中外合作经营企业与中外合资经营企业在企业性质和法律地位、投资方式、资本回收方式、管理方式、利润分配、企业结束时对企业剩余财产的处理都不同。《中外合作经营企业法》规定了中外合作经营企业的组织形式与出资方式、合作企业的组织机构、合作企业的收益分配和投资回收、中外合作企业的合作期限等内容。

二、典型案例

美国戴尔公司与中国光大公司签订合同，共同投资设立一家中外合作经营企业。合作企业合同约定：(1) 合作企业注册资本拟定为200万美元。其中戴尔公司出资额为120万美元，60万美元现金，60万美元的机器设备；光大公司出资80万美元，出资方式为土地使用权、房屋和辅助设备。(2) 合作企业的利润分配比例各占50%。(3) 戴尔公司先行回收投资，回收投资的支出计入合作企业生产成本。(4) 合作期限届满，合作企业的全部固定资产归光大公司，但光大公司应按固定资产残余价值的20%给戴尔公司补偿。

三、思考问题

该合作企业合同是否符合我国法律规定？为什么？

四、案例分析与参考答案

本题主要考查合作企业的出资方式、合作企业的收益分配和投资回收。解析本题的关键是要掌握《合作企业法》的相关规定：(1) 合作企业的合作各方的出资比例、出资方式的规定。(2) 合作企业的收益分配方式。(3) 合作企业的外国投资者先行回收投资的方式及法律后果。

上述案例中合作企业合同的约定的 (1)、(2) 符合我国法理规定，(3)、(4) 不符合规定。

上述案例中 (1) 是合作企业出资方式和比例的约定，是符合法律规定的。根据是《合作企业法》的规定：中外合作者的投资或提供的合作条件可以是现金、实物、土地使用权、非专利技术和其他财产权利，但以土地使用权作为出资条件的只能是中国一方；在依法取得中国法人资格的合作企业中，外国合作者的投资一般不低于合作企业注册资本的25%，在不具有法人资格的合作企业中，外国合作者的投资不得低于中国和外国合作者投资额之和的25%。

上述案例中 (2) 是合作企业的收益分配的约定，是符合法律规定的。根据是《合作企业法》的规定：合作企业的收益分配，由合作企业合同约定。

上述案例中（3）是合作企业外国合作者先行收回投资的约定，是不符合法律规定的。根据是《合作企业法》的规定：外国合作者可以有条件地先行回收投资。先行回收投资采用的方法一般有两种：一是依法加速固定资产折旧，从折旧费中收回投资；二是适当扩大外国合作者利润分成或产品分成的比例，通过多分取利润或产品收回投资。这表明外国合作者先行回收投资的支出计入合作企业生产成本。

上述案例中（4）是合作企业外国合作者先行收回投资的法律后果，是不符合法律规定的。根据是《合作企业法》的规定：外方投资者先期回收投资的，企业剩余固定资产全部无偿归中方所有。所以合作期限届满，合作企业的全部固定资产归光大公司，光大公司应按固定资产残余价值的20%给戴尔公司补偿是不符合法律规定的。

五、法理基础

上述案例涉及的法理基础为；

（一）合作企业的出资方式

《合作企业法》第8条规定："中外合作者的投资或提供的合作条件可以是现金、实物、土地使用权、非专利技术和其他财产权利。"但以土地使用权作为出资条件的只能是中国一方。出资双方不必精确计算各方的出资额，只须确定各方的合作条件。

在依法取得中国法人资格的合作企业中，外国合作者的投资一般不低于合作企业注册资本的25%。在不具有法人资格的合作企业中，外国合作者的投资不得低于中国和外国合作者投资额之和的25%。

（二）合作企业的收益分配和投资回收

合作企业的收益分配，由合作企业合同约定。《合作企业法》第21条第2款规定："中外合作者在合作企业合同中约定合作期满时合作企业的全部固定资产归中国合作者所有的可以在合作企业合同中约定外国合作者在合作期限内先行回收投资的办法。"根据这一规定，外国合作者可以有条件地先行回收投资。合作企业允许外国合作者先行收回投资，必将带来合作企业债务承担责任的问题，为此，《合作企业法》规定，合作企业依照规定约定外国合作者在合作期限内先行回收投资的，中外合作者应当依照有关法律的规定和合作企业合同的约定对合作企业的债务承担责任。

六、自测案例

2005年5月，中方某电冰箱厂与台湾某公司签订了合作企业合同，决定双方共同生产和销售某品牌电冰箱。合同中约定：合作企业的注册资本为200万美元，双方各占50%，中方以现金、厂房和土地使用权出资，台湾合作者以现金和先进设备出资；设立的合作企业为具有法人资格的股份有限公司；合作企业设立联合管理机构，联合管理机构为合作企业的最高权力机构，决定合作企业的重大问题。请问：该合作企业合同的约定是否符合 法律规定？为什么？

【关于《外资企业法》】

一、知识要点

外资企业是指依照中国的法律规定，在中国境内设立的，全部资本由外国投资者投资的企业，不包括外国的企业和其他经济组织在中国境内的分支机构。外资企业的设立要符合

《中华人民共和国外资企业法》规定的条件和程序。外资企业的组织形式为有限责任公司，经批准也可以为其他责任形式。外资企业的注册资本，是指为设立外资企业在工商行政管理机关登记的资本总额，即外国投资者认缴的全部出资额。外资企业在经营期内不得减少其注册资本。外国投资者可以用自由兑换的外币出资，也可以用机器设备、工业产权、专有技术等作价出资。经审批机关批准，外国投资者也可以用其从中国境内举办的其他外商投资企业获得的人民币利润出资。外国投资者缴付出资的期限应在外资企业申请书和外资企业章程中载明。外资企业的经营期限、终止和清算要符合《外资企业法》的规定。

二、典型案例

美国一位投资者拟投资100万美元，在中国设立一家软件公司，生产销售软件。100万美元投资中包括：10万美元的现金，50万美元的设备，40万美元的专有技术。该投资者准备在该外资企业设立后用10万美元先行进行市场运作，三个月后设备和技术再逐步到位。

三、思考问题

美国投资者拟投资设立的外资企业在出资方式和出资期限上是否符合《外资企业法》的规定？为什么？

四、案例分析与参考答案

上述案例主要考查外资企业的出资方式和出资期限。解析本题的关键是要掌握：(1) 外国投资者可以用自由兑换的外币出资，也可以用机器设备、工业产权、专有技术等作价出资。工业产权、专有技术的作价金额不得超过外资企业注册资本的20%。(2) 外国投资者分期缴付出资的，其第一期出资不得少于外国投资者认缴出资额的15%，并应在营业执照签发之日起90天内缴清。

美国投资者拟投资设立的外资企业在出资方式和出资期限上不符合《外资企业法》的规定。根据《外资企业法》的规定，外国投资者可以用自由兑换的外币出资，也可以用机器设备、工业产权、专有技术等作价出资。工业产权、专有技术的作价金额不得超过外资企业注册资本的20%。本题中工业产权、专有技术的作价金额已经高达40%。另外，《外资企业法》规定，外国投资者缴付出资的期限应在外资企业申请书和外资企业章程中载明。外国投资者分期缴付出资的，最后一期出资应在营业执照签发之日起3年内缴清，其第一期出资不得少于外国投资者认缴出资额的15%，并应在营业执照签发之日起90天内缴清。而本题中第一期出资仅占10% ，也没有明确最后一期出资的期限。

五、法理基础

上述案例涉及的法理基础包括；

（一）外国投资者的出资方式

外国投资者可以用自由兑换的外币出资，也可以用机器设备、工业产权、专有技术等作价出资。经审批机关批准，外国投资者也可以用其从中国境内举办的其他外商投资企业获得的人民币利润出资。

外国投资者以机器设备、工业产权、专有技术等作价出资的，应符合我国法律规定的条件，并且工业产权、专有技术的作价应与国际上通常的作价原则相一致，其作价金额不得超过外资企业注册资本的20%。

（二）出资期限

外国投资者缴付出资的期限应在外资企业申请书和外资企业章程中载明。外国投资者分期缴付出资的，最后一期出资应在营业执照签发之日起3年内缴清，其第一期出资不得少于外国投资者认缴出资额的15%，并应在营业执照签发之日起90天内缴清。违反以上规定的，外资企业批准证书自动失效，吊销营业执照。

外国投资者缴付每期出资后，应聘请中国的注册会计师验证并出具验资报告，报审批机关和工商行政管理机关备案。

六、自测案例

2000年5月，台湾一位投资者与中国一家公司共同投资设立了一家中外合作经营企业，企业开办五年来，该投资者共获得利润100万美元。2005年5月，该投资者准备用100万美元的利润投资设立一家外资企业。该外资企业的注册资本为125万美元，其中包括100万美元的利润和25万美元专利技术。请问：该外资企业能否获得批准？

【本章综合案例】

案例一

（一）案情介绍

2004年2月，中国某公司与香港某贸易公司、韩国某企业签订了在中国设立一家合营企业的合同。合同约定：企业注册资本为人民币1500万元。其中：中国公司以厂房出资600万元，香港贸易公司以设备出资600万元，韩国企业韩元现汇出资，折合人民币300万元。各方投资的数额均得到三方认可，并经三方同意的第三人评定。

（二）思考问题

三方签订的合营合同是否合法?

（三）参考答案

该合营合同合法。根据《中外合资经营企业法》的规定，合营各方可以下列方式出资：一是以货币出资，即以现金出资；二是以实物出资即以建筑物、厂房、机器设备或其他物料作价出资；三是以工业产权、专有技术出资即以无形财产出资；四是中方可以用土地使用权作价出资。以实物、工业产权、专有技术、土地使用权出资的，其作价由合营各方按照公平合理的原则协商确定或由合营各方同意的第三人进行评估。本案中，合营者的出资形式符合法律规定。

案例二

（一）案情介绍

2004年5月，中国南方化妆品公司和美国美姿化妆品公司达成合资经营某品牌化妆品的意向。中国南方化妆品公司向主管部门报送了项目建议书和可行性研究报告，后经主管部门同意及当地发展计划委员会批准，双方于2000年2月签订了设立合资经营企业合同。合同约定：合营企业注册资本为90万美元，投资总额为150万美元。其中中国南方化妆品公司出资70万美元，美国美姿化妆品公司出资20万美元；双方必须在营业执照签发之日起200日内一次性缴清出资。中国南方化妆品公司向审批机构报送了合营企业合同、合营企业章程及其他法律规定的文件。

（二）思考问题

审批机构审查后，会做出怎样的决定？为什么？

（三）参考答案

审批机构审查后，会做出不予批准的决定。因为：

1.《合营企业法》规定，中外合资经营企业的投资总额在300万美元以下（含300万美元）的，其注册资本至少应占投资总额的7/10，在本案中该合营企业的投资总额为150万美元，其注册资本至少应为105（150×7/10=105）万美元，而该合营企业的注册资本仅为90万美元。

2.《合营企业法》规定，外国合营者的投资比例一般不得低于注册资本的25%。本案中，外国投资者的出资应为22.5（90×25%=22.5）万美元，而美国美姿化妆品公司的出资实际为20万美元，低于法律规定。

3.《合营企业法》规定，合营合同规定一次缴清出资的，合营各方应从营业执照签发之日起6个月内缴清；合营合同规定分期缴付出资的，合营各方第一期出资，不得低于各自认缴出资额的15%，并且应当在营业执照签发之日起3个月内缴清。本案中，合营双方约定在营业执照签发之日起200日内一次性缴清出资，已经超过了法律规定的6个月。

【本章练习】

一、填空题

1.中外合作经营企业可采用分配______或分配______或共同商定的其他方式分配收益。

2.中外合资经营企业的投资总额为按照合资企业合同、章程所确定的生产规模需要投入的______资金、__________资金的总和。

3.除现金、实物和____以外，中外合资经营企业的中方合营者可以____出资。

4.在合营企业的注册资本中，外方投资比例一般不低于____，合营各方按____比例分享利润和分担风险及亏损。

5.中外合资经营企业的董事会是合营企业的________机构，______为合营企业的法定代表人。

6.在中国境内设立合营企业，必须经________审查批准。

7.外资企业的投资总额由______和________构成。

8.工业产权、非专利技术的作价金额不得超过外资企业注册资本的______。

9.合作企业则采取灵活多样的方式分配利润，可实行______方式，也可实行______方式，且合作各方的分配比例，也完全按照合作企业合同确定的比例。

10.外资企业期满需延长的，应在距期满前______天申请。

11. 国家鼓励举办______或者______生产型的外资投资企业。
12. 中外合作者依照________的约定，分配收益或者产品，承担风险和亏损。

二、单项选择题

1. 中外合营企业的注册资本为合营各方认缴的(　　)之和。
A. 建设资金　　B. 生产流动资金
C. 出资额　　D. 投资总额
2. 在中外合营企业注册资本中，外国合营者的投资比例一般不低于(　　)。
A. 25%　　B. 35%
C. 49%　　D. 51%
3. 中外合资经营企业的组织形式为(　　)。
A. 有限责任公司　　B. 股份有限公司
C. 无限公司　　D. 两和公司
4. 国家鼓励举办产品出口的或者技术先进的(　　)合作企业。
A. 营利型　　B. 松散型
C. 生产型　　D. 合伙型
5. 中外合作经营企业是(　　)。
A. 企业法人　　B. 外国企业
C. 国有企业　　D. 契约式企业
6. 中外合作经营企业经(　　)成立。
A. 双方签字盖章　　B. 双方确认
C. 企业营业执照签发　　D. 中国政府批准
7. 法人型中外合作经营企业采用(　　)的经营管理方式。
A. 董事会制　　B. 联合管理制
C. 分开管理制　　D. 委托管理制
8. 不能作为外资企业出资方式的是(　　)。
A. 货币　　B. 土地使用权
C. 商标权　　D. 实物
9. 外商投资企业不包括(　　)。
A. 合资企业　　B. 合作企业
C. 金融企业　　D. 工业企业
10. 中外合资经营企业的解散，应由(　　)。
A. 总经理提出申请　　B. 董事会提出申请
C. 企业上级主管部门提出申请　　D. 政府管理机关提出申请
11. 合营企业的最高权力机构是(　　)。
A. 董事会　　B. 股东会
C. 监事会　　D. 职工代表大会
12. 中外合作经营企业的注册资本中，外方合作者的投资比例(　　)。
A. 不得低于20%　　B. 不得高于49%

C. 没有规定　　D. 不得低于 25%

三、多项选择题

1. 中外合作企业外国合作者投资回收的办法有(　　)。

A. 扩大外国合作者产品分成　　B. 扩大外国合作者利润分成

C. 通过加速固定资产折旧,用折旧金偿还　　D. 扩大外国合作者投资规模

2. 外资独资企业是(　　)。

A. 外国企业　　B. 非中国法人

C. 无中方出资的企业　　D. 经审批设立的企业

3. 合作企业具有下列法律特征(　　)。

A. 合作企业属于契约型企业　　B. 合作企业属于集体企业

C. 合作企业可以设为法人型企业　　D. 合作企业可以设为非法人型企业

4. 中外合作企业具有(　　)特点。

A. 各方的权利义务由合同确定　　B. 法人资格有可选择性

C. 外国合作者可先行回收投资　　D. 管理机构具有多样性

5. 合作企业设立(　　)作为合作企业的组织机构。

A. 董事会　　B. 联合管理委员会

C. 民主管理委员会　　D. 股东会

6. 中外合资企业是(　　)。

A. 股份有限公司　　B. 有限责任公司

C. 外国法人　　D. 中国法人

7. 中外合作企业管理形式有(　　)。

A. 委托管理制　　B. 董事会制

C. 联合管理制　　D. 理事会制

8. 中外合营企业的出资方式有(　　)。

A. 现金　　B. 实物

C. 场地使用权　　D. 信用

9. 设立合营企业的程序有(　　)。

A. 立项　　B. 洽谈签约

C. 审批　　D. 登记注册

10. 关于中外合作经营企业的正确说法是(　　)。

A. 肯定是中国法人　　B. 不一定是法人

C. 外方可先行回收投资　　D. 经营管理方式多样

11. 外资企业出资方式有(　　)。

A. 实物　　B. 专有技术

C. 土地使用权　　D. 任何外币

12. 我国目前的外商投资企业主要有(　　)。

A. 中外合资企业　　B. 中外合作企业

C. 外资企业　　D. 外国企业

四、判断题

1. 外资企业取得法人资格的，应采取有限责任公司的组织形式。（ ）
2. 中外合营企业是契约式企业，中外合作企业是股权式企业。（ ）
3. 设立外资企业的外国投资者只可用外币投资，不能用人民币投资。（ ）
4. 中外合营企业的注册资本，是指为设立合营企业，在登记机关登记的资本总额，应为合营各方实缴的出资之和。（ ）
5. 中外合营企业的投资总额即合营各方认缴的出资额之和，即公司的注册资本。（ ）
6. 股东会是中外合营企业的最高权力机构。（ ）
7. 中外合作企业可以是法人或非法人企业，但都应遵守中国和合作者所在国家的法律。（ ）
8. 我国的外商投资企业是外商私人直接投资的企业。（ ）
9. 外资企业的设立必须经过申请、审批和登记三个阶段。（ ）
10. 外商投资企业就是外资独资企业。（ ）
11. 合作企业属于契约式合营企业。（ ）
12. 合营企业的经营管理机构，是企业的最高权力机构。（ ）

五、简答题

1. 简述外商投资企业法的概念和原则。
2. 中外合营企业与合作企业有哪些主要区别？
3. 简述合作企业收益分配及投资的回收。
4. 简述设立外资企业的条件。
5. 外资企业概念及外资企业终止原因。

六、案例分析题

1. 下面是一份待签的中外合资经营企业合同的部分条款：

第二条　甲、乙双方根据《中华人民共和国中外合资经营企业法》，同意在中国境内建立合资经营＊＊股份有限责任公司（以下简称合营公司）。

第十二条　合营公司的注册资本为450万美元。中方投资350万美元，其中场地使用权作价50万美元，厂房机器200万美元，其中现金70万美元，机器设备30万美元（向某国租赁）。

第二十五条　董事会由7名董事组成，其中由甲方委派4名，乙方派3名。首届董事长和副董事长由出资多的一方担任，以后由董事会选举产生，不拘任何一方。

第三十六条　合营公司按中国的有关法律和条例规定缴纳各项税金。

第四十三条　对本合同的修改，须经董事会一致通过决议后方能生效。

请指出上列条款中有无不符合《中外合资经营企业法》及其实施条例之处，如有，请予以改正。

2. 美方一公司与深圳某服装厂在合资经营合同中规定：合营企业的注册资本为200万

美元，中方投资160万美元，其中现金60万美元，场地使用权作价70万美元，厂房及设备作价30万美元；合营期限为8年，双方可根据实际情况减少注册资本；董事长和副董事长都由美方担任；双方不再达成仲裁协议，如在合营期间发生争议，任何一方可向法院起诉。

问：上述合同内容是否符合我国法律规定？为什么？

3. 中国某企业与美国一公司协商决定在上海设立一家外商投资企业。合同中规定，中方出资60万元，美方出资40万元；双方合作期为10年；从第三年起，美方按80%的比例分享利润，直到收回投资后，再按中方60%、美方40%的比例分享利润；合同期满后，全部固定资产归中方所有。

问：这家外商投资企业是什么性质的？该企业可采用什么经营管理方式？

第七章

破　产　法

【本 章 概 要】

一、教学重点、难点

重点：破产概念，破产案件管辖，企业债务清理，企业重整、和解以及对破产企业职工的保护等。

难点：(1) 破产的概念；(2) 法院审查受理破产案件中应注意的问题；(3) 债权人会议的表决权；(4) 和解协议的法律效力；(5) 破产财产与破产债权的认定及范围；(6) 破产财产的分配。

二、教学建议

破产是社会主义市场经济体制下竞争机制和优胜劣汰规律相互作用的必然结果，贯彻执行破产法可更好地提高资源配置的效益。本章具体讲述企业破产的操作过程，难点问题较多，所以也是比较不易掌握的一章。本章主要贯穿两条基本线索，一是破产程序，二是破产财产的清算与分配。教师讲课应首先对破产制度设立的目的进行全面、正确的讲解，即破产清算、企业重整与和解之间的关系。在此基础上讲解破产程序，并把握破产清算、企业重整与和解过程中的联系与区别。在关于破产的清算与分配问题中，应重点讲解破产财产与破产债权的界定，使学生掌握破产财产的分配顺序。

【实 训 案 例】

【企业破产法】

一、知识要点

破产是企业法人不能清偿到期债务，并且资产不足以清偿全部债务或者明显缺乏清偿能力，由人民法院主持，将债务人的全部财产依法抵偿所欠的各种债务，不足部分不再清偿。破产具有如下法律特征：破产以债务人不能清偿到期债务，并且资产不足以清偿全部债务或者明显缺乏清偿能力为前提，破产以债务人全部财产为偿债客体，破产以向全体债权人公平清偿为原则，破产以取消债务主体资格为最终后果，破产是一种执行程序。破产法是破产制度的法律表现形式。概括地讲，破产法是关于债务人不能清偿到期债务而适用破产、重整或和解程序处理债务关系的法律规范的总称。

2006 年 8 月 27 日第十届全国人民代表大会常务委员会第二十三次会议通过了《中华人民共和国企业破产法》，该法自 2007 年 6 月 1 日起施行，《中华人民共和国企业破产法（试行)》同时废止。《中华人民共和国企业破产法》适用于所有的企业法人，企业法人之外的其他组织（合伙企业、个人独资企业、学校、医院等）的清算，如果属于破产清算的，可以参照《中华人民共和国企业破产法》。

二、典型案例

2006 年 12 月，某公司申请破产，人民法院受理了该破产案件。但在适用法律上发生了争议：法官甲认为，公司是企业，应适用《中华人民共和国企业破产法（试行)》；法官乙则认为，《中华人民共和国企业破产法（试行)》适用于全民所有制企业，公司不属于全民所有制企业，应适用《中华人民共和国民事诉讼法》中的有关破产的规定；法官丙表达了自己的意见，认为公司的性质是企业，公司有全民所有制的公司和非全民所有制的公司，所以，是否适用《破产法》，主要看它的所有制性质，而不是企业形式。

三、思考问题

你认为哪位法官的观点正确？为什么？你的观点如何？

四、案例分析与参考答案

本题主要考查破产法的生效时限和适用范围。解析本题的关键是要掌握《中华人民共和国企业破产法》的时间效力和适用范围。《中华人民共和国企业破产法》2006 年 8 月 27 日通过，自 2007 年 6 月 1 日起施行。之前的破产案件仍适用《中华人民共和国企业破产法（试行)》及《民事诉讼法》中关于破产还债程序的规定。

法官丙的观点正确。该案件是 2006 年 12 月申请受理的，《中华人民共和国企业破产法》2007 年 6 月 1 日起施行，所以不能适用该法。根据规定，《中华人民共和国企业破产法（试行)》适用于全民所有制（国有）企业。公司是企业的一种组织形式，判断公司的破产程序是否适用《中华人民共和国企业破产法（试行)》，主要标准是该公司的所有制性质。如果该公司是全民所有制（国有）公司，就应适用《中华人民共和国企业破产法（试行)》，否则，就适用《中华人民共和国民事诉讼法》。

五、法理基础

上述案例涉及的法律基础为：

（一）我国破产法的立法情况

破产法是破产制度的法律表现形式。概括地讲，破产法是关于债务人不能清偿到期债务而适用破产或和解程序处理债务关系的法律规范的总称。是关于破产的实体规范、程序规范的总称。

我国的破产立法，主要有三个方面：一是《中华人民共和国企业破产法（试行）》。该法于1986年12月由立法机关通过，从1988年11月1日起施行，2007年6月1日废止。二是《中华人民共和国民事诉讼法》（以下简称《民事诉讼法》）中的有关破产的规定。该法于1991年4月9日由立法机关通过，从1991年4月9日起施行，第19章为“企业法人破产还债程序”。三是《中华人民共和国企业破产法》。该法2006年8月27日通过，自2007年6月1日起施行。

（二）我国破产法的适用范围

《中华人民共和国企业破产法（试行）》适用于全民所有制（国有）企业，《民事诉讼法》中关于破产还债程序的规定虽然适用各类企业法人，但是规范过于简单。《中华人民共和国企业破产法》适用于法人企业。

六、自测案例

某国有金融企业被债权人申请破产，人民法院裁定受理了此案。请问：人民法院应该适用下列法律中的哪一部：(1)《中华人民共和国企业破产法》，(2)《中华人民共和国企业破产法（试行）》，(3)《中华人民共和国民事诉讼法》，为什么？还有其他的法律可以适用吗？为什么？

【破产申请的提出与受理】

一、知识要点

根据《中华人民共和国企业破产法》的规定，企业法人不能清偿到期债务，并且资产不足以清偿全部债务或者明显缺乏清偿能力的，依照本法规定清理债务。可以向人民法院提出重整、和解或者破产清算申请。债务人不能清偿到期债务，债权人可以向人民法院提出对债务人进行重整或者破产清算的申请。企业法人已解散但未清算或者未清算完毕，资产不足以清偿债务的，依法负有清算责任的人应当向人民法院申请破产清算。向人民法院提出破产申请，应当提交破产申请书和有关证据。债务人提出申请的，还应当向人民法院提交财产状况说明、债务清册、债权清册、有关财务会计报告、职工安置预案以及职工工资的支付和社会保险费用的缴纳情况。破产案件由债务人住所地人民法院管辖。人民法院应当自收到破产申请之日起十五日内裁定是否受理。人民法院裁定受理破产申请的，应当同时指定管理人。人民法院应当自裁定受理破产申请之日起二十五日内通知已知债权人，并予以公告。人民法院受理破产申请后，债务人对个别债权人的债务清偿无效。

二、典型案例

甲企业是当地很有信誉的木材加工企业，多年来一直为乙企业生产木器提供原料。两家的经济往来一直很好，从没出现过不愉快的现象。但2005年，由于市场竞争激烈，加之企业没有及时调整生产经营策略，乙企业出现了亏损现象，没能按期支付甲企业的200万元的原料款。2006年，考虑到两家多年的关系，甲企业仍按计划向乙企业提供原料。但由于竞争对手的增多，竞争更加激烈，乙企业亏损更加严重。加之多家货款没能及时收回，乙企业又有300万元的原料款没能按期向甲企业支付，为此给甲企业的资金周转造成了困难，严重影响了甲企业的经济运营。甲企业多次催要，均无结果。

三、思考问题

乙企业是否符合破产条件？甲企业可否申请乙企业破产？该破产案件由谁受理？

四、案例分析与参考答案

本题主要考查破产申请的提出和受理。解析本题的关键是要掌握：(1) 破产的条件，是指债务人（企业法人）破产的标准和理由。(2) 破产申请的主体，申请主体包括债务人、债权人、负有清算责任的人。(3) 破产案件的管辖，破产案件由债务人住所地人民法院管辖。

乙企业符合破产条件。根据《企业破产法》规定，本题中乙企业在市场竞争激烈的情况下，没有及时调整生产经营策略，出现了亏损现象，加之多家货款没能及时收回，亏损更加严重，以致于甲企业两年的原料款不能清偿。所以已经不能清偿到期债务，而且明显缺乏清偿能力，符合破产条件。

甲企业可以申请乙企业破产。《企业破产法》规定："债务人不能清偿到期债务，债权人可以向人民法院提出对债务人进行重整或者破产清算的申请。"所以本题中作为债权人的甲企业可以申请乙企业破产。

根据《企业破产法》规定，破产案件由债务人住所地人民法院管辖。该破产案件由乙企业住所地人民法院管辖。

五、法理基础

上述案例涉及的法理基础主要有：

（一）破产条件

根据《企业破产法》的规定，企业法人破产的条件是指企业法人不能清偿到期债务，并且资产不足以清偿全部债务或者明显缺乏清偿能力的，依照破产法规定清理债务；企业法人不能清偿到期债务，或者有明显丧失清偿能力可能的，可以依照破产法规定进行重整。具体情况针对不同申请人、不同情形有三项：

(1) 不能清偿到期债务，并且资产不足以清偿全部债务企业法人；

(2) 不能清偿到期债务，明显缺乏清偿能力的；

(3) 明显丧失清偿能力可能的。该项破产原因仅适用于提起重整申请。

（二）破产申请的提出

破产申请是指当债务人达到破产界限时，有权申请破产宣告的当事人提出破产请求，以开始破产程序的行为。《企业破产法》规定，债务人不能清偿到期债务，并且资产不足以清偿全部债务或者明显缺乏清偿能力的，依照本法规定清理债务。可以向人民法院提出重整、和解或者破产清算申请。债务人不能清偿到期债务，债权人可以向人民法院提出对债务人进行重整或者破产清算的申请。企业法人已解散但未清算或者未清算完毕，资产不足以清偿债务的，依法负有清算责任的人应当向人民法院申请破产清算。基于以上规定，企业破产有三类申请主体：

(1) 破产清算的申请主体包括债务人、债权人、负有清算责任的人和国务院金融监督管理机构；

（2）重整的申请主体包括债务人、债权人、占债务人注册资本十分之一以上的出资人和国务院金融监督管理机构；

（3）和解的申请主体只有一个，即债务人。

向人民法院提出破产申请，应当提交破产申请书和有关证据。债务人提出申请的，还应当向人民法院提交财产状况说明、债务清册、债权清册、有关财务会计报告、职工安置预案以及职工工资的支付和社会保险费用的缴纳情况。

（三）破产申请的受理

破产案件由债务人住所地人民法院管辖。人民法院应当自收到破产申请之日起十五日内裁定是否受理。人民法院裁定受理破产申请的，应当同时指定管理人。人民法院应当自裁定受理破产申请之日起二十五日内通知已知债权人，并予以公告。人民法院受理破产申请后，债务人对个别债权人的债务清偿无效。

六、自测案例

甲企业为乙企业的原料供应企业，根据双方的约定：甲企业按照乙企业年初提供的生产作业计划供应乙企业的原料，乙企业分年中和年末两次付款。2006年10月26日，甲企业获知乙企业已经资不抵债，于是停止供货，并要求乙企业支付下半年的全部货款共计500万元，遭到乙企业的拒绝，理由是未到结算期。甲企业在多次催款均无结果的情况下，向乙企业所在地人民法院提出乙企业的破产申请。请问：该法院能否受理该破产申请？为什么？

【破产案件的审理】

一、知识要点

人民法院裁定受理破产申请的，应当同时指定管理人。管理人可以由有关部门、机构的人员组成的清算组或者依法设立的律师事务所、会计师事务所、破产清算事务所等社会中介机构担任。管理人依照《企业破产法》规定执行职务，向人民法院报告工作，并接受债权人会议和债权人委员会的监督。管理人的管理事务包括三种：破产清算事务、重整事务、和解事务。债务人的财产由管理人接管和处分。管理人依法行使撤销权。《企业破产法》规定了破产费用和共益债务。人民法院受理破产申请后，应当确定债权人申报债权的期限。债权人应当在人民法院确定的债权申报期限内向管理人申报债权。

依法申报债权的债权人为债权人会议的成员，有权参加债权人会议，享有表决权。债权人会议设主席一人，由人民法院从有表决权的债权人中指定。债权人会议主席主持债权人会议。第一次债权人会议由人民法院召集，自债权申报期限届满之日起十五日内召开。召开债权人会议，管理人应当提前十五日通知已知的债权人。债权人会议的决议，对于全体债权人均有约束力。债权人会议可以决定设立债权人委员会。债务人或者债权人可以依照本法规定，直接向人民法院申请对债务人进行重整。重整是指不对无偿付能力债务人的财产立即进行清算，而是在法院的主持下由债务人与债权人达成协议，制订重整计划，规定在一定的期限内，债务人按一定的方式全部或部分地清偿债务，同时债务人可以继续经营其业务的制度。债务人可以依照本法规定，直接向人民法院申请和解；也可以在人民法院受理破产申请后、宣告债务人破产前，向人民法院申请和解。

二、典型案例

某企业以一处房产作抵押向银行借款300万元，借款期限为一年。但在期满前该企业被申请破产，法院已经受理了该企业破产案件。当初该企业向银行借款用作抵押的房产经评估作价200万元。该银行在人民法院确定的债权申报期限内向管理人申报债权，申报债权时，书面说明债权的数额和财产担保的情况，并提交了有关证据。

三、思考问题

该银行可否参加债权人会议？如果可以参加，在债权人会议是否有表决权？如果有表决权，如何行使表决权？

四、案例分析与参考答案

本题主要考查债权人会议的组成。解析本题的关键是要理解和掌握债权人会议的成员和表决权的大小及行使表决权的具体规定。

该银行可以参加债权人会议。根据《企业破产法》规定，依法申报债权的债权人为债权人会议的成员，有权参加债权人会议，享有表决权。债权尚未确定的债权人，除人民法院能够为其行使表决权而临时确定债权额的外，不得行使表决权。对债务人的特定财产享有担保权的债权人，未放弃优先受偿权利的，对于通过和解协议、通过破产财产的分配方案不享有表决权。

因该银行享有已作价200万元的抵押房产，所以在债权人会议上享有除通过和解协议和破产财产的分配方案以外的其他各项表决权。

该银行出席债权人会议的形式，可以由法定代表人亲自出席也可以委托代理人出席，依法行使表决权。

五、法理基础

上述案例涉及的法理基础主要有：

（一）债权人会议的成员和表决权

依法申报债权的债权人为债权人会议的成员，债权人会议设主席一人，由人民法院从有表决权的债权人中指定。债权人会议的成员，有权参加债权人会议，享有表决权。债权尚未确定的债权人，除人民法院能够为其行使表决权而临时确定债权额的外，不得行使表决权。对债务人的特定财产享有担保权的债权人，未放弃优先受偿权利的，对于通过和解协议、通过破产财产的分配方案不享有表决权。债权人可以委托代理人出席债权人会议，行使表决权。代理人出席债权人会议，应当向人民法院或者债权人会议主席提交债权人的授权委托书。债权人会议应当有债务人的职工和工会的代表参加，对有关事项发表意见，但不享有表决权。

（二）债权人会议的召集

债权人会议主席主持债权人会议。第一次债权人会议由人民法院召集，自债权申报期限届满之日起十五日内召开。以后的债权人会议，在人民法院认为必要时，或者管理人、债权人委员会、占债权总额1/4以上的债权人向债权人会议主席提议时召开。召开债权人会议，管理人应当提前十五日通知已知的债权人。

（三）债权人会议的职权

参见《破产法》或课本，债权人会议共有11项职权。

（四）债权人会议的决议及异议

债权人会议的决议，由出席会议的有表决权的债权人过半数通过，并且其所代表的债权额占无财产担保债权总额的1/2以上。但是，本法另有规定的除外。债权人认为债权人会议的决议违反法律规定，损害其利益的，可以自债权人会议做出决议之日起十五日内，请求人民法院裁定撤销该决议，责令债权人会议依法重新做出决议。

债权人会议的决议，对于全体债权人均有约束力。

（五）债权人委员会

债权人会议可以决定设立债权人委员会。债权人委员会由债权人会议选任的债权人代表和一名债务人的职工代表或者工会代表组成。债权人委员会成员不得超过九人。债权人委员会成员应当经人民法院书面决定认可。

六、自测案例

乙企业为甲企业向银行借款500万元提供保证担保，担保形式为一般保证。但在借款期限届满前，甲企业申请破产。法院受理了该破产申请，甲企业进入了破产程序。于是银行要求乙企业承担保证责任，乙企业为了维护本企业的信誉，代甲企业归还了甲企业的银行借款。请问：乙企业该不该代甲企业归还银行借款？为什么？乙企业代甲企业归还银行借款后，应怎么办？

【破产宣告和破产清算】

一、知识要点

企业有《企业破产法》规定情形之一的，由人民法院裁定宣告该企业破产。人民法院依法宣告债务人破产的，应当自裁定做出之日起五日内送达债务人和管理人，自裁定做出之日起十日内通知已知债权人，并予以公告。债务人被宣告破产后，债务人称为破产人，债务人财产称为破产财产，人民法院受理破产申请时对债务人享有的债权称为破产债权。对破产人的特定财产享有担保权的权利人，对该特定财产享有优先受偿的权利。其未受偿的债权作为普通债权；放弃优先受偿权利的，其债权作为普通债权。管理人应当及时拟订破产财产变价方案、破产财产的分配方案，提交债权人会议讨论。管理人应适时变价出售破产财产，变价出售破产财产应当通过拍卖进行。债权人会议通过破产财产分配方案后，由管理人将该方案提请人民法院裁定认可，由管理人执行。破产财产在优先清偿破产费用和共益债务后，依照法定顺序清偿。破产财产的分配应当以货币分配方式进行。破产人无财产可供分配的，管理人应当请求人民法院裁定终结破产程序。管理人在最后分配完结后，应当及时向人民法院提交破产财产分配报告，并提请人民法院裁定终结破产程序。人民法院应当自收到管理人终结破产程序的请求之日起十五日内做出是否终结破产程序的裁定。裁定终结的，应当予以公告。管理人应当自破产程序终结之日起十日内，持人民法院终结破产程序的裁定，向破产人的原登记机关办理注销登记。

二、典型案例

某食品公司，因经营管理混乱，造成严重亏损，不能清偿到期债务，被债权人申请破产。2007年6月10日该公司所在地法院受理了此案，并依法指定管理人，发布公告，通知债权人申报债权。法院裁定该公司破产后，按规定制作裁定书并送达债务人和管理人，在规定的时间内通知已知债权人，并予以公告。清算组在清算破产企业财产时发现下列情况：（1）2006年10月10日，该公司的上级主管部门将该公司的一套价值200万元的成套设备无偿调拨给另一家所属企业；(2) 2007年1月15日，对某食品厂的80万元无财产担保的债务以办公楼设定了抵押担保；(3) 2007年3月15日，清偿了该市工商银行2007年6月30日到期的银行贷款。债权人会议向法院申请撤销上述违法行为，追回财产。法院批准追回财产并入破产财产分配。管理人提出破产财产分配方案为在清偿破产费用和共益债务后按下列顺序清偿：(1) 破产人所欠职工的工资和医疗、伤残补助、抚恤费用，所欠的应当划入职工个人账户的基本养老保险、基本医疗保险费用，以及法律、行政法规规定应当支付给职工的补偿金；(2) 破产人欠缴的除前项规定以外的社会保险费用和破产人所欠税款；(3) 银行贷款；(4) 普通破产债权。

三、思考问题

根据《企业破产法》的规定，管理人在清算破产企业财产时发现的情况，应如何处理？为什么？对上述情况的处理是否符合法律规定？破产财产的分配方案是否合法？

四、案例分析与参考答案

本题主要考查破产企业非法处分财产的处理和破产财产的分配。解析本题的关键是要掌握：(1) 管理人撤销权的行使。(2) 破产财产的分配顺序和方法。

根据《企业破产法》规定，人民法院在受理破产案件前一年内，涉及债务人财产的下列行为，管理人有权请求人民法院予以撤销：(1) 无偿转让财产的；(2) 以明显不合理的价格进行交易的；(3) 对没有财产担保的债务提供财产担保的；(4) 对未到期的债务提前清偿的；(5) 放弃债权的。该食品公司上级主管部门2006年10月10日将该公司的一套价值200万元的成套设备无偿调拨给另一家所属企业发生在破产案件受理前一年内，可依法撤销，追回财产，并入破产财产。2007年1月15日，食品公司对某食品厂的80万元无财产担保的债务以办公楼设定了抵押担保，可依法撤销，追回财产，并入破产财产。2007年3月15日，食品公司提前清偿了该市工商银行2006年7月30日到期的银行贷款，可依法撤销，追回财产，并入破产财产。对上述情况的处理不符合法律规定。根据《企业破产法》规定，破产企业有法定可以撤销的行为的，应由管理人向人民法院申请，行使撤销权加以纠正。本案中是由债权人会议向人民法院提出申请，法院予以批准，不符合法律规定。

破产财产的分配方案不合法。根据规定，银行贷款属于破产债权，不应先于、优于其他债权。正确的破产财产的分配方案应为：在优先清偿破产费用和共益债务后，按下列顺序清偿：(1) 破产人所欠职工的工资和医疗、伤残补助、抚恤费用，所欠的应当划入职工个人账户的基本养老保险、基本医疗保险费用，以及法律、行政法规规定应当支付给职工的补偿金；(2) 破产人欠缴的除前项规定以外的社会保险费用和破产人所欠税款；(3) 普通破产债权。

五、法理基础

上述案例涉及的法理基础主要有：

(一) 破产宣告

破产宣告是法院对债务人不能清偿到期债务的事实做出法律上的判定。

(二) 破产受理前破产企业的撤销行为和无效行为

人民法院受理破产申请前一年内，涉及债务人财产被《破产法》列举的行为，管理人有权请求人民法院予以撤销。

人民法院受理破产申请前六个月内，债务人不能清偿到期债务，并且资产不足以清偿全部债务或者明显缺乏清偿能力的，仍对个别债权人进行清偿的，管理人有权请求人民法院予以撤销。但是个别清偿使债务人财产受益的除外。

涉及债务人财产的下列行为无效，并且管理人有权追回：(1) 为逃避债务而隐匿、转移财产的；(2) 虚构债务或者承认不真实的债务的。

（三）破产财产的分配

破产财产的分配简称破产分配，是指清算组把变价后的破产财产或无需变价的破产财产，依照法定的清偿顺序公平分配给各债权人的过程或程序。变价是指将非金钱的财产通过变卖而转化为金钱形态。变卖和拍卖是破产财产变价的基本方式。破产宣告后，管理人即接管债务人的全部财产，目的在于通过破产清算程序最终分配债务人的财产，以尽可能地满足债权人的清偿要求，所以，破产分配是破产清算程序的最后阶段。为进行破产分配，管理人应当及时拟订破产财产变价方案、破产财产的分配方案，提交债权人会议讨论。债权人会议通过破产财产分配方案后，由管理人将该方案提请人民法院裁定认可，由管理人执行。破产财产在优先清偿破产费用和共益债务后，依照下列顺序清偿：

(1) 破产人所欠职工的工资和医疗、伤残补助、抚恤费用，所欠的应当划入职工个人账户的基本养老保险、基本医疗保险费用，以及法律、行政法规规定应当支付给职工的补偿金；

(2) 破产人欠缴的除前项规定以外的社会保险费用和破产人所欠税款；

(3) 普通破产债权。

破产财产不足以清偿同一顺序的清偿要求的，按照比例分配。

破产财产的分配应当以货币分配方式进行。破产人无财产可供分配的，管理人应当请求人民法院裁定终结破产程序。管理人在最后分配完结后，应当及时向人民法院提交破产财产分配报告，并提请人民法院裁定终结破产程序。人民法院应当自收到管理人终结破产程序的请求之日起十五日内做出是否终结破产程序的裁定。裁定终结的，应当予以公告。管理人应当自破产程序终结之日起十日内，持人民法院终结破产程序的裁定，向破产人的原登记机关办理注销登记。

六、自测案例

某纺织品厂为国有企业，因经营管理混乱，造成严重亏损，不能清偿到期债务，被债权人申请破产。2007 年 6 月 18 日，债务人所在地人民法院受理了此案，并依法组成合议庭，发布公告，通知债权人申报债权。在规定的时间内向人民法院申报债权的有如下情况：(1) 环保部门对该企业违法排污的罚款 20 万元；(2) 工商行政管理部门对该企业违法经营的罚款 30 万元； (3) 该市工商银行对该企业发放的贷款 1500 万元，2006 年 11 月 30 日到期；(4) 该市农业银行对该企业的贷款 800 万元，以办公楼作抵押，办公楼评估作价 900 万元；(5) 由于纺织品厂被申请破产，致使与甲企业的合同不能履行，给甲企业造成 20 万元的经济损失；(6) 乙企业的设备款 500 万元，纺织厂在购进该设备时由丙企业提供一般保证担保，丙企业已承担了保证责任。请问：根据《企业破产法》的规定，上述申报的是否都是破产债权，可以通过破产程序受偿？为什么？

【本章综合案例】

案例一

（一）案情介绍

2007年6月15日，宏达公司申请破产，法院裁定受理了此案，并向债权人发出通知并公告。接到通知和公告后，债权人在规定的时间申报了债权，具体情况如下：甲公司要求偿还519万元；乙公司要求偿还136万元，曾约定以一辆轿车作抵押；丙公司要求偿还5万元，曾约定以一辆重型卡车作抵押。管理人清理财产时确认：宏达公司账面存款余额6万元；场地使用权作价150万元；重型卡车两辆，每辆10万元其中一辆为抵押物；轿车一辆，价值55万元，为抵押物；库存物资价值56万元。到清算时止，宏达公司欠职工工资18万元，欠缴税款22万元，应支付破产费用2万元。另外，宏达公司一项专有技术在2006年5月14日无偿转让给丁公司。

（二）思考问题

宏达公司的破产财产有哪些？宏达公司的破产债权是多少？宏达公司转让的技术能否撤销？破产财产如何分配？

（三）参考答案

破产财产包括存款余额6万元，场地使用权作价165万元，重型卡车两辆，每辆10万元，扣除已经作为抵押的5万元，库存物资价值56万元，总计6 + 165 + 15 + 56 = 242（万元）。

破产债权包括甲公司要求偿还的519万元；乙公司要求偿还的135万元，扣除轿车作抵押的55万元部分，总计519 + （136 - 55） = 600（万元）。

宏达公司转让的技术不能撤销。因为宏达公司转让技术是在2006年5月14日，距离2007年6月15日宏达公司申请破产的日期，已经超过一年。

破产财产的分配，根据《企业破产法》规定，破产财产优先清偿破产费用和共益债务后，按照下列顺序清偿：(1) 破产人所欠职工的工资和医疗、伤残补助、抚恤费用，所欠的应当划入职工个人账户的基本养老保险、基本医疗保险费用，以及法律、行政法规规定应当支付给职工的补偿金；(2) 破产人欠缴的除前项规定以外的社会保险费用和破产人所欠税款；(3) 普通破产债权。破产财产不足以清偿同一顺序的清偿要求的，按照比例分配。本题中，首先应清偿破产费用2万元，然后支付职工工资18万元，缴纳税款22万元，其余的用于破产债权。可供债权人分配的破产财产应为：242 - 2 - 18 - 22 = 200（万元），而破产债权为600万元，故只能按比例清偿，具体为：甲公司可得到200 × 519/600 = 173（万元），乙公司可得到200 × （136 - 55）/600 = 27（万元）。

案例二

（一）案情介绍

顺达汽配厂为法人企业，因经营管理不善，长期亏损，已不能清偿到期债务。2007 年 8 月 1 日，该厂向人民法院提出了破产申请，人民法院裁定受理此案后，依法指定了管理人，在法律规定的时间内通知已知债权人，并予以公告。并且依照法定程序，宣布顺达厂破产，管理人在依法履行职责时，确认顺达厂的情况如下：

1. 顺达厂资产总额为 6000 万元，其中流动资产 1000 万元、长期投资 800 万元、固定资产 4000 万元、其他资产 200 万元；负债总额 12000 万元，其中流动负债 11000 万元、长期负债 1000 万元。

2. 顺达厂流动负债的具体情况为：应付职工工资及劳动保险费 200 万元，应交税金 500 万元；短期借款 4200 万元。其中，2005 年 9 月 5 日，以顺达厂 A 厂房、机器设备作抵押，向中国建设银行新河支行共贷款 2200 万元；2006 年 1 月 1 日向中国工商银行新河支行信用贷款 2000 万元。应付账款 3100 万元。其中包括但不限于：

（1）欠甲公司 2004 年 8 月到期贷款 160 万元。甲公司经多次催交无效后，起诉于人民法院，2006 年 7 月 2 日，人民法院经过二审审理，判决顺达厂支付甲公司欠款及违约金和赔偿金等共 200 万元，随后顺达厂破产申请时，此判决正在执行之中。

（2）欠乙公司 2005 年 5 月到期货款 100 万元。乙公司经多次催交无效后，于 2006 年 7 月 10 日起诉于人民法院。人民法院受理顺达厂破产申请时，此案正在审理之中。

（3）欠丙公司 2006 年 4 月 5 日到期的贷款 150 万元。2006 年 5 月 5 日，应丙公司的要求，顺达厂与丙公司签订了一份担保合同，担保合同约定：若 2006 年 7 月 5 日顺达厂不能支付丙公司 150 万元欠款，则以顺达厂 B 厂房折价抵偿丙公司欠款。

其他流动负债合计 3000 万元。

3. 顺达厂 A 厂房评估价值 500 万元，B 厂房评估价值 200 万元，办公楼评估价值 300 万元，机器设备评估价值 1400 万元。

4. 顺达厂在破产程序中支付的破产费用为 100 万元。

（二）思考问题

根据《企业破产法》的规定，中国建设银行顺达支行的破产债权额是多少？顺达厂欠甲公司、乙公司、丙公司的货款应如何处理？为什么？顺达厂的破产财产应为多少？分配顺序怎样？中国工商银行顺达支行应分配的财产是多少？

（三）参考答案

中国建设银行顺达支行的破产债权额应为 300 万元。根据《担保法》规定，顺达厂所拥有的厂房和机器设备可以作为抵押物进行抵押担保。根据《破产法》的规定，中国建设银行顺达支行对顺达厂的厂房 A 和机器设备作抵押担保的债权享有优先受偿的权利，这部分不属于破产债权。所以破产债权额应为 2200 - 500（A 厂房的评估价值） - 1400（机器设备的评估价值） = 300（万元）

甲公司的民事诉讼执行程序应当中止。《企业破产法》规定，人民法院受理破产申请后，有关债务人财产的保全措施应当解除，执行程序应当中止。

欠乙公司对顺达厂的诉讼应当中止。《企业破产法》规定，人民法院受理破产申请后，已经开始而尚未终结的有关债务人的民事诉讼或者仲裁应当中止；在管理人接管债务人的财产后，该诉讼或者仲裁继续进行。附条件、附期限的债权和诉讼、仲裁未决的债权，债权人可以申报。

顺达厂对丙公司的货款设定担保的行为应撤销。《企业破产法》规定，人民法院受理破产案件前一年内，破产企业对原无财产担保的债务提供担保的行为，管理人可以向人民法院申请撤销。所以，顺达厂以A厂房为丙公司的货款担保的行为依法撤销，欠丙公司的货款归于破产债权。

顺达厂的破产财产应为6000－1900（用于担保的财产）＝4100（万元）

《企业破产法》规定，破产申请受理时属于债务人的全部财产，以及破产申请受理后至破产程序终结前债务人取得的财产，为债务人财产。因此，顺达厂用作抵押货款的厂房A和机器设备不能作为破产财产。

顺达厂的破产财产分配顺序为：(1) 清偿破产费用和共益债务后；(2) 破产人所欠职工的工资和医疗、伤残补助、抚恤费用，所欠的应当划入职工个人账户的基本养老保险、基本医疗保险费用，以及法律、行政法规规定应当支付给职工的补偿金；(3) 破产人欠缴的除前项规定以外的社会保险费用和破产人所欠税款；(4) 普通破产债权。

本题中可供偿付破产债权的破产财产为：4100（破产财产）－100（破产费用）－200（应付职工工资和劳动保险费用）－500（应交税金）＝3300（万元）

破产债权为：12000（负债总额）－1900（有财产担保的债权）－200（应付职工工资和劳动保险费用）－500（应交税金）＝9400（万元）

中国工商银行顺达支行分配的财产数额为：2000×3300/9400＝702.1276（万元）

【本 章 练 习】

一、填空题

1. 破产的原因是债务人________清偿________债务。

2. 我国的《企业破产法》仅适用于________，《民事诉讼法》中关于破产还债程序的规定适用于其他________。

3. 人民法院裁定驳回破产申请，申请人对裁定不服的，可以自裁定送达之日起______内向________提起上诉。

4.. 破产案件由________所在地人民法院管辖。

5. 债务人可以依照《企业破产法》规定，直接向________申请和解；也可以在人民法院受理破产申请后、宣告债务人________，向人民法院申请和解。

6. 人民法院应当自裁定受理破产申请之日起________内通知已知债权人，并予以公告。

7. 重整是在债权人申请对债务人进行破产清算的前提下，________或者出资额占债务人注册资本________以上的出资人，可以向人民法院申请重整。

8. 不享有担保权的债权人和放弃优先受偿权利的债权人为________的债权人。

9. 破产申请受理后至破产程序终结前债务人取得的财产，均为________。

10. 计算破产债务时，破产企业的董事、监事和高级管理人员的工资按照该企业职工的

________计算。

二、单项选择题

1.《中华人民共和国企业破产法》是(　　)颁布的。

A. 2006年8月27日　　B. 1990年12月2日

C. 2007年6月1日　　D. 1998年12月2日

2. 我国《企业破产法》仅适用于(　　)。

A. 各类企业　　B. 全民所有制企业和集体所有制企业

C. 国有企、事业单位　　D. 全民所有制企业

3. 人民法院受理破产申请前(　　)，涉及债务人财产的下列行为，管理人有权请求人民法院予以撤销。

A. 1个月　　B. 2年

C. 1年　　D. 6个月

4. 人民法院裁定受理破产申请的，应当同时指定管理人，管理人由(　　)指定。

A. 破产清算组　　B. 债权人会议

C. 上级主管部门　　D. 人民法院

5. 债权申报期限自人民法院发布受理破产申请公告之日起计算，最短不得少于三十日，最长不得超过(　　)。

A. 1个月　　B. 2个月

C. 3个月　　D. 6个月

6. 我国《企业破产法》规定，债权人会议成员中，(　　)享有表决权。

A. 全体债权人

B. 无财产担保的债权人

C. 有财产担保的未放弃优先受偿权的债权人

D. 债务人的保证人

7. 和解是指(　　)就企业延期或减免清偿债务等问题向人民法院申请和解，经人民法院审查认为和解申请符合《破产法》规定的，应当裁定和解的法律程序。

A. 债务人　　B. 债权人

C. 清算组　　D. 破产企业的上级主管部门

8. 根据我国《破产法》的规定，破产财产应当优先拨付(　　)。

A. 破产费用

B. 破产企业所欠税款

C. 破产企业所欠职工工资和劳动保险费用

D. 公益债务

9. 破产宣告权由(　　)行使。

A. 人民法院　　B. 债权人会议

C. 职工代表大会　　D. 企业的上级主管部门

10. 破产程序终结后，未得到清偿的债权(　　)。

A. 自然消灭　　B. 不再清偿

C. 继续清偿　　D. 由国家赔偿

三、多项选择题

1. “按照重整计划减免的债务，(　　)，债务人不再承担清偿责任。”以上的说法是错误的。

A. 自重整计划执行完毕时起

B. 自取得担保起

C. 经政府有关部门给予资助或采取其他措施帮助清偿债务的

D. 经人民法院同意

2. 债务人不能清偿到期债务的，(　　)有权提出破产清算。

A. 债权人　　B. 债务人

C. 债权人上级主管部门　　D. 债务人上级主管部门

3. 除第一次债权人会议由人民法院召集的，以后的债权人会议在(　　)时召开。

A. 人民法院认为有必要

B. 管理人向债权人会议主席提议

C. 债务人要求

D. 占债权总额 1/4 以上的债权人向债权人会议主席提议

4. 债权人会议有(　　)的职权。

A. 核查债权

B. 通过重整计划

C. 申请人民法院更换管理人，审查管理人的费用和报酬

D. 主持破产企业的整理工作

5. 向人民法院提出破产申请，应当提交破产申请书，破产申请书应当载明下列事项(　　)。

A. 申请人、被申请人的基本情况

B. 申请目的

C. 申请的事实和理由

D. 人民法院认为应当载明的其他事项

6. 下列各项中不属于破产债权范围的有(　　)。

A. 有财产担保的债权人放弃优先受偿权利的债权

B. 债权人为个人利益参加破产程序所支出的费用

C. 破产宣告前对债务人的罚金

D. 有财产担保的债权，其数额超过担保物价款未受清偿的部分

7. 根据《企业破产法》规定，应在破产财产分配前优先支付某些费用，该费用有(　　)。

A. 破产企业所欠税款　　B. 破产职工的安置费用

C. 破产费用　　D. 公益债务

8. 在重整期间，有下列情形(　　)，经管理人或者利害关系人请求，人民法院应当裁定终止重整程序，并宣告债务人破产。

A. 债务人的经营状况和财产状况继续恶化

B. 债务人有欺诈或者其他显著不利于债权人的行为

C. 由于债务人的行为致使管理人无法执行职务

D. 债权人认为需要停止重整

9. 人民法院受理破产申请前一年内，涉及债务人财产的下列行为(　　)，管理人有权请求人民法院予以撤销。

A. 无偿转让财产的

B. 以明显不合理的价格进行交易的

C. 对未到期的债务提前清偿的

D. 放弃债权的

10. 根据企业破产法律制度的有关规定，在破产企业债权人会议上，下列有关债权人表决权的表述中，正确的有(　　)。

A. 破产企业的所有债权人均享有表决权

B. 有财产担保的债权人在担保物价款不足以清偿其担保债权时，就其未受清偿的债权额在债权人会议上享有表决权

C. 债务人的保证人在代替债务人清偿债务后，可以作为债权人享有表决权

D. 优先受偿权利的有财产担保的债权人享有表决权

四、判断题

1. 所谓破产，是指企业法人不能清偿到期债务时，通过法律规定的程序将债务人的全部资产供债权人平均受偿，不足部分暂缓清偿的一系列司法活动。(　　)

2. 人民法院受理破产申请后，已经开始而尚未终结的有关债务人的民事诉讼或者仲裁应当中止。(　　)

3. 有财产担保的债权人，在债权人会议中同样享有表决权，只是不能担任债权人会议主席。(　　)

4. 根据我国《企业破产法》的规定，债权人会议的决议对全体债权人都有约束力。(　　)

5. 和解是人民法院和债务人之间的协议。(　　)

6. 人民法院裁定受理破产的，应当同时由债权人会议选出破产企业管理人。(　　)

7. 破产申请受理时属于债务人的全部财产，以及破产申请受理后至破产程序终结前债务人取得的财产，均为债务人财产。(　　)

8. 管理人或者债务人依照《企业破产法》规定解除合同的，对方当事人以因合同解除所产生的损害，管理人或债务人不承担经济责任。(　　)

9. 因管理人或者债务人请求对方当事人履行双方均未履行完毕的合同所产生的债务，称为破产费用。(　　)

10. 债务人或者管理人应当自人民法院裁定债务人重整之日起一年内，同时向人民法院和债权人会议提交重整计划草案。(　　)

11. 债务人可以依照《企业破产法》规定，直接向人民法院申请和解。(　　)

12. 债权人会议通过和解协议的决议，必须由出席会议的有表决权的债权人全体一致同

意，方为有效。（　）

13. 对破产人的特定财产享有担保权的权利人，对所有破产财产享有优先受偿的权利。（　）

14. 债权人会议通过破产财产分配方案后，由管理人将该方案提请人民法院裁定认可。（　）

15. 违反《企业破产法》的案件均属于经济纠纷，不存在追究刑事责任的问题。（　）

五、简答题

1. 简述破产的概念及实行破产制度的作用。
2. 简要说明破产界限。
3. 解释重整与和解的涵义。
4. 简述破产财产概念和范围。
5. 简述破产财产的分配顺序。
6. 说明对企业破产负有责任的企业董事、监事或者高级管理人员应承担哪些责任？
7. 《企业破产法》中对破产企业职工的权益是如何保护的？

六、案例分析题

1. 某企业因经营管理不善造成严重亏损，其实有资产为50万元，而所欠外债高达80万元。一债权人以该企业已资不抵债为理由，向债权人所在地人民法院提出破产申请。法院在受理该案后的第30天向已知的债权人发出通知，并同日发出公告。债权人A、B在收到通知35日后向法院申报债权。债权人C没有收到通知，于公告之日后三个半月时向人民法院申报债权。而债权人D一直没有申报债权。

问：此案中哪些做法不正确？

2. 2007年7月，某服装厂（国有企业）被法院裁定进行破产清算。委托管理人对该厂的财产进行了清理，查清了服装厂的资产以及负债情况：

（1）服装厂的总资产为2000万元（变现价值）。①服装厂的资产中有8处房产，领有1至8号产权证。其中1、2、3号房产已于2004年2月18日被服装厂在向工商银行借款150万元时用于抵押，该三处房产变现价值为200万元。②服装厂的资产中有6辆汽车为租用来的，6辆汽车的变现价值为100万元。③服装厂的资产中有5万元为共青团、工会经费所购置的群、团组织财产。④服装厂的资产中有20万元为未到期债权。⑤服装厂的资产中有土地使用权转让所得100万元，按照有关法规规定的标准，其中90万元用于安置企业职工。

（2）服装厂的负债总额为2600万元，其中税款320万元，职工工资和劳动保险费350万元，为维持生产经营向职工筹借的款项100万元，对其他债权人负债1830万元。服装厂的其他债权人有8个：除工商银行外，还有债权人甲为交通银行，拥有350万元债权；债权人乙、丙、丁为企业，各拥有200万元债权；债权人戊、己为商业企业，各拥有300万元债权；债权人庚为个体户，拥有130万元债权。

（3）服装厂在破产清算程序中支付的破产费用和公益债务为150万元。另外，法院查清在法院受理此案的5天内，有15户债权人通过从服装厂拿走商品抵债，或者抓紧时间从银行办理托收货款手续等方式，使自己的债权得以清偿，总金额为20万元。

法院还了解到：服装厂曾在法院对该厂破产立案前3个月时，给该厂8位领导每人无偿分发皮衣一件，并以皮衣进价的五成出售给该厂每个职工一件，总计价价值12万元。

问：服装厂在破产清算中应当如何处理？

3. 甲企业因经营管理不善，依法被宣告破产。经查，甲企业财产状况如下：现有现金、实物共100万元；房地产500万元，其中，有一处房地产以200万元抵押给A银行贷款150万元，另一处房地产以100万元抵押给B银行贷款130万元。另有两企业分别欠该企业70万元、30万元。负债情况：除上述两笔贷款外，尚分别欠乙、丙、丁企业100万元、200万元、300万元；欠国家税款250万元；欠职工工资和劳动保险费50万元。破产费用共计20万元。试进行破产清偿。

4. 某企业被依法宣告破产，其四名债权人向人民法院申报债权。甲债权人的债权数额为150万元，其中100万元由破产企业的一座办公楼足额抵押担保。乙债权人为银行，其贷款本金为100万元，约定年利率为5%，5年到期后共偿还125万元，破产宣告时尚有两年到期，丙债权人债权为300万元，同时破产企业对丙债权人也享有200万元债权。丁债权人因清算组解除破产企业未履行的合同而受到实际损失100万元，另该合同的违约金为60万元。

要求根据现行《企业破产法》的规定，回答以下问题：

（1）上述各债权人的哪些债权属于破产债权，数额共计多少？

（2）上述债权中实际参加破产分配的数额是多少？

5. 某国有企业破产后为破产管理人所接管，接管时的财产情况如下：

（1）企业破产时经营管理的财产300万元，其中价值200万元的办公楼一座已经全额用于抵押担保；

（2）企业对外投资价值200万元；

（3）破产企业租用他人设备150万元；

（4）破产企业专利权一项，评估价值25万元。

要求：上述财产中哪些属于破产财产，总额多少？哪些不属于破产财产，应如何处理？

第八章

合　同　法

【本 章 概 要】

一、教学重点、难点

重点：合同订立的程序，缔约过失责任，合同的效力，合同的担保，合同的履行、变更、转让、解除、违约责任承担方式。

难点：合同履行抗辩权，特别是不安抗辩权的理解和适用，代位权与撤销权，合同担保中保证的方式及保证的责任，抵押与质押的区别及适用。

二、教学建议

本章的特点是法律专有概念较多，实用性强，灵活性突出，故此有一定的学习难度，教师应特别强调，加强对法律规定灵活运用的训练，同时可结合前几章中法律行为与代理等问题一同复习。

合同问题可概括为两大问题，即合同的订立与合同的履行。合同案例的分析可照此思路进行：首先确定合同效力，如合同无效则按无效的处理方式予以处理；如合同有效，继续分析，进入合同的履行。在第二步骤中，如涉及合同抗辩、转让、变更、解除等问题，则按相应规定解决；如尚未发生上述情况，则应确认违约方，进而追究违约方的违约责任。

本章的两条主线就是合同的订立与合同的履行。

【实 训 案 例】

【关于合同与合同法概念】

一、知识要点

合同又称契约，是平等主体的自然人、法人、其他组织之间设立、变更、终止民事权利义务关系的协议。

《合同法》的调整范围是平等主体之间的民事权利义务关系和企业及社会各组织之间的经济关系，包括自然人之间的买卖、租赁、借贷、赠与等合同关系。但有关婚姻、收养、监护等身份关系的协议，不适用《合同法》，其他法律对合同另有规定的，依照其规定。

二、典型案例

在学习合同和《合同法》概述时，几名同学在一起争论。张同学说：合同是一种协议，所以凡协议就要受《合同法》调整。李同学说：你说的不一定正确，签订合同是平等、自愿的，所以合同就应是等价有偿的。王同学说：你说的有道理，所以合同双方当事人意思表示一致，合同即成立。正在争论时，老师走了进来。三人把自己的观点说给老师听，都想得到老师的认可。这时，老师把目光投向一直默不作声的赵同学。

三、思考问题

如果你是赵同学，你对三位同学的观点有什么看法？你将作什么样的评论？

四、案例分析与参考答案

本题考查的知识点是合同的分类、《合同法》的调整范围和基本原则。解析本题的关键是要理解掌握《合同法》的调整范围及《合同法》的适用，即哪些合同适用《合同法》哪些合同不适用《合同法》；理解掌握《合同法》的基本原则的含义。同时，掌握合同的不同分类，如诺成合同和实践合同、要式合同和非要式合同等。

三位同学的观点都不正确。

首先，张同学的观点涉及《合同法》的调整范围。《合同法》调整的是平等主体之间的民事关系。政府的经济管理活动中所订立的合同，属于行政管理关系，不是民事关系，不适用《合同法》；企业、单位内部的管理关系所订立的合同，不是平等主体的关系，也不适用《合同法》。有关婚姻、收养、监护等身份关系的协议，虽然是平等主体间的关系，但也不适用《合同法》的规定，由其他法律调整。除《合同法》规定的15种有名合同外，其他管理对合同另有规定的依照其规定，但仍适用《合同法》总则的规定。所以，并不是所有的协议都受《合同法》调整。

其次，李同学的观点涉及合同的普遍原则。平等、自愿是《合同法》的基本原则，它贯穿于合同活动的全过程，体现的是当事人法律地位的平等。并不要求合同内容的对价。如赠与合同就是无偿的合同。

再次，赵同学的观点也涉及合同的种类问题。诺成合同，当事人双方意思表示一致即告成立。实践合同，除当事人双方意思表示一致外，还须交付标的物才能成立。而有些合同还必须具备特定形式和手续才能成立，这就是要式合同。显然，赵同学的观点不正确。

五、法理基础

解析上述案例涉及的法理基础是合同和《合同法》的基本问题。

(一) 合同的概念

合同又称契约，是平等主体的自然人、法人、其他组织之间设立、变更、终止民事权利义务关系的协议。

(二)《合同法》的调整范围和基本原则

《合同法》是调整平等主体之间当事人的合同权利义务关系的法律规范的总称。《合同法》调整的是平等主体之间的民事关系。政府的经济管理活动，属于行政管理关系，不是民事关系，不适用《合同法》；企业、单位内部的管理关系，不是平等主体的关系，也不适用《合同法》。有关婚姻、收养、监护等身份关系的协议，虽然是平等主体间的关系，但也不适用《合同法》的规定，由其他法律调整。除《合同法》规定的15种有名合同外，其他法律对合同另有规定的依照其规定，但仍适用《合同法》总则的规定，如我国《商标法》、《专利法》、《著作权法》、《保险法》、《担保法》等法律对有关合同的特殊问题作了具体规定。

《合同法》的基本原则是合同当事人在合同活动中应当遵守的基本准则。《合同法》关于合同的订立、效力、履行、违约责任等以及各个分则的内容，都是根据这些基本原则规定的。具体包括：平等、自愿原则，公平、诚实信用原则，守法、不得损害社会公共利益原则，依法订立的合同对当事人具有法律约束力等原则。

六、自测案例

甲、乙两人签订了一份名画的买卖合同。在合同履行过程中，乙发现该幅名画为赝品，责怪甲事先没有声明，于是准备将画返还给甲，并要求甲退还画款。甲不同意，认为乙自己鉴别力差，应该自己承担这个后果，怪不得别人。为此，甲、乙双方发生纠纷。请问：甲的观点符合《合同法》的基本原则吗？为什么？

【关于合同的订立】

一、知识要点

合同的订立是双方当事人依法就合同的主要条款达成协议的法律行为。当事人订立合同，应当具有相应的民事权利能力和民事行为能力。自然人、法人和其他组织都可以成为合同的主体，但是必须具备合同主体资格。当事人依法可以委托代理人订立合同。合同可以采用书面形式、口头形式和企业形式。合同的内容通常称为合同的条款，包括：当事人的名称或姓名和住所，标的，数量，质量，价款或报酬，履行期限、地点和方式，违约责任，解决争议的方法。当事人订立合同，采取要约和承诺方式。承诺生效时合同成立，承诺生效的地点为合同成立的地点。当事人在订立合同过程中，因违背诚实信用原则给对方造成损失时应承担缔约过失责任。

二、典型案例

甲物资贸易公司要出售一批钢材，向乙建筑公司发出要约。要约中明示：乙方如同意该要约条件，请在一周内答复，否则将另找其他公司签约。乙公司收到甲公司的要约后，第三日正准备回函同意要约时，又收到甲公司发来的一个函件，表明前述要约已经作废，已与另一家公司签订了合同。乙公司则认为要约仍然有效。因为一周时间没到，承诺期限尚未届满，自己同意要约条件，甲公司应该遵守约定并订立合同。为此，双方发生争议。

三、思考问题

甲公司的要约是否生效？甲公司的要约能否撤回？甲公司的要约能否撤销？

四、案例分析与参考答案

本题主要考查要约的有关问题。解析本题的关键是要理解和掌握：要约什么时候生效，什么情况下失效；要约什么时候可以撤回，如何撤回；要约什么情况下可以撤销，什么情况下不可以撤销。

根据《合同法》规定，要约到达受要约人时生效。乙公司收到要约时，该要约生效。由于该要约规定了承诺期限，所以该要约只有在下列情况下失效：(1) 拒绝要约的通知到达要约人；(2) 承诺期限届满，受要约人未做出承诺；(3) 受要约人对要约的内容做出实质性变更。本案例不具备上述任何一种情况，显然要约仍然有效。在要约生效之前，要约可以撤回，撤回要约的通知先于要约或者与要约同时到达受要约人。本案中要约已经生效，所以不能撤回。要约生效后，在受要约人做出承诺之前，要约人可以撤销要约。撤销要约的通知应当在受要约人发出承诺之前到达受要约人。但存在两种情形：(1) 要约人确定了承诺期限或者以其他形式明示要约不可撤销；(2) 受要约人有理由认为要约是不可撤销的，并已经为履行合同作了准备工作；要约不可撤销。本案中甲公司确定了承诺期限，所以甲公司不能撤销要约。

五、法律基础

上述案例涉及的法律基础是合同的订立程序与合同的成立时间。

《合同法》第13条规定，“当事人订立合同，采取要约、承诺方式。”依照这一规定，当事人订立合同要经过要约和承诺这一过程。

（一）要约

1. 要约的概念。要约是希望和他人订立合同的意思表示。发出要约的当事人称为要约人，要约所指向的对方当事人则称为受要约人。要约在不同情况下又可称为发盘、出盘、发价、出价或报价等。

2. 要约应满足法律规定的条件。

3. 注意要约与要约邀请的区别。要约邀请是希望他人向自己发出要约的意思表示。如寄送的价目表、拍卖公告、招标公告、招股说明书等都是要约邀请。

4. 注意要约的生效时间。

5. 要约可以撤回和撤销，但要符合法律规定。要约撤回是指要约人在要约生效前取消要约的行为；要约撤销是指要约人在要约生效后取消要约的行为。

6. 要约失效。要约失效是指生效的要约，有下列情形之一的要约失效：(1) 拒绝要约的通知到达要约人。拒绝要约只能由特定的受要约人做出，而对于受要约人不特定的要约，如构成要约的商业广告，就不因某个人的拒绝而失效。(2) 要约人依法撤销要约。(3) 承诺期限届满，受要约人未做出承诺。(4) 受要约人对要约的内容做出实质性变更。

（二）承诺

承诺是受要约人同意要约的意思表示。承诺生效时合同成立。

承诺也可以撤回。撤回承诺的通知应当在承诺通知到达要约人之前或与承诺通知同时到达要约人。

一般合同谈判的过程，就是要约、新要约、更新的要约、再要约直到承诺的过程。承诺生效合同成立。但当事人采用合同书面形式订立合同的，自双方当事人签字或盖章时合同成立。当事人采用信件、数据电文等形式订立合同的，可以在合同成立之前要求签订确认书，签订确认书时合同成立。法律、行政法规规定或当事人约定采用书面形式订立合同，当事人未采用书面形式但一方已经履行主要义务且对方接受时，该合同成立。

六、自测案例

1. 甲公司6月1日在当地报纸发布广告，内容包括：出售某品牌空调，价格八折优惠，购买数量不限，优惠截止日期是6月30日。适值乙公司在改善办公环境，准备购买50台。于是派人携带支票于6月29日到达甲公司购买空调，但甲公司称广告所述品牌空调已全部售完，乙公司因此遭受一定的经济损失。请问：甲公司的广告是否构成要约？乙公司的行为是否构成承诺？甲公司和乙公司之间是否有合同关系？乙公司的经济损失应如何弥补？

2. 甲公司向乙公司发出要约，要约表明：对方如同意其条件，可将答复发至要约中指定的电子邮箱中。乙公司收到要约后，遂做出承诺，并依约将承诺发至甲公司指定的电子邮箱中。但由于甲公司的业务员在外地开会，一直未开邮箱，致使甲公司以为乙公司未作承诺，并已与其他公司签订了合同。两周后，当乙公司要求甲公司履行合同时，甲公司的答复是双方未订立合同。请问：甲、乙公司之间是否存在合同关系？为什么？

【关于合同的效力】

一、知识要点

合同的效力是指合同是否有效。有效合同对当事人具有法律约束力，国家法律予以保护，无效合同不具有法律约束力。《合同法》对合同的效力规定了以下四种情况：一是有效合同。依法成立的合同，自成立时生效。但法律法规规定应当办理批准或登记手续的，只有在批准或登记手续办理完毕时，该合同生效。二是无效合同。无效合同是指因违反法律、法规要求，国家不予承认和保护的，不发生法律效力的合同。无效合同自始无效。三是可撤销合同。可撤销合同是指因合同当事人订立合同时意思表示不真实，通过有撤销权的当事人行使撤销权，可使已经生效的合同变更或归于无效的合同。四是效力待定合同，效力待定合同是指已经成立的合同，因不符合有关生效要件的规定，其效力是否发生尚未确定，而有待于其他行为使之确定的合同。

二、典型案例

甲公司为改善办公环境，准备每个办公室都安装一台冷暖空调机，共需50台，并派人在乙电器公司选好了一新款冷暖空调机。当业务员携款购机时，该款产品已经售完。但乙电器公司的销售人员极力推销另一款的空调机，表示两款冷暖空调机性能完全一样，并作了保证。在此情况下，甲公司的业务员征得公司同意，支付了空调机货款，乙电器公司派人上门安装了空调。但在空调机的使用过程中，甲公司发现该款空调机的性能与新款空调机乃至销售人员的介绍都存在很大的差距，因此要求乙电器公司退货、换货。乙电器公司予以拒绝，为此双方发生纠纷。

三、思考问题

1. 如何看待甲、乙公司之间买卖安装空调的合同？

2. 甲公司的要求是否有法律依据？如果甲公司因此事受到损失，应如何处理？

四、案例分析与参考答案

本题主要考查的是合同的效力。解析本题的关键是掌握合同效力的四种情况，即有效合同、无效合同、可撤销合同和效力待定合同，掌握这四种情况的含义、特征和种类。注意区别无效合同和可撤销合同。

甲、乙公司之间买卖安装空调的合同是可撤销合同。因为在甲、乙公司买卖安装空调的过程中，乙电器公司实施了欺诈行为，使甲公司产生了误解，甲、乙公司之间买卖安装空调的合同是在违背甲公司真实意思的情况下订立的，因而是可撤销合同。

甲公司的要求是有法律依据的。《合同法》规定，一方以欺诈、胁迫的手段或者乘人之危，使对方在违背真实意思的情况下订立的合同，受损害方当事人可以请求人民法院或者仲裁机构变更或者撤销合同。所以甲公司要求退货、换货是有法律依据的。

如果甲公司因此事受到损失，有过错的一方乙电器公司应赔偿甲公司的损失。

五、法理基础

解析上述案例涉及的法理基础主要是合同的效力问题，具体为：

合同的效力是指合同是否有效。有效合同对当事人具有法律约束力，国家法律予以保护，无效合同不具有法律约束力。《合同法》对合同的效力规定了以下四种情况：

（一）有效合同

依法成立的合同，自成立时生效。但法律法规规定应当办理批准或登记手续的，只有在批准或登记手续办理完毕时，该合同生效。

当事人对合同的效力可以约定附条件。附生效条件的合同，自条件成就时生效。附解除条件的合同，自条件成就时失效。当事人为自己的利益不正当地阻止条件成就的，视为条件已成就，不正当地促成条件成就的，视为条件不成就。

当事人在订立合同时约定了合同生效期限的，自期限届满时生效。附终止期限的合同，自期限届满时失效。

（二）无效合同

无效合同是指因违反法律、法规要求，国家不予承认和保护的，不发生法律效力的合同。无效合同自始无效。无效合同具有违法性、履行的非必要性、无效合同自始无效特征。

《合同法》规定了合同无效的条件。

另外，在当事人所订立的合同中，常常会出现一些约定的免责条款。对于这类条款，《合同法》作了限制性的规定，合同中的下列条款无效：（1）造成对方人身伤害的；（2）因故意或重大过失造成对方财产损失的。

（三）可撤销合同

可撤销合同是指因合同当事人订立合同时意思表示不真实，通过有撤销权的当事人行使撤销权，可使已经生效的合同变更或归于无效的合同。

被撤销的合同，同无效合同一样，没有法律约束力。被撤销的合同，有过错的一方应当赔偿对方因此所受到的损失，双方都有过错的，应当各自承担相应的责任。

当事人恶意串通，利用合同形式损害国家、集体或者第三人利益的，应追缴当事人已经取得或约定取得的财产，收归国家所有或返还第三人。情节严重的，追究有关人员的刑事责任。

（四）效力待定合同

效力待定合同，是指已经成立的合同，因不符合有关生效要件的规定，其效力是否发生尚未确定，而有待于其他行为使之确定的合同。效力待定合同具有以下特征：

1. 效力待定的合同，其效力处于未确定状态。不确定的原因在于该合同基本符合合同生效要件的规定，但因有一些欠缺，所以既不属于无效合同，也不属于可撤销的合同。其效力处于有效和无效之间。

2. 效力待定的合同，其结果取决于合同当事人及第三人的补正行为。承认该合同，合同即为有效；拒绝承认，合同则归于无效。从而有利于促成更多的交易和维护相对人的利益。

效力待定的合同包括：

1. 限制民事行为能力人订立的合同。

2. 因无权代理订立的合同。

3. 无处分权人订立的合同。

六、自测案例

2005 年 3 月，宏达公司在进行技术改造过程中，某个工艺急需一台专用设备。这时负责与宏达公司往来的顺达采购公司的业务员王某表示愿为采购，可以在 2005 年 4 月 15 日交货，但须先付货款。宏达公司同意，并在王某出具的盖有顺达公司合同专用章的合同书上签字、盖章。2005 年 4 月 15 日宏达公司没有收到专用设备，派人到顺达公司催货，顺达公司称不知此事。宏达公司出具了合同，顺达公司表示王某已于 2004 年 12 月辞职，已没有顺达公司的业务代理权，该合同无效。请问：该合同是否有效？该合同是否应该履行？

【关于合同的履行】

一、知识要点

合同的履行是指合同的双方当事人正确、适当地完成合同中规定的双方应当承担的义务的行为。合同的履行原则包括实际履行原则、适当履行原则和协作履行原则。合同的履行规则有：当事人就有关合同内容约定不明确时的确定规则和执行政府定价或者政府指导价的合同的价格履行规则。双务合同的履行中，当事人可以依法行使抗辩权，抗辩权分为同时履行抗辩权、后履行抗辩权和不安抗辩权。为了防止因债务人的财产不当减少而给债权人带来危害，法律允许债权人为保全其债权的实现而采取保全措施，保全措施包括代位权和撤销权两种。

二、典型案例

甲、乙公司签订了一份买卖合同，合同的内容如果出现下列情况：

1. 双方约定：交款提货。但在规定的履行期限内，交货方乙公司没有合同规定的货物。

2. 合同约定：买方甲公司预付货款 20%，乙公司收到预付款后即发货，甲公司收到货物并验收合格后结清余款。甲公司依约预付货款，乙公司也及时发货。但甲公司收到、验收时发现货物不符合合同约定的质量。

3. 合同约定：买方甲公司预付货款 20%，乙公司收到预付款后即发货，甲公司收到货物并验收合格后结清余款。正当甲公司准备预付货款时，却发现乙公司由于资金周转困难，生产已处于停顿状态，无货可发。

三、思考问题

在合同履行过程中，区别不同情况，甲公司应如何对待？

四、案例分析与参考答案

本题主要考查的是抗辩权的行使。解析本题的关键是要掌握什么是抗辩权，当事人在什么情况下可以行使抗辩权，抗辩权有几种，如何行使。

本案中，甲、乙公司签订的合同显然是一个互负债务的双务合同。根据《合同法》规定，双务合同的当事人依法享有抗辩权。

1. 甲公司行使同时履行抗辩权。由于甲、乙公司互负债务，没有先后履行顺序，而乙公司无货可交，根据同时履行抗辩权制度，甲公司可以拒绝向乙公司付款。

2. 甲公司可以行使后效力抗辩权。此种情况下，合同虽已成立并生效，由于乙公司交付的货物质量不符合约定，但根据后效力抗辩权制度，甲公司有权拒绝支付其余货款。

3. 甲公司可以行使不安抗辩权。本案中合同已经成立，但由于乙公司生产处于停顿状态，无可靠的货源确保履行合同。根据不安抗辩权制度，甲公司可以通知乙公司中止履行支付预付货款的义务，待乙公司恢复履行能力或提供适当担保时，再合法履行。

五、法理基础

上述案例涉及到的法理基础有：

双务合同履行中的抗辩权，是指一方当事人依法具有对抗对方当事人的请求，暂时拒绝履行其合同债务的权利。根据《合同法》规定，双务合同的当事人依法享有以下抗辩权：

（一）同时履行抗辩权

同时履行抗辩权是指当事人互负债务，没有先后顺序，应当同时履行，一方在对方履行之前有权拒绝其履行要求；一方在对方履行债务不符合约定时，有权拒绝其相应的履行要求。

（二）后履行抗辩权

后履行抗辩权是指合同当事人互负债务，有先后履行顺序，先履行一方未履行的，后履行一方有权拒绝其履行要求。先履行一方履行债务不符合约定的，后履行一方有权拒绝其相应的履行要求。

（三）不安抗辩权

不安抗辩权又称先履行抗辩权，是指双务合同成立后，应当先履行债务的当事人，有确切证据证明对方不能履行债务或者存在不能履行债务的可能时，在对方没有履行或没有提供担保之前，有权中止履行合同义务。

不安抗辩权行使的条件也需基于双务合同，但它是由应先履行债务的一方当事人行使，规定不安抗辩权是为了切实保护当事人的合法权益，防止借合同进行欺诈，促使对方履行义务。但是对不安抗辩权要严格加以限制，必须依法行使，不能滥用。

六、自测案例

2005 年 3 月 1 日，甲公司和乙服装厂签订了一份加工新款夏装的合同，约定 4 月 1 日提货付款。4 月 1 日，甲公司提货时称公司的出纳员患病住院，支票拿不出来，要求先提货，待出纳员病愈上班后再付款，但乙服装厂拒绝了甲公司的要求。请问：乙服装厂的做法正确吗？为什么？

【关于合同的担保】

一、知识要点

合同的担保是促使债务人履行其债务，保障债权人的债权得以实现的法律措施。担保具有从属性、自愿性和条件性等特征。《中华人民共和国担保法》规定，在借贷、买卖、货物运输、加工承揽等经济活动中，债权人需要以担保方式保障其债权实现的，可以设定保证、抵押、质押、留置和定金五种方式的担保。

二、典型案例

2005 年 3 月 1 日，甲公司和乙服装厂签订了一份买卖服装的合同，合同约定：甲公司 3 月 30 日支付预付款 5 万元，乙服装厂 4 月 1 日前交货。3 月 25 日，乙服装厂发生火灾，部分设备和原料被烧毁，严重影响了履行债务的能力。甲公司闻讯后，以此为由通知乙服装厂中止履行合同，不再支付预付款。后经交涉，甲公司同意由丙公司为乙服装厂作一般保证，甲公司向乙服装厂支付预付款，合同继续履行。4 月 1 日，乙服装厂未能按期交货。甲公司要求乙服装厂返还预付款并赔偿经济损失，乙服装厂拒绝了甲公司的要求。甲公司要求丙公司承担保证责任，但丙公司也拒绝了甲公司的要求。

三、思考问题

1. 甲公司单方面通知乙服装厂中止履行合同是否违反法律规定？为什么？

2. 丙公司拒绝甲公司要求其为乙服装厂承担保证责任的要求是否符合法律规定？为什么？

四、案例分析与参考答案

本题主要考查抗辩权的行使和保证责任的承担。解析本题的关键是：(1) 要把握不安抗辩权的行使条件，即什么情况下当事人可以单方面通知对方中止履行合同。(2) 掌握保证担保的两种方式，即一般保证和连带保证及承担保证责任的具体规定。

甲公司单方面通知乙服装厂中止履行合同不违反法律规定。根据《合同法》规定，双务合同成立后，应当先履行债务的当事人，有确切证据证明对方不能履行债务或者有不能履行债务的可能时，在对方没有履行或者没有提供担保之前，有权中止履行合同。

丙公司拒绝甲公司要求其为乙服装厂承担保证责任的要求符合法律规定。根据《担保法》的规定，一般保证中的保证人享有先诉抗辩权，即当债权人向保证人请求履行保证债务时，保证人在主合同纠纷未经审判或者仲裁，并就债务人的财产依法强制执行仍不能履行债务前，对债权人享有拒绝承担保证责任的权利。

五、法理基础

上述案例涉及的法理基础有：

(一) 不安抗辩权

参见上一要点【关于合同的履行】中的相关内容。

(二) 保证担保

合同的担保是促使债务人履行其债务，保障债权人的债权得以实现的法律措施。保证是指第三人为债务人的债务履行作担保，由保证人和债权人约定，当债务人不履行债务时，保证人按照约定履行债务或者承担责任的行为。

按照《担保法》的规定，具有代为清偿债务能力的法人、其他组织或公民，可以作为保证人。国家机关，学校、幼儿园、医院等以公益为目的的事业单位，社会团体、企业法人的分支机构、职能部门，不得作保证人。

行使保证责任时，要明确担保人的一般保证或连带责任保证的方式。如果当事人在保证合同中对保证方式没有约定或约定不明确的，按照连带责任保证承担保证责任。

保证责任是指当债务人（即被保证人）届期不履行债务时，保证人依合同的约定或法律规定所承担的代为履行或代为赔偿损失的义务。保证责任的范围包括主债权和利息、违约金、损害赔偿金和实现债权的费用。保证人承担保证责任后，有权向债务人追偿。

六、自测案例

某市宏达有限责任公司为了上一个新项目，向该市工商银行申请贷款1亿元人民币，请求并得到该市甲、乙两家经济效益好、比较有实力的企业为其提供担保。但由于该公司对新项目缺乏科学论证，导致新项目投产后，公司严重亏损，贷款到期后，无法归还本息。请问：工商银行应如何要求保证人承担保证责任？

【关于合同的变更与转让】

一、知识要点

合同的变更是指合同成立后、履行完毕之前，当事人依法对合同内容所作的修改。合同的变更有协议变更和依法变更两种，依法变更的情形有：（1）因重大误解订立的合同；（2）在订立合同时显失公平；（3）一方以欺诈、胁迫的手段或者乘人之危，使对方在违背真实意思的情况下订立的合同。合同的转让是指合同当事人一方将其合同的权利和义务全部或部分转让给第三人的法律行为。合同的转让，分为权利的转让、义务的转让和权利义务全部转让三种。

二、典型案例

2005年3月1日，某百货公司与某服装厂签订一份服装的定购合同。合同就服装的款式、面料、规格、质量、价格等都作了明确的规定，并约定4月15日交货。合同签订后，由于服装厂赶制一批出口服装，遂将百货公司定做的服装交由另一家服装厂制作。4月15日服装厂如期交货，百货公司在验收时发现该批服装不是该服装厂制作，而且质量也未达到合同约定的标准。

三、思考问题

服装厂将百货公司定做的服装交由另一家服装厂制作的行为属于什么行为？该行为是否有效？

四、案例分析与参考答案

本题主要考查合同的转让。解析本题的关键是掌握合同转让的含义、种类及要求。

服装厂将百货公司定做的服装交由另一家服装厂制作的行为属于合同义务的转让。该行为无效。《合同法》规定，债务人将合同的义务全部或部分转让给第三人的，应当经债权人同意。本案中，未经百货公司同意，服装厂擅自将合同义务转让给另一家服装厂，其行为不发生法律效力，服装厂仍应承担对百货公司的合同义务。

五、法理基础

上述案例涉及的法理基础有：

合同的转让是指合同当事人一方将其合同的权利和义务全部或部分转让给第三人的法律行为。合同的转让分为权利的转让、义务的转让和权利义务全部转让三种。

（一）合同权利的转让

合同权利的转让是指不改变合同的内容，由债权人将合同权利的全部或者部分转让给第三人的行为。债权人转让权利，不需要经债务人同意，但应当通知债务人，未经通知，该转让对债务人不发生效力。

（二）合同义务的转让

合同义务的转让是指经债权人同意，债务人将合同的义务全部或部分转让给第三人的行为。正如债权人可以全部或部分转让权利一样，债务人也可以将合同的义务全部或部分转让给第三人。转让合同义务也是法律赋予债务人的一项权利，但是，债权人和债务人的合同关系是建立在相互了解的基础上，在订立合同时，债权人一般要对债务人的资信情况和偿还能力进行调查了解，而对于取代债务人或加入到债务人中的第三人的资信情况及履行债务的能力，债权人不可能完全清楚。这样，如果债务人不经债权人的同意就将债务转让给了第三人，对于债权人显然是不公平的，不利于保障债权人合法利益的实现。所以《合同法》规定，债务人将合同的义务全部或部分转让给第三人的，应当经债权人同意。

（三）合同权利义务的全部转让

合同权利义务的全部转让是指当事人一方，将自己在合同中的权利和义务全部转让给第三人的行为。但是，根据合同性质，按照当事人约定或依照法律规定不得转让的除外。对于当事人订立合同后发生合并、分立的情况，法律规定，当事人订立合同后合并的，由合并后的法人或者其他组织行使合同权利，履行合同义务。当事人订立合同后分立的，除债权人和债务人另有约定的之外，由分立的法人或其他组织对合同的权利和义务享有连带债权，承担连带债务。

六、自测案例

甲公司欠乙公司货款50万元，乙公司欠丙公司加工费50万元，且已经到期。乙公司与丙公司协商，把乙公司对甲公司的债权让与丙公司。请问：乙公司可否这样做？乙公司怎样做才能使该协议生效？

【关于合同的权利义务终止】

一、知识要点

合同的权利义务终止是指合同当事人双方终止合同关系，合同确立的权利、义务关系随之消灭。合同终止系因为：债务已经按照约定履行、合同解除、债务相互抵消、债务人依法将标的物提存、债权人免除债务、债权债务同归一人、法律规定或者当事人约定终止的其他情形等原因而终止。合同的解除是指合同依法成立后，因当事人一方或双方的意思表示，使基于合同而生的权利义务关系终止的行为。合同解除有协议解除和法定解除两种。

二、典型案例

2005年1月，东北某市甲公司从山东某市乙蔬菜公司定购了新鲜豆角、茄子、西红柿、菠菜各1车皮，并汇去货款。某市乙蔬菜公司收到货款后立即将蔬菜发往甲公司指定的车站。蔬菜到站后，因当地蔬菜价格下跌，已无利润可赚，甲公司拒绝接受该批蔬菜。乙蔬菜公司在与甲公司多次交涉均无结果的情况下，为了防止蔬菜腐烂变质，只好将蔬菜低价变卖，所得价款交当地公证处提存，并通知甲公司到公证处领取价款。甲公司认为自己并未接收该批蔬菜，乙蔬菜公司应将货款全额返还，乙蔬菜公司交给公证处的价款低于其支付给乙蔬菜公司的货款，所以不能接受。

三、思考问题

乙蔬菜公司将所有的蔬菜低价变卖并提存到当地公证处的行为是否符合法律规定？该行为的法律后果是什么？

四、案例分析与参考答案

本题主要考查合同的权利义务终止的原因之一“提存”。解析本题的关键是要掌握：债务人在什么情况下可以提存、什么情况下提存标的物、什么情况下提存价款、提存后的法律后果等。

乙蔬菜公司将所有的蔬菜低价变卖并提存到当地公证处的行为符合法律规定。根据《合同法》规定，债权人无正当理由拒绝受领标的物，致使债务人无法履行债务的，债务人可以将标的物提存。标的物不适于提存或者提存费用过高的，债务人可以依法拍卖或者变卖标的物，提存所得价款。所以乙蔬菜公司的行为符合法律规定。乙蔬菜公司通过提存行为消灭债务，使合同权利和义务终止。

五、法理基础

上述案例涉及的法理基础有；

（一）合同的权利义务终止的概念

合同的权利义务终止是指合同当事人双方终止合同关系，合同确立的权利、义务关系随之消灭。

（二）合同权利义务终止的原因

《合同法》第91条规定了合同的权利义务可以终止的原因。

六、自测案例

2005年1月15日，甲公司委托乙公司为其生产加工一批服装，双方约定4月1日交货，验收合格后即付货款。2月1日，乙公司有确切证据证明甲公司经营状况严重恶化，已经丧失履约能力，于是停止为其生产加工服装，并派人与甲公司交涉，要求甲公司在一个月内提供担保。3月1日，乙公司在甲公司仍未恢复履约能力又未提供担保的情况下，通知与其解除合同。请问：乙公司单方中止履行合同并要求甲公司提供担保的行为是否合法？为什么？乙公司单方解除合同的行为是否合法？为什么？

【关于违约责任】

一、知识要点

违约责任是指合同当事人一方不履行合同义务或者履行合同义务不符合约定时，依照法律规定或者合同约定所承担的法律责任。承担违约责任的主要形式有：继续履行，采取补救措施，赔偿损失，支付违约金或定金等。一般情况下，当事人只要有违约行为，就应当承担违约责任。但如果违约是由于不可抗力造成的及法律特别规定或者合同特别约定的其他责任原因，可以免责。

二、典型案例

2004年9月1日，甲公司和乙服装厂签订了一份价值100万元的羽绒服买卖合同。合同约定：甲公司支付给乙服装厂20万元的定金，乙服装厂在10月1日交货。双方还约定违约金为合同标的额的30%。合同签订后，甲公司依约支付了定金，而乙服装厂没有按期交货，造成甲公司16万元的巨额损失。甲公司要求乙服装厂承担违约责任，双倍返还定金，支付违约金30万元，赔偿经济损失16万元。

三、思考问题

如果甲公司诉至法院，甲公司的主张是否应当得到支持？为什么？

四、案例分析与参考答案

本题主要考查承担违约责任的形式。解析本题的关键是要掌握：当事人既约定违约金，又约定定金的，一方违约时，对方可以选择适用违约金和定金条款。

甲公司的主张不能得到支持。根据《合同法》的规定，甲公司只能选择适用违约金条款或者定金条款要求乙服装厂承担违约责任。由于违约金或者定金数额足以弥补甲公司的损失，所以法院不会支持甲公司的其他主张。

五、法理基础

上述案例涉及的法律基础有：

违约责任是指合同当事人一方不履行合同义务或者履行合同义务不符合约定时，依照法律规定或者合同约定所承担的法律责任。当事人双方都违反合同的，应当各自承担相应的责任。

依法订立的有效合同，对当事人双方来说，都具有法律约束力。如果不履行或履行义务不符合约定，就要承担违约责任。只有这样，才能促使当事人双方及时全面地履行合同，保护当事人的合法权益。承担违约责任的主要形式有：继续履行，采取补救措施，赔偿损失，支付违约金或定金等。具体适用哪种违约责任，由当事人根据自己的要求来加以选择。

但《合同法》规定，当事人既约定违约金，又约定定金的，一方违约时，对方可以选择适用违约金与定金条款。现实中，有些当事人在合同中既约定违约金，也约定定金，在一方违约时，对方要求违约金与定金条款并用。能否并用？原有的立法中规定是可以并用的，但这样会造成违约方承担过重的责任，与合同的公平原则也相悖。因此，《合同法》规定了当违约金与定金同时存在时，二者不能并用，只能选择其中的一种责任形式。即一方违约时，守约方可以在违约金条款和定金条款中选择对自己最有利的条款。赋予守约方选择适用权，能够起到保障其合同利益，补救其违约损失的作用。如果违约金过分高于或低于因违约所造成的损失，当事人可以请求人民法院或仲裁机构予以适当减少或增加。

六、自测案例

甲公司与乙公司签订了一份买卖合同，甲公司购买乙公司的一套设备，总价款为300万元，合同约定：乙公司先交货，甲公司验收合格10日内付款，违约方应支付违约金60万元。合同签订后，乙公司未能按期交货，给甲公司造成3万元的经济损失。请问：乙公司要求减少违约金数额，法律是否允许？

【本章综合案例】

案例一

（一）案情介绍

甲、乙公司签订了一份买卖合同，合同的总标的额为100万元，规定乙公司在2005年8月1日前一次交货，甲公司收货验收合格后一次付款，并由丙公司为甲公司的债务担保，担保金额为100万元，担保方式为连带保证。合同签订后，乙公司发生火灾，烧毁部分设备和原材料，致使乙公司无法按期交货。后经双方协商，交货时间推迟1个月。此后，虽经乙公司的努力，但还是拖至9月10日才发货，由此给甲公司造成20万元的损失。甲公司收货后以乙公司违约为由拒付货款。于是乙公司要求丙公司承担担保责任，丙公司以乙公司违约在先为由拒绝承担担保责任。乙公司认为迟延发货的原因是不可抗力造成的，应免除违约责任。

（二）思考问题

1. 乙公司认为迟延发货属不可抗力所致，免予承担违约责任的理由是否充分？

2. 甲公司以乙公司违约为由拒付货款的理由是否充分？

3. 丙公司拒绝承担保证责任的理由是否充分？此案应如何处理？

（三）参考答案

乙公司的理由不充分。乙公司发生火灾，是公司内部管理问题，不属于无法预计、无法克服的自然灾害、战争等不可抗力事件。

甲公司拒付货款的理由不充分。甲公司已接受货物，表明该合同应继续履行，乙公司违约应承担违约责任，甲公司不能以此为由拒付货款。

丙公司拒绝承担保证责任的理由不充分。乙公司虽然违约，但甲公司已经接收货物，表明合同继续履行且有效，所以担保合同也有效。乙公司要求丙公司承担保证责任，丙公司应依法承担。

本案应作如下处理：乙公司应向甲公司支付违约金或赔偿损失；甲公司应及时付款；甲公司不付货款时，丙公司应承担保证责任。

案例二

（一）案情介绍

甲百货公司与乙电器公司于2005年3月1日签订了一份供货合同，合同约定：甲百货公司向乙电器公司定购某款空调100台，每台价格3000元，货款总计30万元，于5月1日前交货。甲公司收到货物验收合格即付货款，但甲公司应先付定金5万元。

合同签订后，甲百货公司依约支付了定金。但到了5月1日，乙电器公司却没能交货，甲百货公司多次催告，也无结果。5月20日，甲百货公司为保证商品的供应，不得不通过其他渠道采购，并通知乙电器公司解除合同，要求乙电器公司执行定金罚责。而乙电器公司则以甲百货公司单方解除合同属无因行为为由，拒绝执行定金罚责。

（二）思考问题

1. 双方约定的定金是否符合法律规定？为什么？

2. 甲百货公司单方解除合同是否违法？为什么？

3. 此合同中究竟是谁违约？如何执行定金罚责？

（三）参考答案

合同约定甲百货公司向乙电器公司给付定金 5 万元符合法律规定。根据《担保法》规定，定金数额由当事人约定，但不得超过主合同标的额的 20%。本案中，合同的标的额为 30 万元，约定的定金数额为 5 万元，低于最高限额 6 万元。

甲百货公司单方解除合同符合法律规定。甲百货公司单方解除合同是属于法定解除。根据《合同法》的规定，当事人一方迟延履行主要债务，经催告后在合理期限内仍未履行的另一方当事人有权单方面解除合同。本案中甲百货公司在乙电器公司迟延履行，在一定期限内经多次催告仍未履行的情况下，为了维护自身的合法权益，通知对方解除合同是符合法律规定的。

该合同的违约方是乙电器公司。根据《担保法》有关定金罚责的规定，收受定金的一方不履行合同，应双倍返还定金；接受定金的一方不履行合同，无权要求返还定金。本案中乙电器公司按照法律规定，应当双倍返还甲百货公司的定金，总计 10 万元。

案例三

（一）案情介绍

孙某原是甲厂的一名采购员，现已被开除。孙某对甲厂怀恨在心。某日，孙某到外地遇见乙厂长，便以甲厂名义与乙厂签订了购销合同。在合同履行期到来之前，乙厂电话询问甲厂到期能否履行合同，甲厂声称不知道孙某的行为。之后乙厂便把孙某如何代表甲厂与其签订合同以及合同主要条款向甲厂作了交代。甲厂厂长见该合同有利可图，便去函答应按期交货声称无任何问题。结果由于甲厂经营不善，到期未能生产足够的产品来履行合同。乙厂向法院起诉，要求追究甲厂的违约责任。甲厂则以孙某的代理行为无效而拒绝。

（二）思考问题

甲厂的主张合法吗？为什么？

（三）参考答案

甲厂的主张是不对的。虽然孙某被开除后仍以甲厂名义签订合同，属无权代理，是无效的，本应由无权代理人孙某承担责任。但当乙厂询问到期能否履行合同时，甲厂答应无任何问题，即对孙某的无权代理行为予以追认，从而使该合同由原来的无效合同追认而变为有效。有效的经济合同必须履行，不履行则应承担违约责任。

案例四

（一）案情介绍

某乡镇企业为了购置设备，以自有的两辆载重卡车作抵押，并由乡政府作保证人，向银行贷款 50 万元。贷款到期后，该乡镇企业仅归还 20 万元，其余贷款和利息均无法偿付。而当时用于抵押的卡车评估价值为 10 万元。

（二）思考问题

1. 乡政府是否应承担连带责任？

2. 如果银行起诉到法院，法院应如何处理？

3. 如果保证人不是乡政府，而是另一家乡镇企业，保证方式没有约定，该案又如何处理？

4. 如果银行嫌卡车破旧而放弃行使抵押权，对保证人的保证责任有无影响？

（三）参考答案

乡政府不应承担连带责任。因为根据《担保法》规定，作为国家机关的乡政府不能作为保证人，其保证行为无效。所以不承担连带责任。

法院应作如下处理：拍卖或者变卖该企业抵押的财产，以偿还银行贷款本金和利息。不足清偿的部分，该乡镇企业应通过其他方式继续清偿。

如果保证方式没有约定，依照法律规定作为保证人的另一家乡镇企业应按连带责任保证承担连带责任。首先，对抵押财产通过拍卖或者变卖偿付贷款后，不足部分由乡镇企业和作为保证人的另一乡镇企业承担连带责任。银行可以直接要求保证人承担清偿责任。

没有影响。按照法律的规定，同一债权既有人的保证又有物的担保的，保证人对物的担保以外的债权承担保证责任。债权人放弃物的担保的，保证人在债权人放弃权利的范围内免除保证责任。也就是说保证人对银行放弃抵押权所担保的债权部分，依法免除保证责任。

【本 章 练 习】

一、填空题

1. 当事人应当遵循________的原则，根据合同的性质、目的和交易习惯履行________、________、________等义务。

2. 我国的《合同法》适用于平等主体之间的________合同，但有关________关系的协议除外。

3. ________为合同成立的地点。

4. 不可抗力是指当事人在订立合同时不能________，对其发生和后果不能________的事件。

5. 依法成立的合同，对当事人具有________。当事人应当________，不得擅自________或者________合同。

6. 无效合同从________时起无效，被撤销的合同从________时起无效。

7. 在合同关系中，违约金是双方________的，而不是法定的。

8. 依法成立的合同，自________生效；法律、行政法规规定应当办理批准、登记手续的，自________生效；附条件的合同，自________时生效；附期限的合同，自________生效。

9. 给付定金的一方如不履行合同，定金________；接受定金的一方如不履行合同，定金应当________。

10. 不予承担合同违约责任的条件是________。

二、单项选择题

1. 甲欠乙的债务逾期无法偿还，但甲又同时放弃对丙拥有债权，乙为保护其合法权益，可对甲的行为要求行使(　　)。

A. 后履行抗辩权限　　B. 撤销权

C. 抵销权　　D. 代位权

2. 美新服装厂于 2000 年 4 月 10 日致函明光商场，表示愿向该商场提供一批男衣，如接受，须于 10 日内做出答复，商场于 4 月 11 日接到信函，4 月 21 日回信答复服装厂，同意接收该批衬衫，明光商场的行为属于(　　)。

A. 要约邀请　　B. 要约

C. 新要约　　D. 承诺

3. 无效合同(　　)。

A. 从宣告其无效之时起，就无效力　　B. 出现纠纷后，就无效力

C. 从订立之时起，就无效力　　D. 从履行之时起，就无效力

4. 合同是双方的(　　)。

A. 道德行为　　B. 法律行为

C. 行政行为　　D. 执法行为

5. 可撤销合同的变更或撤销须由(　　)作出。

A. 人民法院　　B. 仲裁机构

C. 工商行政管理机关　　D. 人民法院和仲裁机构

6. 根据合同当事人的双方权利、义务的分担方式，合同可分为(　　)。

A. 有偿合同和无偿合同　　B. 双务合同和单务合同

C. 诺成合同和实践合同　　D. 要式合同和不要式合同

7. 格式合同的条款是由(　　)拟订的。

A. 双方当事人　　B. 一方当事人

C. 多方当事人　　D. 当事人经协商后

8. 甲与乙订有一货物买卖合同。甲如约向乙交付了货物，但乙尚未付款。乙与丙另有一借款协议，乙借给丙一笔款项，还款期限已到，现乙免除了丙的债务。由于乙一直未向甲支付货款，乙以无钱支付为由一直拖欠，此时，甲可以行使(　　)，保护其债权利益。

A. 代位权　　B. 撤销权

C. 抗辩权　　D. 求偿权

9. 甲企业与乙企业订立一份购销合同，双方约定由甲企业向乙企业供应 50 吨生产原材料，总货款为 60 万元，货到付款，甲企业最迟于 6 月底之前发货。5 月份，甲企业在报纸上得知乙企业逃避债务，私自转移财产，被法院依法查封、扣押财产的消息，为此，甲企业未向乙企业按时供货，甲企业的行为属于(　　)。

A. 行使先履行抗辩权

B. 行使不安抗辩权

C. 与乙企业解除合同关系

D. 甲企业已构成违约，应承担违约责任

10. 下列各项中，属于要约行为的是(　　)。

A. 向客户寄送价目表　　B. 发布拍卖公告

C. 刊登悬赏广告　　D. 发布招股说明书

11. 合同生效后，当事人就价款或报酬约定不明确的，按照(　　)的市场价格履行。

A. 订立合同时履行地　　B. 履行合同时履行地

C. 订立合同时签订地　　D. 履行合同时签订地

12. 合同生效后，履行地点不明确的，给付货币的，在(　　)。

A. 给付货币一方所在地履行　　B. 接受货币一方所在地履行

C. 合同签订地　　D. 双方当事人之外的第三地

三、多项选择题

1. 根据《中华人民共和国担保法》的规定，下列财产中，不得用于抵押的有(　　)。

A. 抵押人所有的机器

B. 抵押人依法有权处分的国有土地使用权

C. 医院所有的房屋

D. 依法扣押的财产

2. 要约邀请是希望他人向自己发出要约的意思表示。下面所列各项，哪些属于要约邀请(　　)。

A. 价目表的寄送　　B. 拍卖公告

C. 招股说明书　　D. 商品广告

3. 签订购销内容淫秽的书籍和录音、录像带的合同，应作如下处理(　　)。

A. 确认为无效合同

B. 各自返还原物

C. 各自承担相应的责任

D. 将双方已经取得或者约定取得的财产，收归国库所有

4. 应当先履行债务的当事人，有确切证据证明对方有(　　)之一的，可以中止履行合同。

A. 经营状况严重恶化

B. 转移财产，抽逃资产以逃避债务

C. 丧失商业信誉

D. 有丧失或可能丧失履行债务能力的其他情形

5. 根据《中华人民共和国合同法》的规定，下列要约中，不得撤销的有(　　)。

A. 要约人确定了承诺要期限的要约

B. 要约人明示不可撤销的要约

C. 已经到达受要约人但受要约人尚未承诺的要约

D. 受要约人有理由认为不可撤销，且已为履约作了准备的要约

6.《合同法》规定了(　　)抗辩权。

A. 同时履行　　B. 先履行

C. 后履行　　　　D. 实际履行

7. 根据《中华人民共和国合同法》的规定，下列合同中，属于无效合同的有(　　)。

A. 一方以欺诈手段使对方在违背真实意思情况下订立的合同

B. 损害社会公共利益的合同

C. 以合法形式掩盖非法目的的合同

D. 显失公平的合同

8. 根据《担保法》的规定，可以用于抵押的财产有(　　)。

A. 土地所有权　　　　B. 土地使用权

C. 运输工具　　　　D. 机器设备

9. 下列情形中，(　　)属于效力待定的合同。

A. 一位小学生接受某公司捐赠而订立的合同

B. 因重大误解订立的合同

C. 行为人超越代理权以被代理人名义订立的合同

D. 承租人将租住的房屋卖与他人而订立的合同

10. (　　)合同是可撤销合同。

A. 因重大误解而订立的　　　　B. 显失公平而订立的

C. 乘人之危订立的　　　　D. 限制行为能力人订立的

四、判断题

1. 甲、乙两公司订立一药品合同。总货款为100万元，甲支付定金5万元，同时设定违约金为违约部分货款的5%。甲公司没有按约定履行合同，对甲公司可以同时适用定金和违约金罚款。(　　)

2. 2000年5月8日甲作为出租人与乙订立租赁合同，约定将甲的房屋于同年7月1日租赁给乙作为办事处。同年6月10日，甲向丙购买该出租房屋，并办理了产权转让手续。甲与乙于5月8日所签租赁合同因甲对该房屋尚无处分权而无效。(　　)

3. 甲商场向乙啤酒厂订购一批听装啤酒。由于乙啤酒厂运输车辆紧张，在接受订单时将“供方送货”条款修改为“供方代办托运”。乙方构成承诺。(　　)

4. A市实业发展总公司与B市房地产开发公司签订一份楼宇买卖合同。楼宇位于C市，合同没有规定履行地，则该合同履行地为C市。(　　)

5. 甲公司与乙航空公司签订航空货运合同。甲公司将货物运到指定机构后，乙公司表示不能提供约定航班，甲公司解除合同，对此，乙公司有权以合同终止为由拒绝甲公司请求赔偿运费等损失的权利。(　　)

6. 定作人甲公司委托承揽人乙公司定做礼品笔记本，乙公司按约定完成制作工作，而甲公司无故迟延领受礼品笔记本。对此，乙公司可将礼品笔记本提存于提存机关。(　　)

7. 甲公司欲购买一批商品，发出一份招标书。招标书仅说明需要购买商品的种类和数量及质量标准，但对商品的价格等未作说明，该招标书构成要约。(　　)

8. 因无效代理行为产生的无效合同，由委托人承担责任。(　　)

9. 当事人可以约定违约金。约定的违约金过分高于造成的损失的，当事人可以请求人民法院或仲裁机构以适当减少。(　　)

10. 可撤销合同，具有撤销权的当事人如果自合同签订之日起1年内没有行使撤销权，撤销权消灭。 （ ）

五、简答题

1. 简述合同的主要条款。
2. 简述合同终止时法定原因。
3. 简述承诺的概念和条件。
4. 简述合同生效应具备的条件。
5. 无效合同的法定情形有哪几种？
6. 简述缔约过失责任的主要内容。
7. 简述合同中止履行的条件。
8. 简述要约的概念和条件。
9. 简述定金的担保作用。
10. 简述合同变更条件。

六、案例分析题

1. 中国甲公司与外国乙公司签订一项货物买卖合同，甲方向乙购买机器设备，价款500万元，合同约定违约金100万元。要求根据《合同法》的规定，回答以下问题：

(1) 甲方尚未付款前，发现乙的供货不符合合同约定，应如何处理？

(2) 如果乙方违约未能供货，给甲方造成损失5万元，乙方要求减少违约金数额，法律是否允许？

(3) 如乙方违约给甲方造成8000万元损失，乙方能否提出减少赔偿金额的要求？

2. 某中学生朱某（17周岁）去某鞋城购买鞋子，见一双款式与某名牌极为相似的运动鞋，非常喜欢，便回家征求父亲意见。父亲表示，李某完全有能力自己选购鞋子，便同意并给钱让朱某买回该双鞋子，事后，母亲张某认为，该运动鞋价格确实合适，但鞋子毕竟不是名牌，对其质量心存疑虑。便要朱某以自己未成年，不具备完全民事行为能力为由去鞋城退掉那双鞋子。问：(1) 朱某买鞋的行为是否属于无效民事行为？

(2) 若朱某误将自己新买的运动鞋A当作名牌运动鞋B，这种购买合同是无效合同吗？为什么？

3. 某养鸡场为引进良种鸡急需资金10万元，于是以一套价值15万元的豪华视听设备作质押，向甲公司借款10万元，双方签订了价款和质押合同，并将视听设备交由甲公司。养鸡场得到价款后与某良种场签订了良种鸡引进合同，合同标的额为5万元，养鸡场预付定金1万元，违约金为合同标的额的10%，货款以养鸡场售鸡款偿还。但合同未约定履行地点。在合同履行中，良种场将种鸡送到养鸡场，并要求养鸡场支付运费，养鸡场予以拒绝。之后，养鸡场所在地山洪暴发，养鸡场被冲毁，以至于无法偿还良种场的货款和甲公司的借款。而甲公司在占有视听设备期间，由于管理不善，该视听设备损坏，送维修公司修理，修理费2万元，甲公司没有支付，故该视听设备被维修公司留置。问题：

(1) 良种场要求养鸡场支付送鸡的运费，是否合法？

(2) 对视听设备，甲公司要求行使质押权，维修公司要求行使留置权，应由谁优先行使权利？

(3) 养鸡场和良种场的合同中约定的定金条款和违约金条款可否同时适用？养鸡场对良种场提出不可抗力的免责抗辩，是否成立？

4. 甲公司于2000年3月1日给乙公司发出电报称："现有当年产玉米50吨，每吨1000元，如贵方需购，望于接到电报之日起一周内回复为盼。"3月3日乙公司给甲公司复电称："接受贵方条件，但望以每吨800元成交。"请问：

(1) 甲乙之间的合同关系是否成立，为什么？

(2) 假设乙公司在3月10日复电给甲公司称："完全接受贵方条件"，则甲乙之间的合同关系是否成立，为什么？

(3) 假设乙公司在接到甲公司的电报后，于3月3日派人直接去付款提货时，甲公司已将这50吨玉米高价卖给丙公司，甲公司是否需对乙公司承担责任？

5. 甲乙双方签订了一项买卖合同，约定甲方向乙方购买化工原料100吨，总价款200万元，合同签订后3个月内供货，甲方支付定金10万元。合同违约金为10万元。合同签订3个月后，乙方未能供货，甲方多次催讨未果。经查乙方已将该批货物高价转卖他人。由于乙方违约，致使甲方遭受经济损失50万元。甲方诉诸人民法院，请求依法维护其合法权益。

要求：根据《合同法》的规定，处理本案。

6. 某市食品公司因建造一栋大楼急需水泥，其基建处遂向本省的青峰水泥厂、新华水泥厂及原告建设水泥厂发出函电。函电中称："我公司急需标号为150型号水泥100吨，如贵厂有货，请速来函电，我公司愿派人前往购买。"三家水泥厂在收到函电后，都先后向食品公司回复了函电，在函电中告知备有现货，注明了水泥价格，而建设水泥厂在发出函电的同时，派车给食品公司送去了50吨。在该批水泥送达之前，食品公司得知新华水泥厂所产的水泥质量较好，且价格合理，于是向新华水泥厂发去函电："我公司愿购买贵厂100吨150型号水泥，盼速发货，运费由我公司负担。"在发出函电后的第二天上午，新华水泥厂发函称已准备发货。下午，建设水泥厂将50吨水泥送到，食品公司告知建设水泥厂他们已决定购买新华水泥厂的水泥，因此不能接收建设水泥厂送来的水泥。建设水泥厂认为食品公司拒收货物构成违约，双方协商不成，建设水泥厂遂向法院起诉。问题：

(1) 食品公司向三家水泥厂分别发函的行为，在《合同法》上属于什么行为？三家水泥厂回函的行为是什么行为？食品公司第二次向新华水泥厂发函的行为是什么行为？食品公司与新华水泥厂之间的买卖合同是否成立？为什么？

(2) 建设水泥厂与食品公司之间的买卖合同是否成立？食品公司有无义务接受建设水泥厂发来的货物？本案中建设水泥厂的损失应由谁承担？

7. 某贸易公司派业务员李某于2000年7月20日到某市服装厂订货，双方签订了一份风雨衣合同，由服装厂供给贸易公司风雨衣1500件，总金额为4.5万元。合同对标的质量、规格、验收、包装和结算等，都作了明确规定。由于李某忘带合同专用章，所以合同上只有双方代理人和服装厂的印章。李某答应把合同带回加盖公章后寄给服装厂。后经服装厂去函催办，贸易公司只电告："发货"。服装厂即按合同规定发运800件，但刚刚办完托运手续，又接到对方电报："请勿发货"。风雨衣运到某地车站后，贸易公司拒收，并向服装厂发了第三封电报："退货，速来人处理。"贸易公司担心逾期不提货，被铁路部门罚款，便把风雨衣提出暂时放在车站附近。由于贸易公司拒收货物并拒付货款，服装厂遂起诉至法院要求对方支付货款并赔偿损失，对方则以未盖公章否认合同成立。

问题：

（1）该合同是否成立？

（2）贸易公司第二封电报是否有效？

（3）对该案如何处理？

8. 甲乙双方签订了一项买卖合同，甲方向乙方购买散装白酒，约定由乙方负责装瓶，并加贴某名牌商标，以利销售。白酒数量为5万瓶，价款为人民币15万元，交货时付清全部价款，交货时间为合同签订后3个月内。实际履行时，乙方延迟半个月交货，甲方付款时以资金紧张为由，共付货款10万元，余下5万元约定在10天后付清。10天后，甲方仍未付余款，乙方多次催讨未果，遂依合同约定的仲裁条款向仲裁机关申请仲裁。

要求：根据《合同法》的规定，处理并回答本案的法律依据。

9. 甲企业（本题下称“甲”）向乙企业（本题下称“乙”）发出传真订货，该传真列明了货物的种类数量、质量、供货时间、交货方式等，并要求乙在10日内报价。乙接受甲发出传真列明了条件并按期报价，亦要求甲在10日内回复；甲按期复电同意其价格，并要求签订书面合同。乙在未签订书面合同的情况下按甲提出的条件发货，甲收货后未提出异议，亦未付货款。后因市场发生变化，该货物价格下降。甲遂向乙提出，由于双方未签订书面合同，买卖关系不能成立，故乙应尽快取回货物。乙不同意甲的意见，要求其偿付货款。随后，乙发现甲放弃其对关联企业的到期债权，并向其关联企业无偿转让财产，可能使自己的货款无法得到清偿，遂向人民法院提起诉讼。

要求：

（1）试述甲传真订货、乙报价、甲回复报价行为的法律性质。

（2）买卖合同是否成立？并说明理由。

（3）对甲放弃到期债权、无偿转让财产的行为，乙可向人民法院提出何种权利请求，以保护其利益不受侵害？对乙行使该权利的期限，法律有何规定？

10. 甲乙两公司采用合同书形式订立了一份买卖合同，双方约定由甲公司向乙公司提供100台精密仪器，甲公司于8月31日以前交货，并负责将货物运至乙公司，乙公司在收到货物后10日内付清货款。合同订立后双方均未签字盖章。7月28日，甲公司与丙运输公司订立货物运输合同，双方约定由丙公司将100台精密仪器运至乙公司。8月1日丙公司先运了70台精密仪器至乙公司，乙公司全部收到，并于8月8日将70台精密仪器的货款付清。8月20日，甲公司掌握了乙公司转移财产、逃避债务的确切证据，随即通知丙公司暂停运输其余30台精密仪器，并通知乙公司中止交货，要求乙公司提供担保；乙公司及时提供担保。8月26日，甲公司通知丙公司将其余30台精密仪器运往乙公司，丙公司在运输途中发生交通事故，30台精密仪器全部毁损，致使甲公司8月31日前不能按时全部交货。9月5日，乙公司要求甲公司承担违约责任。

问题：

（1）甲乙公司订立的买卖合同是否成立？并说明理由。

（2）甲公司8月20日中止履行合同的行为是否合法？并说明理由。

（3）公司9月5日要求甲公司承担违约责任的行为是否合法？并说明理由。

（4）丙公司对货物毁损应承担什么责任？并说明理由。

第九章

市场管理法律制度

【本 章 概 要】

一、教学重点、难点

重点：不正当竞争的概念、特征及不正当竞争行为的种类；消费者权利、经营者义务。

难点：社会主义市场经济条件下，区分各种不正当竞争行为及其性质；消费者权利及经营者义务界定。

二、教学建议

本章教学首先应向学生介绍市场管理法概况。

市场管理法是国家对生产者与经营者在市场上从事商品交易活动实行管理和监督的法律规范的总称。

目前，我国制定了一系列市场管理方面的法律法规，如《价格管理法》、《标准化法》、《产品质量法》、《反不正当竞争法》、《消费者权益保护法》等，这些法律为我国市场管理工作走向法制轨道奠定了良好基础。

本章主要介绍《产品质量法》、《反不正当竞争法》、《消费者权益保护法》。

【实 训 案 例】

【关于《产品质量法》】

一、知识要点

《产品质量法》所调整的产品，是指经过加工、制作，用于销售的产品。也就是说产品是指以销售为目的，通过工业加工、手工制作等生产方式所获得的具有特定使用性能的物品。

我国产品质量的监督管理制度包括：产品质量检验制度、实行严格的强制监督管理制度、推行企业质量体系认证和产品质量认证制度、实行产品质量监督检查并对检查结果予以公告的制度、采取行政强制措施制度。

二、典型案例

1986年5月，某电冰箱厂成立，开始生产、销售电冰箱。该电冰箱厂自建立以来，生产的电冰箱款式新颖，质量上乘，在市场上一直很受欢迎，市场占有率不断攀升。但是，2004年，用于多种原因该厂生产的电冰箱出现了质量问题。经鉴定，一部分电冰箱不具备应当具有的适用性能，但在产品说明书上该厂作了明确注明；另一部分电冰箱不符合以实物样品表明的质量状况。

三、思考问题

1. 电冰箱的质量问题是否适用《中华人民共和国产品质量法》?

2. 电冰箱的质量问题，电冰箱厂应承担何种责任？责任方式如何？

四、案例分析与参考答案

本题主要考查《产品质量法》的相关规定。回答本题的关键是要掌握：(1)《产品质量法》的调整范围，即产品质量法所调整的产品。(2) 生产者、销售者的产品质量义务。(3) 违反产品质量义务的法律责任，主要是民事责任。

电冰箱的质量问题适用《中华人民共和国产品质量法》。《产品质量法》所调整的产品，是指经过加工、制作，用于销售的产品。也就是说产品是指以销售为目的的，通过工业加工、手工制作等生产方式所获得的具有特定使用性能的物品。电冰箱属于《产品质量法》所调整的产品。

电冰箱厂应承担一般产品质量责任，也称为合同责任瑕疵担保责任。《产品质量法》规定，售出的产品有下列情形之一的，销售者应当负责修理、更换、退货；给购买产品的消费者造成损失的，销售者应当赔偿损失：(1) 不具备产品应当具备的使用性能而事先未作说明的；(2) 不符合在产品或者包装上注明采用的产品标准的；(3) 不符合以产品说明、实物样品等方式表明的质量状况的。

本案中，电冰箱厂就不具有应当具有的使用性能的部分冰箱，做出了明确的说明，可以不再承担瑕疵担保责任；但就不符合以实物样品表明的质量状况的电冰箱来说，必须承担瑕疵担保责任。瑕疵担保责任的责任方式为：修理、更换、退货，造成损失的，还应赔偿损失。

五、法理基础

上述案例涉及的法理基础包括：

(一)《产品质量法》的调整范围

《产品质量法》所调整的产品，是指经过加工、制作，用于销售的产品。未经加工的天然形成的产品，如原矿、原煤、石油、天然气等，以及初级农产品，如农、林、牧、渔等产品不适用本法。有的虽然是经过加工、制作，但只供自己使用而不销售的产品，也不在本法的调整范围之内。建设工程如房屋、道路、桥梁等不动产不适用本法规定，但建设工程使用的建筑材料、建筑构配件和设备适用本法。

（二）生产者、销售者的产品质量义务

（三）违反产品质量义务的法律责任

违反产品质量义务的法律责任即产品质量责任，是指产品的生产者、销售者及其他有关主体，违反法律规定，不履行或者不完全履行法定的产品质量义务，所应依法承担的法律后果。产品质量责任是一种综合责任，包括承担相应的行政责任、民事责任和刑事责任，其中民事责任是最大量的。产品生产者、销售者依法应承担的民事责任包括一般产品质量责任，也称为合同责任瑕疵担保责任，以及产品存在缺陷给消费者造成人身财产损失的赔偿责任，也称产品侵权损害赔偿责任两个方面的内容。

1. 瑕疵担保责任。产品瑕疵担保责任的承担方式包括修理、更换、退货赔偿。当销售者首先承担了瑕疵担保责任后，如属于生产者的责任或者供货者的责任，销售者有权向生产者、供货者追偿。

2. 产品质量侵权的损害赔偿责任。依《产品质量法》的规定，消费者因生产者、销售者的产品缺陷造成人身、财产损害时，生产者、销售者应承担连带责任。因产品存在缺陷造成受害人财产损失的，应当恢复原状或折价赔偿，受害人因此遭受其他重大损失的侵害人应当赔偿损失。因产品缺陷造成受害人人身伤害的，侵害人应当赔偿医疗费、治疗期间的护理费、因误工减少的收入，造成残疾的，还应当支付残疾者生活自助具费（如轮椅、双拐）、生活补助费、残疾赔偿金以及受害人的被扶养人所必需的生活费，造成受害人死亡的，并应当支付丧葬费、死亡赔偿金以及被死者生前所扶养人必需的生活费等费用。

六、自测案例

2004 年 12 月的一天，某市居民王某在乐天酒店与同学聚会，兴致正浓时，酒桌上的一瓶某品牌的啤酒发生爆炸，飞扬的玻璃碎片击中了王某的右眼，导致视力微弱，后被鉴定为伤残六级。事故发生后，王某在治疗过程中，共花去费用 3 万元。请问：王某的人身、财产损害应怎样求偿？损害赔偿包括哪些项目？

【关于《反不正当竞争法》】

一、知识要点

制定《反不正当竞争法》最直接的目的就是制止不正当竞争行为。不正当竞争是指经营者违反《反不正当竞争法》的规定，损害其他经营者的合法权益，扰乱社会经济秩序的行为。不正当竞争行为的主体是经营者，不正当竞争行为是违法行为，不正当竞争行为侵害的客体是其他经营者的合法权益和正常的社会秩序。不正当竞争行为包括：混淆行为、虚假宣传行为、限购行为、限制竞争行为、搭售行为、压价销售行为、不当有奖销售行为、侵犯商业秘密行为、商业贿赂行为、串标行为、毁誉行为等十一类。县级以上工商行政管理部门及法律、行政法规规定的其他部门是对不正当竞争行为进行监督检查的部门。监督检查部门在监督检查不正当行为时享有法理规定的职权。根据我国《反不正当竞争法》的规定，不正当竞争行为应承担的法律责任包括民事责任、行政责任和刑事责任等责任形式。

二、典型案例

2004 年 12 月，金三角贸易公司购进 5 千套皮装，由于皮质较差，做工又很粗糙，故销量很少，造成库存积压，资金占用。为了尽快将积压的皮装销售出去，金三角贸易公司的经理宣布：不论是公司的内部职工，还是公司外部人员，只要能推销出100套以上的皮装，就可以得到30%的推销奖励，而且奖励不入财务账。消息传出后，不但个体商贩争相购买，而且一些商场、商店的采购员也来批发。不到两天，积压的皮装就销售一空。

三、思考问题

金三角贸易公司的行为如何定性？说明理由。

四、案例分析与参考答案

本题主要考查不正当竞争行为的概念和种类。解析本题的关键是要理解和掌握：(1) 不正当竞争行为的概念；(2) 不正当竞争行为的种类，尤其是要把握好什么是商业贿赂行为，如何界定商业贿赂行为。

金三角贸易公司的行为是不正当竞争行为中的商业贿赂行为。金三角贸易公司的行为，违反《反不正当竞争法》的规定，损害其他经营者的合法权益，扰乱社会经济秩序。根据《反不正当竞争法》的规定，经营者在购销商品时，可以明示方式给对方折扣，也可以给中间人佣金。这些可以是合法合理的，但条件是：(1) 明示；(2) 如实入账，即给的一方（经营者）必须如实入账，接受的一方（对方购销者，中间人）也必须如实入账。如经营者在购销商品活动中暗中给对方单位或个人回扣，则以行贿论处；对方单位或个人在账外收受回扣的，以受贿论处。本案的关键在于"奖励"是属于折扣还是回扣。贸易公司明确表示给推销者的"奖励"不入账，该奖励不属于折扣，而属于回扣。因此，可以认定金三角贸易公司的行为是商业贿赂行为。

五、法理基础

上述案例涉及的法理基础包括：

(一) 不正当竞争的概念和特征

不正当竞争是指经营者违反《反不正当竞争法》的规定，损害其他经营者的合法权益，扰乱社会经济秩序的行为。不正当竞争有如下特征：

1. 不正当竞争行为的主体是经营者。但《反不正当竞争法》把政府及其所属部门滥用行政权力妨害经营者的正当竞争行为也规定为不正当竞争行为。

2. 不正当竞争行为是违法行为。不正当竞争行为违反了自愿、平等、公平、诚实信用原则或公认的商业道德。

3. 不正当竞争行为侵害的客体是其他经营者的合法权益和正常的社会秩序。

(二) 不正当竞争行为的种类

1. 混淆行为。

2. 虚假宣传行为。

3. 限购行为。

4. 限制竞争行为。

5. 搭售行为。

6. 压价销售行为。

7. 不当有奖销售行为。

8. 侵犯商业秘密行为。

9. 商业贿赂行为。

10. 串标行为。

11. 毁誉行为。

六、自测案例

凤凰针织厂生产的“凤凰”牌床上用品，深受消费者喜爱，属于知名商品。为了与同类其他厂家的商品相区别，凤凰针织厂自行设计并使用了特殊的包装。琴岛纺织品公司也生产床上用品，其产品包装的形状、颜色、图案与凤凰针织厂的产品包装完全相同，只是将“凤凰”字样改为“凤舞”。而且“凤舞”经过特殊处理后，酷似“凤凰”。因此，不少消费者误将琴岛纺织品公司的“凤舞”床上用品当成凤凰针织厂生产的“凤凰”牌床上用品购买。请问：琴岛纺织品公司的行为是什么样的行为？说明理由。

【关于《消费者权益保护法》】

一、知识要点

消费者是指为了满足个人生活消费的需要而购买、使用商品或者接受服务的居民。消费者权益保护法是指调整在保护消费者权益过程中发生的社会关系的法律规范的总称。《消费者权益保护法》中的消费者是为生活消费需要购买、使用商品或者接受服务的消费者；农民购买、使用直接用于农业生产的生产资料，也参照《消费者权益保护法》执行，这是对农民利益的一种特殊的保护。

消费者的权利作为一项基本人权，是生存权的重要组成部分，是《消费者权益保护法》的核心。

消费者权益的保护途径为：国家对消费者合法权益的保护和社会对消费者合法权益的保护。消费者与经营者发生争议，可通过以下途径解决：与经营者协商解决、请求消费者协会调解、向有关行政部门申诉、根据与经营者达成的仲裁协议，提请仲裁机构仲裁、向人民法院提起诉讼等。经营者所提供的商品或劳务对消费者造成侵害的，应视情节及影响承担以下法律责任：民事责任、行政责任、刑事责任。

二、典型案例

2001年9月下旬的一个周日，下午3点多钟，某地一家超市的出口发生一件事：该超市的保安人员叫住了两名从超市出来的小学生，这两名小学生手上各提有一只铅笔，正准备离开超市。保安认为两名学生有偷吃小食品的行为，两名学生予以否认。于是，保安人员对两名小学生进行了搜身。结果从两名小学生的衣袋里搜出了一些糖果的包装纸，保安遂将两名小学生带到保安室进行训斥，两名学生哭着说自己没有偷吃超市的食品。这时一名保安提出将包装纸与超市的糖果进行核对，可以证明是否真的冤枉了人。于是派人到超市食品区进行核对，核对的结果表明：与两名学生衣袋里的糖果包装纸一样牌子的糖果，目前该超市还没有经销。

三、思考问题

超市保安的行为是否合法？为什么？

四、案例分析与参考答案

本题主要考查消费者权益保护的问题。解析本题的关键是要掌握：(1) 消费者的界定；(2) 消费者的权利；(3) 经营者的义务；(4) 侵害消费者权利的法律责任。

超市保安的行为侵害了消费者的权利，依法应承担法律责任。根据《消费者权益保护法》规定，消费者是指为了满足个人生活消费的需要而购买、使用商品或者接受服务的居民。两位小学生显然是消费者。而且，《消费者权益保护法》明确地规定消费者为生活消费需要购买、使用商品或者接受服务的消费者，其权益受该法保护，经营者为消费者提供其生产、销售的商品或者提供服务，也应当遵守该法。本案中，经营者超市违反了《宪法》和法律规定，没有履行经营者的义务，使作为消费者两位小学生的人格受尊重权受到了侵害。同时经营者也没有履行自己不得侵犯消费者的人身权的经营义务。

超市对两位小学生进行搜身，严重地侵害了消费者的人格尊严，应当承担相应的法律责任，包括赔偿损失、停止侵害、恢复名誉、消除影响、赔礼道歉等。

五、法理基础

上述案例涉及的法理基础包括：

消费者是指为了满足个人生活消费的需要而购买、使用商品或者接受服务的居民。《消费者权益保护法》明确地规定消费者为生活消费需要购买、使用商品或者接受服务的消费者，其权益受该法保护，经营者为消费者提供其生产、销售的商品或者提供服务，也应当遵守该法。此外，农民购买、使用直接用于农业生产的生产资料，也参照《消费者权益保护法》执行，这是对农民利益的一种特殊的保护。

（一）消费者的权利

消费者的权利作为一项基本人权，是生存权的重要组成部分，是消费者权益保护法的核心。我国《消费者权益保护法》专章规定了消费者的九项权利，其中包括“人格受尊重权”。

人格受尊重权是指消费者在购买、使用商品或接受服务时，享有其人格尊严、民族习俗习惯得到尊重的权利。这是保障和尊重人权的重要体现。

（二）经营者的义务

“不得侵犯消费者的人身权”。消费者的人身权是其基本人权，消费者的人身自由、人格尊严不受侵犯。经营者不得对消费者进行侮辱、诽谤，不得搜查消费者的身体及其携带的物品，不得侵犯消费者的人身自由。

（三）法律责任

经营者所提供的商品或劳务对消费者造成侵害的，应视情节及影响承担民事责任：承担民事责任的方式有：赔偿损失、停止侵害、恢复名誉、消除影响、赔礼道歉、修理、重作更换、退货、支付违约金等。

六、自测案例

2004年年底，某市一家大商场推出返券购物的促销方法。每购买100元的商品，返购物券20元，多买多返；购物券在购物时冲抵现金，持购物券200元以上的还另外享受8折优惠。某银行职员王某持购物券来到这家商场，看中一件标价200元的羊绒大衣，颜色为米色，衣领和袖口都镶有漂亮的蓝狐皮毛。营业员告诉她：该羊绒大衣是内蒙古某厂家生产的出口转内销的产品，做工考究，质量上乘，说明书都是英文的，是国内的名牌产品，原价2980元，现在是迎新年促销，价格2000元，销售得特别好，号码已经不全了，如果有购物券，还另外享受8折优惠就更便宜了。听了营业员的介绍后，王某花1400元现金、200元购物券买下了这件大衣。但回到单位后，和同事仔细一看，才发现大衣的做工粗糙，质量不像营业员说的那样好。这时，一位懂英文的同事看了一下说明书，才知道大衣是人造绒的，衣领和袖口也是人造毛的，厂家也不是内蒙古生产名牌产品的厂家，产品也不是出口转内销的产品。请问：商场的行为是否合法？是否侵犯了王某的权利？为什么？

【本章综合案例】

案例一

（一）案情介绍

2004年"十一"黄金周期间，国华商场推出促销措施：凡在本商场购物满100元的，就可以凭购物凭证参加抽奖一次。奖级为：一等奖一名，奖品为摩托车一辆，价值1.2万元；二等奖两名，奖品为背投电视，价值8000元；三等奖三名，奖品为新型全自动洗衣机，价值3000元；四等奖10名，奖品为DVD，价值1000元；五等奖100名，奖品为电饭锅，价值100元；六等奖1000名，奖品为水杯一个，价值10元。此促销措施推出后，促销效果非常显著，销售额是上年同期的5倍。

（二）思考问题

该商场的促销措施是否违反法律规定？为什么？

（三）参考答案

该商场的促销措施违反了《反不正当竞争法》的规定，属于不正当竞争行为中的不当有奖销售行为。《反不正当竞争法》规定的不正当竞争行为包括混淆行为、虚假宣传行为、限购行为、限制竞争行为、搭售行为、压价销售行为、不当有奖销售行为、侵犯商业秘密行为、商业贿赂行为、串标行为、毁誉行为等十一类。本案中商场的行为属于其中的不当有奖销售行为。《反不正当竞争法》并不完全禁止有奖销售，只是带有欺骗性的不当有奖销售才被该法所禁止，因为不当有奖销售不仅损害购买者利益，而且影响社会经济秩序。属于不当有奖销售行为的不正当竞争行为包括：(1) 谎称有奖或故意让内定人员中奖的欺骗方式进行有奖销售；(2) 利用有奖销售手段推销质次价高的商品；(3) 抽奖式的有奖销售，最高奖的金额超过5000元的。本案是属于抽奖式的有奖销售，最高奖的金额超过5000元的情况。

案例二

（一）案情介绍

2004年4月中旬的一个周末18点，王某与朋友相约来到当地一家非常有名的酒吧喝酒聊天。两人一人一瓶葡萄酒，边喝边聊。19点40分，王某感觉腹部不适，20分钟后，王某去了一趟卫生间，出现腹泻现象，随后又出现恶心、呕吐，后王某被送到医院。经查：王某为食物中毒，原因是王某喝的那瓶葡萄酒是变质的。后经有关部门鉴定：此瓶葡萄酒仍在保质期内，葡萄酒变质的原因是由于生产工艺不过关造成的。

（二）思考问题

王某对于自己的遭遇，可以向谁要求承担责任？

（三）参考答案

王某既可以向葡萄酒的销售者酒吧要求承担责任，又可以向葡萄酒的生产企业要求承担责任。根据《产品质量法》规定，因产品存在缺陷造成人身、他人财产损害的，受害人可以向产品的生产者要求赔偿，也可以向产品的销售者要求赔偿。属于产品生产者的责任，产品的销售者赔偿的，产品的销售者有权向产品的生产者追偿。属于产品销售者的责任，产品的生产者赔偿的，产品的生产者有权向产品的销售者追偿。本案中，王某的损害是由于产品存在缺陷造成的，所以生产者应当承担损害赔偿责任。王某可以直接要求葡萄酒生产企业承担责任，也可以要求酒吧承担责任。酒吧承担责任后，可依法向葡萄酒生产企业追偿。

案例三

（一）案情介绍

1994年7月10日，王某从某食品批发店购买了30箱啤酒，用卡车将啤酒运回家中，当王某卸货至第25箱时，其中一瓶啤酒突然爆炸，酒瓶碎片飞进王某的左眼，致使王某左眼球受伤，后因医治无效，王某左眼失明。王某在运输和搬动啤酒的过程中没有任何过错，于是王某向某食品批发店要求赔偿。但批发店称啤酒瓶的爆炸可能是由于生产厂家生产质量不合格所致，自己并没有过错，于是叫王某向厂家索赔。王某遂诉至法院。经查，王某眼睛受伤致残确系啤酒质量不合格所致。

（二）思考问题

1. 王某应向谁索赔，依据是什么？

2. 什么是产品质量责任，其成立应具备哪些要件？

3. 什么是产品质量责任主体，哪些人能成为产品质量责任的主体？

（三）参考答案

1. 王某既可向食品批发店索赔，也可以向生产厂家索赔。《产品质量法》第31条规定："因产品存在缺陷造成人身、他人财产损害的，受害人可以向产品的生产者要求赔偿，也可以向产品的销售者要求赔偿。属于产品的生产者的责任，产品的销售者赔偿的，产品的销售者有权向产品的生产者追偿。属于产品的销售者的责任，产品的生产者赔偿的，产品的生产者有权向产品的销售者追偿。"

2. 产品质量责任系指产品使用、消费的过程中因产品瑕疵造成人身伤害或者财产损害所引起的民事责任，是民法中因产品质量不合格而引起的一种特殊侵权责任。产品质量责任作为一种特殊的侵权责任，其成立须具备以下几个要件：①产品本身有缺陷。所谓产品缺陷，在国外一般是指产品的"不合理危险"状态或者"缺乏应有安全"的状态。在我国，产品含有缺陷（瑕疵），一般是指产品质量不符合国家有关法规的规定、质量标准以及合同规定的对产品适用、安全和其他特性的要求。产品缺陷是很复杂的现象，一般可划分为四种类型：设计上的缺陷，即产品本身在结构、功能上的缺陷；制造上的缺陷，即生产时或装配时的工艺流程或操作规程处理不当；指示上的缺陷，即对产品的性能、使用方法未作必要的警告；发展上的缺陷，即产品制造虽已符合当时科学技术标准，但由于受科技水平限制，仍不免存在的缺陷。因前三种产品质量缺陷造成损害的，发生产品质量责任；因第四种缺陷造成损害的，按我国《产品质量法》规定，不负产品质量责任。②生产者与销售者有提供缺陷产品的行为。生产者与销售者违反法律上的义务提供缺陷产品，主要表现为两种情况：一种情况是提供的产品本身不符合法规、标准以及合同质量的要求；另一种情况是生产者和销售者没有履行或没有适当履行向消费者"告知"的义务。③存在着造成他人损害的事实。这里的损害，不是指产品本身的损坏、毁灭，而是指产品造成了他人的人身伤害、死亡和财产损失。例如，食品变质造成食物中毒、电视机爆炸炸伤收视者等。④损害的事实与提供有缺陷产品行为存在因果关系。所谓因果关系，是指损害是由提供有缺陷产品的行为直接造成，即损害是由于产品自身的原因所致，而不是由于他人把产品作为实施侵权的工具造成的。

3. 产品质量责任主体，就是对产品质量问题应该承担相应责任者。我国《产品质量法》主要规定了产品的生产者和销售者为产品质量责任的主体。

【本 章 练 习】

一、填空题

1. 国家对产品质量实行以________为主要方式的监督检查制度。
2. 经营者不得捏造、散布虚伪事实，损害竞争对手的________、________。
3. 销售者应当执行________制度，验明________和其他标识。
4. 经营者不得以排挤竞争对手为目的，以低于________的价格销售商品。
5. 生产者不得生产国家明令________的产品，不得以不合格产品________合格产品。
6.《消费者保护法》中的消费者是指________的消费者。
7. 消费者在购买商品或接受服务时，有权获得________、________、________等公平交易条件，有权拒绝经营者的________。
8. 一顾客在某商店购买电池时，被营业者告知只能购买本地电池厂的产品。经营者这种行为侵犯了消费者的________。
9.《产品质量法》所称产品，是指经过________、________，用于________的产品。
10. 经营者应当保证其提供的________符合保障人身、财产安全的要求。

二、单项选择题

1. 使用知名商品的(　　)不是不正当竞争行为。

A. 名称　　B. 包装
C. 装潢　　D. 原料

2. 保护下列主体(　　)的合法权益是制定《反不正法竞争法》的目的之一。

A. 经营者　　B. 消费者
C. 经营者和消费者　　D. 生产者和销售者

3. 反不正当竞争立法主要是规范(　　)。

A. 经营者　　B. 劳动者
C. 经营者的市场交易行为　　D. 不正当竞争行为

4. 经营者销售或购买商品，可以用(　　)方式给对方折扣，可以给中间人佣金。

A. 账外暗中　　B. 变相
C. 明示　　D. 任何双方商定的

5. 消费者有权拒绝经营者的强制交易行为，这是消费者的(　　)。

A．知悉真情权　　B．自主选择权
C．公平交易权　　D．获得赔偿权

6．(　　)是“国际消费者权益保护日”。
A．2月14日　　B．3月5日
C．3月15日　　D．3月25日

7．承担产品质量责任的赔偿范围，一般不包括(　　)。
A．人身伤害　　B．精神损失
C．财产损失　　D．死者的抚恤金

8．经营者常常以店堂告示等方式做出对消费者的(　　)，是错误的。
A．道歉　　B．通知
C．声明　　D．不公平、不合理规定

9．产品质量责任是指产品的生产者、销售者及其他有关主体，违反法律规定，(　　)法定的产品质量义务，所应依法承担的法律后果。
A．不履行或者不完全履行　　B．完成
C．履行　　D．执行

10．不正当竞争是指经营者违反(　　)规定，损害其他经营者的合法权益，扰乱社会经济秩序的行为。
A．《产品质量法》　　B．《反不正当竞争法》
C．《消费者权益法》　　D．《工商管理法》

三、多项选择题

1．生产者不承担产品责任的情况有(　　)。
A．未将产品投入流通
B．产品投入流通时，引起损害的缺陷尚不存在
C．产品投入流通时，尚未发现缺陷存在
D．将产品投放流通时的科学技术水平无法克服该缺陷

2．商业贿赂行为包括暗中进行的(　　)。
A．回扣行为　　B．折扣行为
C．给付佣金　　D．入账的赠与行为

3．下列行为不属于滥用行政权力的是(　　)。
A．国家行政主管机关对社会上泛滥的“棉花大战”采取相应措施予以解决
B．某地政府为保障人身、财产安全、限制**牌锅炉在该地区销售和使用
C．某地由于连续发生阀门质量不过关致使煤气泄露的事故，调查后发现只有两家企业生产者的阀门合乎规格，该地政府限定各单位所用阀门更换为其中一国有企业的产品
D．某地税务局为了扶持少数民族地区、贫困地区，依据税法有关规定采取了一系列减免地方税收的优惠措施

4．商业贿赂的形式可以是(　　)。
A．提供出国考察、国内旅游的机会
B．解决子女就业问题

C. 免费维修房屋

D. 提供内部金融信息

5. 下列情形不属于不正当竞争行为的是(　　)。

A. 经营者以低于成本的价格销售鲜活商品

B. 经营者为清偿债务而降低价格销售商品

C. 经营者以低于成本的价格处理有效期将到的商品

D. 经营者以低于成本的价格销售非季节性商品

6.《中华人民共和国消费者权益保护法》的作用是(　　)。

A. 保护消费者的合法权益　　B. 维护社会经济秩序

C. 保护生产经营者的经济利益　　D. 保证经营者合法合理经营

7. 消费争议解决的途径有(　　)。

A. 与经营者协商解决

B. 请求消费者协会解决

C. 向有关行政部门投诉

D. 根据与经营者达成仲裁协议提请仲裁机构解决

8. 根据《反不正当竞争法》规定，(　　)的行为，属于不正当竞争行为。

A. 抽奖有奖销售奖金额为5000元

B. 为清偿债务大幅度降价销售商品

C. 政府有关部门限制外地商品进入本地市场以扶持本地企业

D. 煤气公司要求用户在接受供气时须购买其指定的热水器

9. 商业秘密具有(　　)。

A. 专有性　　B. 保密性

C. 实用性　　D. 秘密性

10. 刘某在个体摊贩王某处挑选皮鞋，王某介绍一双皮鞋让刘某试穿，刘感觉不合适，便脱下要走，但王某执意要刘某买下这双鞋。王某的行为侵犯了消费者刘某的哪些权利？(　　)

A. 自主选择权　　B. 公平交易权

C. 维护尊严权　　D. 保险安全权

四、判断题

1. 企业质量体系认证是评估企业整体素质的一种方法。(　　)

2. 消费者为表明自己的清白，有义务让经营者搜查自己的身体。(　　)

3. 引人误解的广告不属于不正当竞争行为。(　　)

4. 经营者有向消费者出具购货凭证或服务单据的义务。(　　)

5. 对于经营者提供商品或服务有欺诈行为的，应当增加赔偿的金额为消费者购买商品的价款或接受服务的费用的1倍。(　　)

6. 经营者因为歇业而降价销售商品的行为不属于不正当竞争行为。(　　)

7. 经营者的合法权益受到不正当竞争行为损害的，可向人民法院起诉。(　　)

8. 消费者依法求偿权的含义仅限于消费者因为购买、使用商品受到人身、财产损害的，

依法享有提出请求赔偿的权利。（　）

9. 农民购买、使用直接用于农业的生产资料，参照《消费者权益保护法》执行。（　）

10. 销售者应当执行进货检查、验收制度，验明产品合格证明和其他标识。（　）

五、简答题

1. 产品质量责任构成要件有哪些？
2. 不正当竞争概念及特征有哪些？
3. 消费者的权利和经营者的义务有哪些？
4. 简述《消费者权益保护法》的适用范围。
5. 简述生产者，销售者的产品质量义务。

六、案例分析题

1. 2001年5月，某化工厂组织科研人员，耗资20万元，研制出一种成本低，各项性能都优于甘油的复合甘油，2001年10月11日通过技术鉴定并投入生产。其《科研成果鉴定证书》和《复合甘油生产工艺研究报告》等关键技术均被列为技术秘密，并采取了保密措施，明令禁止科研技术人员及其他职工干部泄漏技术秘密。2003年，某化建厂为取得该技术，找到曾参与该技术研究工作的技术人员王某，答应投入生产后给王某5万元的报酬。在王某的指导下，研制出了成品复合甘油，并投入生产。化建厂以低价促销的手段，销售复合甘油100吨，对化工厂的销售造成了很大的冲击，经济损失巨大。

问题：化建厂的行为如何定性？化工厂可否要求化建厂赔偿经济损失？

2. 赵某1995年4月在市百货商店购买了"南极企鹅"牌电冰箱一台，使用3个月后，冰箱起火，赵某损失8000多元。事发后，赵某找到商店，商店同意赔偿4000元，而赵某认为商店至少应赔6000元。双方不欢而散，赵某遂诉至法院。法院认为，认定产品质量问题应由技术监督部门出具鉴定书。但技术监督部门提出，该冰箱已烧毁，又无库存，无法鉴定。法院开庭，认为不能排除消费者使用不当造成冰箱起火的可能性，虽冰箱没有合格证，但产品质量问题证据不足，驳回起诉。

问题：（1）冰箱产品质量是否合格？为什么？

（2）法院判案是否正确？为什么？

（3）本案应如何处理？

3. 1998年7—8月，甲旅行社以离间手段诱使乙旅行社欧美部10余名员工未办理调动手续，相继携带工作中使用、保管的客户档案投奔甲旅行社。甲旅行社以这些人员组建了本社欧美二部，并以这些员工掌握的原客户档案与国外客户联系，致使乙旅行社国外客户在一周时间内取消了原订当年8—12月份旅游团队151个，占原订团队总数的2/3，减少计划收入2186.4万元，利润损失353万元。因而，乙旅行社诉至法院，请求法院制止甲旅行社的不正当竞争行为，要求甲旅行社归还其客户档案，赔偿经济损失300万元。

问题：甲旅行社的行为是否构成不正当竞争行为？为什么？

4. 华龙饮料厂生产的注册商标为"龙"牌的汽水，由于口感好，质量关把得严，因而深受本市及邻市消费者的喜爱，销售量逐年上升。1995年，该市饮料二厂将其汽水生产、销售业务租赁给于某。因为于某以该厂“凤”牌商标上加盖“华龙”印章，在汽水瓶盖上冲压“华龙”标志，并在推销时声称是“与华龙饮料厂联营生产”，致使许多消费者误以为是联营产品，基于对华龙饮料厂产品的信任而购买。结果一时之间该假称联营的汽水充斥市场，致使“龙”牌汽水销售量逐渐下降。并且由于“凤”牌汽水质量不如“龙”牌汽水，许多消费者对华龙饮料厂的信任也降低了，该厂的市场信誉大受影响。

问题：饮料二厂（即于某）的行为是否构成不正当竞争，依法应如何处理？

5. 1997 年春节前，李某将家里装扮一新，接来老人，准备欢欢乐乐过个年。除夕晚上，李某点燃刚从单位拿回的卡式炉，正打算露一手，谁知“轰”一声，卡式炉爆炸了，老人被炸伤，李某的右手也被炸裂。事后，李某找到有关部门，有关部门对此进行了调查。原来该型号卡式炉是某市一家电器公司的新产品，出事前几天送到李某单位（电子产品检测所）请求测试，李某认为该电器公司产品质量一直不错，于是就顺手拿回一台，准备春节使用，谁想竟发生了此事。

问题：若李某起诉卡式炉制造公司（即某市电器公司）能否胜诉？哪些情况可以不负产品质量责任？

6. 1985 年 8 月，刘某率一群青年工人开起了一家饮料厂，经过 10 多年的艰苦努力，终于创出了“金泉”牌名牌饮料，远销邻近各省，饮料厂将此注册了商标。刘某又请人设计了漂亮而又独特的饮料瓶外包装。1995 年 4 月，刘某出差，在火车上看到一种外包装与“金泉”饮料极其相似的名为“全泉”的饮料由列车服务员在叫卖，价格比“金泉”要便宜。刘某十分气愤，买了一瓶，看到上面写着是由广东省某市一家小饮料厂生产的“名牌产品”。刘某出差回来，状告到法院。

问题：(1) 该小饮料厂生产“全泉”饮料的行为是何种行为？

(2)“全泉”厂是否要赔偿“金泉”厂的损失？

第十章

工业产权法律制度*

【本 章 概 要】

一、教学重点、难点

重点：(1) 工业产权的特征；(2) 商标注册及专利申请的原则；(3) 侵犯商标权的行为及制裁；(4) 专利权的客体及取得的条件；(5) 专利权人的权利和义务。

难点：(1) 工业产权的国际保护；(2) 侵犯商标权和专利权行为的认定；(3) 工业产权取得的程序；(4) 商标的禁用；(5) 专利权的客体；(6) 授予专利权的条件。

二、教学建议

当代，作为第一个认识到科学技术在社会经济发展中具有重大作用的资产阶级，不仅已经把工业产权作为一种生产力，而且还把它当作生存竞争的武器。所以，需要运用法律手段将商标、发明创造这类智力成功作为私有财产加以确定给予保护，并且凭借法律制度促进科学技术的迅速发展。为此我们在讲述工业产权法律制度产生的过程中，要突出其强烈的时代性，它是现代经济发展的产物，是伴随着资本主义制度的产生而产生的。

【实 训 案 例】

【关于工业产权法概念】

一、知识要点

工业产权是指人们依法对应用于商品生产和流通中的创造发明和显著标记等智力成果，

在一定地区和期限内享有的专有权。工业产权由专门法律确认，具有专有性、地域性、时间性等法律特征。工业产权法是调整在确认、保护转让和使用工业产权过程中所发生的各种社会关系的法律规范的总称。工业产权的地域性限制已不能适应科技成果的迅猛发展，因而产生工业产权的国际保护问题。国际条约成为工业产权国际保护的主要法律依据。工业产权国际保护的世界性或地区性的国际公约，主要有《保护工业产权巴黎公约》、《商标国际注册马德里协定》、《商标注册条约》等。其中《巴黎公约》自 1985 年 3 月 19 日起对我国生效。该公约主要规定了三项原则：(1) 国民待遇原则；(2) 优先权原则；(3) 独立性原则。

二、典型案例

2004 年 3 月 1 日，美国远东电器公司向美国有关部门提出了申请，在电视机上注册使用“绿健”牌商标。2004 年 8 月 1 日，该公司向中国商标局提出了同样的申请。美国为《巴黎公约》的成员国，商标局在受理美国远东公司的商标注册申请时发现：我国的光大电器公司已于 2004 年 3 月 15 日提出了同样的申请，而我国的飞达鞋业公司于 2004 年 7 月 1 日提出了在运动鞋上使用“绿健”牌商标的注册申请。

三、思考问题

商标局审核后，哪家公司会获准注册？说明理由。

四、案例分析与参考答案

本题主要考查《巴黎公约》的原则。解析本题的关键是要掌握：(1)《巴黎公约》原则适用的前提——同为《巴黎公约》的成员国；(2) 优先权原则的适用范围和时间。

商标局审核后，美国远东电器公司和飞达鞋业公司将获准注册。根据《巴黎公约》的优先权原则，凡缔约国国民第一次向一个缔约国提出专利或商标注册申请后，又在一定期限内（发明和实用新型为 12 个月，工业品外观设计和商标为 6 个月）就同一发明创造或商标向另一个缔约国申请时，其第二次的申请日应视同第一次申请日。在优先权期限内，即使有任何第三人就相同的发明创造或商标提出申请或已实施了该发明创造或使用了商标，申请人仍因享有优先权而获得专利权或商标专用权。我国的商标注册采用先行申请的原则，从申请的时间上光大电器公司早于美国远东电器公司，但由于中国和美国同为《巴黎公约》的成员国，根据优先权原则，美国远东电器公司第一次申请的日期为 2004 年 3 月 1 日，在中国申请的日期为 2004 年 8 月 1 日，在 6 个月之内，所以美国远东电器公司在中国的申请日视为 2004 年 3 月 1 日，这样就先于光大公司。所以美国远东电器公司将获准注册。至于飞达鞋业公司的申请与另两家联邦属于同类商品，不发生任何冲突，故可以获准注册。

五、法理基础

上述案例涉及的法理基础包括：

《保护工业产权巴黎公约》是 1883 年在巴黎签订的，并经过多次修改。它是保护工业产权方面影响最大的国际公约。1984 年 11 月 14 日我国第六届人大常委会第八次会议决定加入《巴黎公约》，自 1985 年 3 月 19 日起该公约对我国生效。该公约主要规定了三项原则：

1. 国民待遇原则。

2. 优先权原则。

3. 独立性原则。

另外，我国商标注册采用先申请原则。两个或两个以上的申请人，在同一种商品或类似商品上以相同或近似的商标申请注册时，适用申请在先的原则，即商标专用权属于最先提出申请的人。

六、自测案例

美国发明家保罗完成了一项发明，2002 年 2 月 28 日在美国申请专利。2003 年 2 月 15 日，保罗又就该发明向中国专利局提出了申请，并申请优先权 。2005 年 4 月 5 日，该发明在美国被授予专利权。而中国专利局经过审查，认为该发明属于中国《专利法》规定不能授予专利权的情况。请问：根据《巴黎公约》的原则，中国专利局驳回保罗的申请，是否恰当？为什么？

【关于商标法律制度】

一、知识要点

商标是商品生产者或销售者在其生产、制造、加工、拣送或经销的商品上使用的，用于区别其他商品生产者或销售者商品的一种具有显著特征的标志。我国《商标法》规定的商标主要有：文字商标、图形商标、组合商标和立体商标。商标法就是规定商标的组成、注册、使用、管理和商标专用权的保护等的法律规范的总称。商标权是指商标所有人对其注册商标所享有的专用权，包括商标的续展权、商标的转让权、商标许可权等。注册商标是指经国家商标主管机关核准注册而使用的商标。我国《商标法》明确规定："经商标局核准注册的商标为注册商标，商标注册人享有商标权，受法律保护。"所以，在我国商标权实际上是指注册商标专用权。

商标注册是指商标使用人为了取得商标的专用权，将其使用的商标依照法定的程序向国家商标主管机关申请，经主管机关审核予以注册的制度。经过商标局核准注册的商标称为注册商标。注册商标由商标注册人使用，享有专用权，具有排他性。商标注册申请的原则有：（1）先申请原则；（2）一申请一商标原则；（3）自愿原则。

商标获得注册的条件：（1）商标的构成要素必须具有显著特征，便于识别；（2）申请注册的商标不得使用法律所禁止使用的文字、图形。申请注册的商标能否获准注册，必须经过商标局的审查才能确定。我国对申请注册的商标采取形式审查和实质审查。《商标法》还规定了注册商标的续展、转让、使用许可、使用管理等问题，并且列明了侵犯商标权的行为和对商标侵权行为的制裁（包括民事责任、行政责任和刑事责任）。

二、典型案例

1994 年 3 月 15 日，商标局核准康保电器公司在其生产的家用电器上使用"康保"注册商标。2003 年，通业机电公司在其生产的电饭锅上使用"康保"商标，后来逐渐扩大到其他家用电器上。对此，康保电器公司未提出疑义。2004 年 9 月 30 日，通业机电公司向商标局提出了在家用电器上使用"康保"商标的注册申请。

三、思考问题

1. 通业机电公司的行为是否构成侵权？

2. 商标局审核后，通业机电公司的注册申请能否获准？为什么？

四、案例分析与参考答案

本题主要考查商标的侵权行为和注册商标的续展。解析本题的关键是要掌握：（1）侵犯商标专有权的行为；（2）注册商标的续展的规定。

通业机电公司 2003 年使用"康保"商标的行为构成侵权。《商标法》规定的商标侵权行为，是指侵犯他人注册商标专用权的行为。商标侵权行为的表现之一就是未经注册商标所有人的许可，在同一商品或者类似商品上使用与其注册商标相同或者近似的商标。《商标法》规定，商标侵权行为不以商标占用权人是否提出疑义为前提条件。所以，本案中通业机电公司的行为已经构成侵权。

通业机电公司的注册申请可以获准。康保电器公司的“康保”商标没有申请续展，且已经过了宽展期。《商标法》规定，注册商标的有效期限为10年，自核准之日起计算。注册商标的有效期限届满，需要继续使用的，应当在期满前6个月内申请续展注册，在此期间未能提出申请的，可以给予6个月的宽展期。宽展期满仍未提出申请的，注销其注册商标。康保电器公司的“康保”商标是1994年3月15日获准注册的，2004年3月15日到期，再加上6个月的宽展期，到2004年9月15日（至此，康保公司不再享有“康保”注册商标的专有权）。在这期间内康保电器公司的“康保”商标没有申请续展，商标局应该注销该商标，所以通业机电公司的注册申请可以获准。

五、法理基础

上述案例涉及的法理基础包括：

（一）注册商标的续展

1. 注册商标的有效期限为10年，自核准之日起计算。

2. 注册商标有效期限届满，需要继续使用的，应当在期满前6个月内申请续展注册，在此期间未能提出申请的，可以给予6个月的宽展期。宽展期满仍未提出申请的，注销其注册商标。每次续展注册的有效期为10年。商标权的续展没有次数限制。

（二）注册商标专用权的保护

保护商标专用权是指以法律手段制裁侵犯他人注册商标专用权的行为，以保护商标权人对其注册商标所享有的专有权利。

1. 侵犯商标权行为的主要表现形式：

（1）未经注册商标所有人的许可，在同一商品或者类似商品上使用与其注册商标相同或者近似的商标。

（2）销售明知是假冒注册商标的商品。

（3）伪造、擅自制造他人注册商标标识或者销售伪造、擅自制造的注册商标标识。商标标识是指附有文字、图形或其组合所构成的图样的物质实体，如商标牌、商标纸、商标塑料袋等，就是商标标识。

（4）给他人的注册商标专用权造成其他损害的行为。这类行为包括：①经销明知或者应知是侵犯他人注册商标专用权的商品的；②在同一种商品或者类似商品上，将与他人注册商标相同或近似的文字、图形作为商品名称或者商品装潢使用，并足以造成误认的；③故意为侵犯他人注册商标专用权行为提供仓储、运输、邮寄、隐匿等便利条件的。

2. 对商标侵权行为的制裁。

（1）承担民事责任。包括责令侵权人停止侵害、消除影响、赔偿损失。

（2）承担行政责任。行政处罚有责令侵权人立即停止销售、收缴并销毁侵权商标标识，消除现存商品上的侵权商标，收缴直接用于商标侵权的模具、印版和其他作案工具，处以非法经营额50%以下或者侵权所获利润5倍以下的罚款，对侵犯商标专用权单位的直接责任人员，工商行政管理机关可根据情节处以1万元以下的罚款。

(3) 承担刑事责任。侵犯注册商标专用权的犯罪有假冒注册商标罪；销售假冒注册商标商品罪；非法制造、销售非法制造的注册商标标识罪。

以上犯罪可处3年以下有期徒刑或拘役，并处或单处罚金；情节特别严重的，处3年以上7年以下有期徒刑，并处罚金。如果单位犯以上罪，对单位判处罚金，对其直接负责的主管人员和其他直接责任人员依照上述规定处罚。

六、自测案例

2002年6月16日，阿保乳业公司成立。由于该公司严于质量管理，注重售后服务，其生产的阿保牌纯牛奶在当地颇受欢迎，销售量两年翻两番。2004年9月16日，当地工商行政管理局接到举报：阿保公司生产的纯牛奶使用的"阿保"商标为非注册商标，故其产品质量不能得到保证。请问：工商行政管理局应该怎样处理？为什么？

【关于专利法】

一、知识要点

专利在这里是专利权的简称。专利权是指法律赋予专利权人对其获得的发明创造在一定范围内依法享有的专有权。专利法是调整因发明创造的开发、利用及其保护等产生的各种社会关系的法律规范的总和。《专利法》规定，专利权主体是指依法申请并取得专利权的单位和个人。依我国《专利法》之规定，专利权主体包括职务发明创造单位，非职务发明创造的发明人、设计人，共同发明人或共同完成发明创造的单位，外国人、外国企业、外国其他组织。专利权的客体是指《专利法》所保护的对象，即依法可以取得专利权的发明创造。它包括发明、实用新型、外观设计。《专利法》规定，对于违反善良风尚的发明创造和《专利法》不适用的对象，不授予专利权。发明创造要取得专利权必须具备新颖性、创造性和实用性，授予专利权的外观设计，应当具备新颖性。专利权人享有独占权、许可权、转让权、标记权、放弃权等权利。同时专利权人还必须承担相应的义务。发明创造人要使其发明创造获得专利保护，必须依《专利法》的规定向国务院专利行政部门提出专利申请，并经过严格的审查批准，才能取得专利权。我国《专利法》规定，发明专利权的期限为20年，实用新型和外观设计的期限为10年，均自申请日起计算。我国《专利法》还规定了专利实施的强制许可制度，明确规定了专利权的保护范围、专利侵权行为种类、不视为侵犯专利权的行为、违反《专利法》的法律责任等。

二、典型案例

工程师王某利用在英国的弟弟提供的资金和技术，在业余时间刻苦钻研，2004年6月16日，发明了一种高效节能电池。6月19日，王某在首次发表其发明的学术会议后，又将其发明发表在国家公开发行的一级学术刊物上。8月22日，王某将该产品送到中国政府主办的一次国际展览会上参展，展览会上，许多客商投以浓厚的兴趣。11月26日，王某委托其弟弟将该发明的产品带到英国，在英国政府主办的国际展览会上展出，当即就有几家公司表示要购买该项技术。2004年12月16日，王某向专利局申请发明专利。

三、思考问题

专利局审核后，能否授予王某发明专利？为什么？

四、案例分析与参考答案

本题主要考查发明专利的条件。解析本题的关键是要理解和掌握授予发明专利的条件，就“三性”的具体内容——新颖性、创造性和实用性，尤其是新颖性的时间界定。

专利局审核后不能授予王某发明专利。因为王某的发明已经丧失了新颖性。我国《专利法》规定，授予专利权的发明和实用新型，应当具备新颖性、创造性和实用性。新颖性是指在申请日以前没有同样的发明或者实用新型在国内外出版物上公开发表过、在国内公开使用过或者以其他方式为公众所知，也没有同样的发明或者实用新型由他人向专利局提出过申请并且记载在申请日以后公布的专利申请文件中。我国《专利法》还规定，申请专利的发明创造在申请日前6个月内，在中国政府主办或者承认的国际展览会上首次展出的；在规定的学术会议或技术会议上首次发表的；他人未经申请人同意而泄露其内容的，不丧失新颖性。本案中，王某的发明在申请日前公开发表或展出过，虽然都在申请日前6个月内，但只有8月22日在中国政府主办的一次国际展览会上参展符合我国《专利法》规定的不认为是丧失新颖性的规定。

所以，该发明已经丧失新颖性，专利局不能授予专利权。

五、法理基础

上述案例涉及的法理基础包括：

发明创造要取得专利权必须具备一定的条件，我国《专利法》规定，授予专利权的发明和实用新型，应当具备新颖性、创造性和实用性。

1. 新颖性。新颖性是指在申请日以前没有同样的发明或者实用新型在国内外出版物上公开发表过、在国内公开使用过或者以其他方式为公众所知，也没有同样的发明或者实用新型由他人向专利局提出过申请并且记载在申请日以后公布的专利申请文件中。

2. 创造性。创造性是指同申请日以前已有的技术相比，该发明有突出的实质性特点和显著的进步，该实用新型有实质性特点和进步。

3. 实用性。实用性是指该发明或者实用新型能够制造或者使用，并且能够产生积极效果。

六、自测案例

吴某是闻名中外的肝病治疗专家，根据自己多年的临床经验和潜心砖研，于2003年6月16日研制出一种肝炎汗液自我快速诊断方法。此方法不仅方便快捷，而且费用低，检测者无痛苦。此方法的应用会大大有利于肝炎的早期发现和治疗，减少肝炎病人的痛苦，降低医疗费用。吴医生在临床上经过近半年1000次验证，目前，还无一例差错。2003年12月1日，吴医生向中国专利局提出了该方法发明专利的申请。请问：经专利局审核后，能否授予吴医生该项发明专利？为什么？

【本章综合案例】

案例一

（一）案情介绍

2003年4月，黑龙江省齐齐哈尔市某公司经商标局核准，注册使用“同心”商标。2004年5月，宁夏回族自治区某单位对该商标注册提出异议，“同心”是宁夏回族自治区同心县的行政区划名称，不应该作为商标注册。

（二）思考问题

该商标注册是否不当？说明理由。

（三）参考答案

该商标注册不存在不当。《商标法》规定，县级以上行政区划的地名或者公众知晓的外国地名，不得作为商标，但是，地名具有其他含义的，或者作为集体商标、证明商标的组成部分的除外，《商标法》实施前已经注册的使用地名的商标继续有效。本题中，“同心”显然是有其他含义，所以不能认为注册不当。

案例二

（一）案情介绍

东远电视机厂自1985年开始生产“民乐”牌电视机，质量稳定，受到广大消费者的好评，并多次获奖。1991年4月，东远电视机厂向国家商标局申请“民乐”牌商标注册。同日，丰华电脑公司将刚刚投入生产的“民乐”牌电子计算机也向国家商标局申请商标注册。

（二）思考问题

国家商标局应当把商标专用权授予谁？为什么？

（三）参考答案

国家商标局应当把商标专用权授予东远电视机厂。因为，根据我国的《商标法》的规定，商标注册申请的原则是先申请原则，如果同日申请的，适用使用在先的原则。东远电视机厂和丰华电脑公司在类似商品上使用相同商标，又是同日申请的，东远电视机厂先于丰华电脑公司使用，按照使用在先的原则，商标局应当把商标专用权授予东远电视机厂。

案例三

（一）案情介绍

红光机械厂2002年向中国专利局申请一项发明专利，2003年被授予专利权。宇宙公司于2000年就独立研制成功了相同内容的发明，并以年产8万套的生产规模进行生产。2005年，宇宙公司扩大了生产规模，以满足市场的需要。

（二）思考问题

宇宙公司的行为是否构成侵犯红光机械厂的专利权？

（三）参考答案

宇宙公司的行为在2005年以前，不构成侵权。我国《专利法》规定："在专利申请日以前，已经制造相同产品、使用相同方法或者已经做好制造、使用的必要准备，并且仅在原有范围内继续制造、使用的，不视为侵权行为。"宇宙公司在红光机械厂专利申请日以前已经制造相同产品，故不构成侵权。

2005年以后，宇宙公司的行为构成侵权。根据上述的法律规定，宇宙公司在原有范围内继续制造、使用行为是合法的。现在，扩大了生产规模，超过原有范围的制造、使用行为，是违法的，构成对红光机械厂专利权的侵犯。

【本章练习】

一、填空题

1. 我国《商标法》对极少数商品如________和________，规定必须使用注册商标。否则，不得在市场上销售。

2. 商标在日常生活中，人们俗称其为"________"。商标依其构成不同可分为________商标、________商标和________商标。

3. 商标权是指商标所有人对其注册商标所享有的________权。它包括商标的________权、商标的________权、商标________权。

4. 两个或者两个以上的申请人，在同一种商品或者类似商品上以相同或者类似的商标申请注册时，适用________的原则。同一天申请的，适用________的原则。申请人是同一天使用的或者均未使用的，应由________协商或者由________裁定。

5. ________级以上的行政区划的地名或者________的外国地名，不得作为商标。《商标法》实施前已经使用地名的商标________。

6. 工业产权的国际保护，主要是通过________的途径来实现的。

7. 注册商标的转让，必须在________的原则下进行。由________和________共同向________ 申请转让商标。

8. 我国对申请注册的商标采取________审查和________审查。

9. 发明按其表现形式可分为三类：一类是________发明，二类是________发明，三类是________发明。

10. 我国《专利法》规定，发明专利权的期限为________年，实用新型和外观设计专利权期限为________年。

二、单项选择题

1.《保护工业产权巴黎公约》在我国生效的时间是(　　)。

A. 1984年11月14日　　B. 1985年3月19日

C. 1989年10月4日　　D. 1973年6月1日

2.《商标法》的核心和基础是(　　)。

A. 保护生产者的合法权益　　B. 保护消费者的合法权益

C. 保护商标专用权　　D. 促进公平竞争

3. 工业产权与版权，统称为(　　)。

A. 财产权　　B. 知识产权

C. 著作权　　D. 专利权

4. 专利申请人自专利申请日起，(　　)内申请人可提出实质审查请求。

A. 1年　　B. 2年

C. 3年　　D. 5年

5. 保护工业产权方面影响最大的国际公约是(　　)。

A.《保护工业产权巴黎公约》　　B.《商标注册条约》

C.《商标国际注册马德里协议》　　D.《发展中国家发明样板法》

6. 对初步审定的商标，自公告之日起，提出异议的时间是(　　)。

A. 1年　　B. 6个月

C. 3个月　　D. 1个月

7. 我国对商标的审查制度是(　　)。

A. 形式审查制度　　B. 实质审查制度

C. 形式审查和实质审查相结合制度　　D. 迟延审查制度

8. 根据国际条约的优先权原则，专利权人的工业品外观设计优先权的期限为(　　)。

A. 12个月　　B. 6个月

C. 3个月　　D. 18个月

9. 一集体企业的一项"小发明"于1995年1月25日提出申请，国家专利局是1995年2月1日收到专利申请文件，1996年1月8日，国家专利局发给实用新型专利证书，并予以登记和公告。该专利权的正常终止的期限是(　　)。

A. 2015年1月24日　　B. 2005年1月31日

C. 2015年1月31日　　D. 2006年1月7日

10. 可以授予专利权的是(　　)。

A. 新的动物品种　　B. 重大科学发现

C. 最新的计算方法　　D. 新水稻生产方法

三、多项选择题

1. 下列成果中不可以授予专利权的是(　　)。

A. 新的动物品种　　B. 重大科学发现

C. 最新的计算方法　　D. 新水稻生产方法

2. 商标注册申请的原则有(　　)。

A. 优先权原则　　B. 自愿原则

C. 申请在先原则　　D. 一申请一商标原则

3. 授予发明和实用新型专利权的条件是(　　)。

A. 新颖性　　B. 有用性

C. 创造性　　D. 实用性

4. 发明取得专利权的条件是(　　)。

A. 新颖性　　B. 创造性

C. 实用性　　D. 经济效益

5. 作为无形财产的工业产权与有形财产权不同的法律特征是(　　)。

A. 时间性　　B. 地域性

C. 依附性　　D. 专有性

6. 专利权人的权利有(　　)。

A. 独占权　　B. 标记权

C. 放弃权　　D. 转让权

7. 下列行为构成侵权的有(　　)。

A. 伪造他人注册商标标识

B. 未经许可在同一商品上使用类似注册商标

C. 销售假冒他人注册商标的商品

D. 销售擅自制造的注册商标标识

8. 关于注册商标的续展，说法正确的有(　　)。

A. 注册商标的续展应当在期满前 6 个月提出申请

B. 续展次数不限

C. 注册商标的续展也可在期满后 6 个月提出申请

D. 每次续展注册商标的有效期限为 10 年

9. 专利申请人自专利申请日起，(　　)内申请人可提出实质审查请求的说法是错误的。

A. 1 年　　B. 2 年

C. 3 年　　D. 5 年

10. 下列使用的商标，不符合法律规定的是(　　)。

A. “新西兰”风衣　　B. “蜘蛛”计算机

C. “美又新”衬衫　　D. “锋利”菜刀

四、判断正误题

1. 职务发明的专利申请权属于该单位和发明人或设计人共有。(　　)

2. 被宣告无效的专利权，自宣告之日起失去法律效力。(　　)

3. 注册商标需要在同一类其他商品上使用的，不需要另行申请。(　　)

4. 发明专利权期限届满前可以申请续展。(　　)

5. 注册商标专用权的保护范围，以核准注册的商标和核定使用的商品为限。(　　)

6. 转让注册商标的，应当由转让人向商标局提出申请。(　　)

7. 在我国，不管是个人，还是单位，只要有符合条件的发明创造，都可以提出申请，成为专利权人。(　　)

8. 使用未注册商标，不得违反《商标法》禁用条款。(　　)

9. 按照我国法律规定，职务发明人不能成为专利申请人。(　　)

10. 工业产权也叫知识产权，主要包括专利权和商标权。(　　)

11. 发生商标侵权行为后，商标所有人可以向县级以上工商行政管理部门要求处理，不可以直接向人民法院起诉。 （ ）

12. 只要不是在完成本职工作中做出的发明创造，都属于非职务发明。 （ ）

13. 许可他人使用注册商标，须经国家商标局批准并公告。 （ ）

14. 专利权人有缴纳年费的义务，不按规定缴纳年费的专利权应当予以终止。 （ ）

15. 被许可人享有该注册商标的使用权，没有所有权。 （ ）

16. 取得实施强制许可单位或者个人应当付给专利权人合理的使用费。 （ ）

17. 工业产权是指国家依法对生产和流通中的发明创造和显著标记等智力成果授与的专有权。 （ ）

18. 专利申请人自专利申请日起，5 年内申请人可提出实质审查请求。 （ ）

19. 我国《商标法》规定，除医药等特殊商品之外，绝大多数商品必须使用注册商标，否则，不得在市场上销售。 （ ）

20. 我国是制定《保护工业产权巴黎公约》的发起国。 （ ）

五、简答题

1. 什么是工业产权？工业产权的特征有哪些？
2. 商标注册申请的原则有哪些？
3. 侵犯商标权的行为有哪些？
4. 什么是专利实施的强制许可？哪些情况下可以实施专利实施的强制许可？
5. 专利申请的原则有哪些？
6. 简要说明专利权的使用年限。
7. 专利权人享有哪些权利和承担哪些义务？

六、案例分析

1. 王某为某研究所的高级研究员，2000 年 5 月退休。退休后，王某没有停止科学研究，把自己的家作为办公室继续从事研究工作，并聘请了两名助手小柳和小孙，做一些事务性的工作。2001 年 11 月，王某完成了一项发明，并以个人的名义向中国专利局申请发明专利。2002 年 9 月 28 日，王某的专利获得批准并公告。研究所得知消息后，认为该发明是王某使用工作期间积累的资料完成的，为职务发明，所以向专利局主张权利。王某不想同自己的单位对簿公堂，悄悄地将专利转让给同学吴某。而王某的助手小柳和小孙得知后，则表明在该发明上二人的贡献不可磨灭，该发明为共同发明，所以请求共享专利。在纠纷解决过程中发现：某公司正在生产相同的专利产品，但该公司在王某之前就研究出该项技术，只是没有申请专利。

问题：对于该项发明，研究所的主张是否有法律依据？为什么？王某的同学能否取得该专利权？为什么？王某的助手小柳和小孙的请求是否成立？为什么？某公司的行为是否构成侵权？

2. 某大学于教授经过多年的研究，发明了一种汽油节油添加剂，节油效果显著，1994 年获国家专利。同年，于教授与 A 厂签订了专利实施许可合同。

1995 年，于教授在市场上发现 B 厂盗用该生产配方，生产并销售汽油节油添加剂。另外，于教授还发现某大学化学实验室利用他的配方，制造这种汽油节油添加剂，并在教学实验中使用。

问题：(1) B厂的行为是否构成侵权？为什么？

(2) 某大学化学实验室的行为是否构成侵权？为什么？

3. 某卷烟厂未经许可，擅自委托某乡印刷厂印刷“555”牌香烟的卷烟纸、烟盒与封条，用来包装本厂生产的劣质卷烟，批发给一些个体烟贩在市场上销售。

问题：(1) 上述哪些单位和个人的行为构成侵权？各属什么性质的侵权行为？

(2) 此案应如何处理？

4. 某私营合伙企业生产了一种新款服装，在市场销售时，由于没有使用注册商标，被当地工商行政管理部门处以罚款，并责令其停止销售。

请问：当地工商行政管理部门的处理是否合法？为什么？

第十一章

会计、审计法律制度

【本 章 概 要】

一、教学重点、难点

重点：(1) 会计机构和会计人员的设置；(2) 会计机构和会计人员的职责；(3) 会计人员的条件和任免；(4) 会计核算的内容和基本要求、基本程序；(5) 单位内部的会计监督管理制度；(6) 审计机关的职权范围。

难点：(1) 我国现行的会计法律制度；(2) 内部会计监督的基本要求和方法；(3) 违反会计法的法律责任；(4) 注册会计师的执业规则。

二、教学建议

本章分别讲述了《会计法》、《审计法》，重点内容在会计法。在教学中，可以联系会计专业知识和现代社会贪污、受贿等违反会计法律法规的反面教材，采用讨论、对比等教学方式突出重点，讲清难点。

【实 训 案 例】

【关于会计法律制度】

一、知识要点

会计工作的本质是对单位的经济业务进行确认、计量、记录和报告，并通过所提供的会计资料做出预测，参与决策，实行监督，旨在实现最优经济效益的一种管理活动。会计的基本职能是进行会计核算，实行会计监督。会计法律制度是调整会计关系的法律规范。我国会计法律制度包括会计法律、会计行政法规和会计规章。根据《会计法》的规定，国务院财政部门管理领导全国的会计工作，地方各级人民政府的财政部门管理本地区的会计工作，实行统一领导、分级管理的原则。国家统一的会计制度由国务院财政部门根据《会计法》制定；国务院业务主管部门、各省级人民政府财政部门、解放军总后勤部，可根据《会计法》和国务院统一的会计制度制定实施会计制度的具体办法或者补充规定，但须报国务院财政部门审批或备案。《会计法》对会计核算的法律规定包括：会计核算的内容、会计期间与记账本位币、会计核算的基本要求、会计核算的程序。《会计法》对会计监督的法律规定包括：单位内部会计监督、会计工作的国家监督、会计工作的社会监督、电子计算机进行会计核算的法律规定。对违反会计法律制度的违法行为应当承担的法律责任，在《会计法》及相关法律、行政法规中做出了相应的规定。

二、典型案例

2004年5月8日，宏达公司召开董事会，形成如下决议：(1) 加快货款回收，允许公司销售部门、销售人员直接收取货款；(2) 加大货款回收工作的力度，充实货款回收工作的人力，抽调有经验的出纳小汪负责货款回收的督促工作，小汪的工作暂交会计小柳代理；(3) 加强预算管理，设立预算管理委员会，负责预算目标、政策的执行，批准年度预算方案，对预算执行情况进行分析、考核。

三、思考问题

宏达公司的董事会决议的内容是否符合法律规定？说明理由。

四、案例分析与参考答案

本题主要考查单位内部会计监督制度。解析本题的关键是要理解、掌握内部会计监督的主体、内部会计监督的基本要求和方法及相关内容。

宏达公司的董事会决议的内容不符合法律规定，违反了《会计法》中内部会计控制制度的规定。内部会计控制制度主要方法包括：(1) 不相容职务相互分离控制；(2) 授权批准控制；(3) 会计系统控制；(4) 预算控制；(5) 财产保全控制；(6) 风险控制；(7) 内部报告控制；(8) 电子信息技术控制。宏达公司为加快货款回收，允许公司销售部门、销售人员直接收取货款，违反了不相容职务相互分离的原则，因为销售与收款属于不相容岗位，应当分设。而且，宏达公司为加大货款回收工作的力度，充实货款回收工作的人力，抽调有经验的出纳小汪负责货款回收的督促工作，小汪的工作暂交会计小柳代理，同样违反了不相容职务相互分离的原则，因为会计和出纳属于不相容岗位，应当分设。

宏达公司由预算管理委员会批准年度预算方案的规定不当，违背了授权批准控制和预算控制的要求，因为单位年度预算方案应由单位最高权力机构股东大会批准。

五、法理基础

上述案例涉及的法理基础包括：

会计监督是会计的基本职能之一，是我国经济监督体系的重要组成部分。会计监督可分为单位内部监督、国家监督和社会监督。

(一) 内部会计监督的主体

根据《会计法》、《会计工作规范》的规定，内部会计监督的主体是各单位的会计机构、会计人员；内部会计监督的对象是单位的经济活动。

（二）内部会计监督的基本要求和方法

1. 内部会计监督的基本要求：（1）记账人员与经济业务事项或会计事项的审批人员、经办人员、财物保管人员的职责权限应当明确，并相互分离、相互制约；（2）重大对外投资、资产处置、资金调度和其他重要经济业务事项的决策和执行的相互监督、相互制约的程序应当明确；（3）财产清查的范围、期限和组织程序应当明确；（4）对会计资料定期进行内部审计的办法和程序应当明确。

2. 内部会计监督的方法：（1）不相容职务相互分离控制；（2）授权批准控制；（3）会计系统控制；（4）预算控制；（5）财产保全控制；（6）风险控制；（7）内部报告控制；（8）电子信息技术控制。

（三）会计机构和会计人员在内部会计监督中的职权

1. 会计机构、会计人员对违反《会计法》和国家统一的会计制度规定的会计事项，有权拒绝办理或者按照职权予以纠正。

2. 会计机构、会计人员发现会计账簿记录与实物、款项及有关资料不相符的，按照国家统一的会计制度的规定有权自行处理的，应当及时处理；无权处理的，应当立即向单位负责人报告，请求查明原因，做出处理。

六、自测案例

万达公司是一家国有企业，近几年连续亏损。三年前，公司董事长王某上任时曾表示：两年扭亏，三年盈利。2004年是王某担任公司董事长的第三年，但公司仍处于亏损状态。2004年12月，王某指示财务部门：今年一定要盈利，尤其在财务报表中，要有盈利体现。为此，公司会计虚拟了若干笔销售收入，从而使万达公司的财务报表由亏变盈，经立信会计师事务所审计并出具无保留意见的审计报告后报出。请问：根据《会计法》的规定，哪些行为违反了会计法律制度？应承担什么责任？

【关于注册会计师法律制度】

一、知识要点

注册会计师是依法取得注册会计师证书并接受委托从事审计和会计咨询、会计服务业务的执业人员。参加注册会计师全国统一考试成绩合格，并从事审计业务工作两年以上的，可以向省、自治区、直辖市注册会计师协会申请注册。

注册会计师承办下列审计业务：（1）审查企业会计报表，出具审计报告；（2）验证企业资本，出具有关的报告；（3）办理企业合并、分立、清算事宜中的审计业务，出具有关的报告；（4）法律、行政法规规定的其他审计业务，依法执行审计业务所出具的报告，具有证明效力。注册会计师还可以承办会计咨询、会计服务业务。

注册会计师享有下列权利：（1）注册会计师执行业务时，根据需要有权查阅委托人的有关资料和文件，查看委托人的业务现场和设施，要求委托人提供其他必要的协助。（2）注册会计师在执行业务时，有权拒绝对委托人的不真实或故意不提供有关会计资料文件等出具有关报告。

注册会计师应履行下列义务：（1）必须遵守法律、行政法规及会计工作规则；（2）为委托人保守商业秘密；（3）注册会计师执行审计业务，必须按照执业准则、规则确定的工作程序出具报告。

二、典型案例

阳光房地产开发公司于2003年3月注册成立。该公司的两个股东是出资600万元的三亚实业有限责任公司和出资400万元的建兴建筑材料装潢公司。公司在申请设立过程中，崇信会计师事务所为验资单位。其中，三亚实业有限责任公司以建筑物出资600万元，注册会计师根据房产证明复印件制作的验资报告，未实地核实；建兴建筑材料装潢公司以建筑材料出资400万元，注册会计师根据物资调拨单和结算单制作验资报告，并未清点实物，核实产权。阳光房地产开发公司成立后，向当地建设银行借款600万元，兴隆贸易公司为其提供一般保证。2004年5月银行贷款到期后，阳光房地产开发公司未能还款，银行遂向法院起诉，经法院判决并执行，发现阳光房地产开发公司已经无力偿还。在银行的请求下，兴隆贸易公司承担了担保责任。

三、思考问题

兴隆贸易公司的损失应该由谁负责？为什么？

四、案例分析与参考答案

本题主要考查注册会计师执业的有关规定。解析本题的关键是要掌握注册会计师的业务范围、注册会计师的权利和义务、注册会计师的法律责任。

兴隆贸易公司的损失首先应由阳光房地产开发公司负责，其次是崇信会计师事务所负责。根据《担保法》的规定，保证人承担了保证责任后，可依法向被保证人追索，但本案中被保证人已无力清偿，所以兴隆贸易公司的损失可以请求崇信会计师事务所赔偿，原因是兴隆贸易公司的损失是由于崇信会计师事务所出具不实验资报告引起的。根据《注册会计师法》的规定，会计师事务所违法给委托人、其他利害关系人造成损失的，应当依法承担赔偿责任。

五、法理基础

上述案例涉及的法理基础包括：

（一）注册会计师的业务范围

《注册会计师法》第14条规定了注册会计师承办的审计业务范围，见本条目中的“知识要点”。

（二）注册会计师的权利和义务

见本条目中的“知识要点”。

（三）注册会计师法的法律责任

1. 会计师事务所执行审计业务违反执业准则、规则确定的工作程序出具报告，或者违反应当拒绝出具有关报告的规定的，由省级以上人民政府财政部门给予警告，没收违法所得，可以并处违法所得1倍以上5倍以下的罚款；情节严重的，可以由省级以上人民政府财政部门暂停其经营业务或者予以撤销。注册会计师执行审计业务违法出具报告的，可以由省级以上人民政府财政部门暂停其执行业务或吊销注册会计师证书。会计师事务所、注册会计师故意出具虚假的审计报告、验资报告，构成犯罪的，依法追究刑事责任。

2. 对未经批准承办注册会计师法定审计业务的单位，由省级以上人民政府财政部门责令其停止违法活动，没收违法所得，可以并处违法所得1倍以上5倍以下的罚款。

3. 会计师事务所违法给委托人、其他利害关系人造成损失的，应当依法承担赔偿责任。

六、自测案例

王某原为通达国有控股公司的财务科长，2003 年 5 月 18 日，因变造会计凭证，报销不合理的费用，被当地财政部门予以通报，并处罚款和撤职处分。事情发生以后，王某就离开了这家公司，并报名参加注册会计师全国统一考试，年底一次性通过了考试。2004 年 6 月，王某向其所在省注册会计师协会申请注册。请问：王某能否获准注册？为什么？

【关于审计法律制度】

一、知识要点

审计是指审计机构和审计人员依法对被审计单位的财经活动和财务收支及其有关的经济活动进行审核、评价和监督的活动。它包括对被审计单位的会计记录、会计报表、会计机构和会计行为以及对财产的经营管理效益进行全面审查。审计法是指用于调整审计关系的法律规范的总称。

国务院设立审计署，在国务院总理领导下，主管全国的审计工作。审计长是审计署的行政首长。地方各级人民政府的审计机关，分别在地方首长和上一级审计机关的领导下，负责本行政区域内的审计工作。地方各级审计机关对本级人民政府和上一级审计机关负责并报告工作，审计业务以上级审计机关领导为主。审计机关根据工作需要，可以在其审计管辖范围内派出审计特派员。审计特派员根据审计机关的授权，依法进行审计工作。审计机关依法享有监督检查权和经济处罚权。审计工作依据法律规定的审计程序进行，即组成审计组，送达审计通知书；进行审计，并取得证明材料；提出审计报告；审定审计报告，出具审计意见书，依法做出审计决定或者提出处理、处罚意见，送达审计意见书和审计决定。《审计法》还规定了违反《审计法》的法律责任。

二、典型案例

万达药业公司是一家中美韩合资的从事以甘草为原料的药品开发企业，各方出资比例为 4:3:3，中方出资人为当地原国营药材公司。2003 年起该公司所在地的审计局对其进行了审计，并做出审计结论和决定，认定万达药业公司自行采购了 5000 吨甘草，根据当地甘草资源保护管理办法的规定，决定按照收购额 1%的比例向其征收收购环节的草原建设费，并处以甘草价值 5 倍的罚款。万达药业公司对此审计结论不服，认为该公司是中外合作经营企业，审计局无权对其审计，也无权做出收费和罚款的决定。

三、思考问题

审计局是否有权对万达药业公司进行审计？为什么？审计局是否有权做出收费和罚款的决定？为什么？

四、案例分析与参考答案

本题主要考查审计机关的职责和权限。解析本题的关键是要掌握：(1) 审计机关的职责，包括审计范围。(2) 审计机关的权限，这是为了保证审计机关能够顺利履行其职责而规定的。

审计局有权对万达药业公司进行审计。根据《审计法》规定，对国有资产占控股地位或者主导地位的企业的审计监督，由国务院规定。而国务院颁布的《审计法实施条例》规定，审计机关对国有资产占控股地位或者主导地位的下列企业，依法进行审计监督：(1) 国有资本占企业总资本 50%以上的企业；(2) 国有资本占企业总资本的比例不足 50%，但是国有资本投资者实质上拥有控制权的企业。本案中，中方持股 40%虽然低于 50%，但为第一大股东，拥有实质上的控制权，所以审计局有权对其进行审计监督。

审计局无权做出收费和罚款的决定。根据相关规定，草原建设费的征收是畜牧部门的法定职责，罚款应该是工商行政管理部门和畜牧部门做出。审计局认为对万达药业公司有必要进行处罚，应当根据《审计法实施条例》的规定，做出审计建议书，向有关主管机关提出处理、处罚意见。

五、法理基础

上述案例涉及的法理基础是审计机关的职责和权限，具体为：

审计机关依法享有以下两个方面的职权：

1. 监督检查权。审计机关在审计过程中，享有下列监督检查权：(1) 要求被审计单位报送财政预算、财务计划、清算、会计报表以及有关资料；(2) 检查被审计单位的有关账目、资产，查阅有关文件资料，参加被审计单位的有关会议；(3) 对审计中的有关事项，向机关、团体、企事业单位有关人员进行调查，上述单位的人员应当提供有关资料及证明材料；(4) 对正在进行的严重损害国家利益、违反财经法规的行为，提请有关主管部门做出临时制止决定，制止无效时，可通知财政部门或者银行暂停拨付有关款项；(5) 对阻挠、破坏审计工作的被审计单位，可以采取封存有关账册、资产等临时措施。

2. 经济处罚权。审计机关对违反财经法规的被审计单位，享有以下经济处罚权：(1) 酌情给予警告、通报批评；(2) 责令纠正违反国家规定的收支；(3) 责令退还或者没收非法所得；(4) 收缴侵占的国家资产；(5) 对违反规定使用财政拨款或者银行贷款、严重危害国家利益的被审计单位，做出停止财政拨款或者停止银行贷款的决定；(6) 按照有关法规的规定处以罚款；(7) 被审计单位拒不缴纳应缴的违法款项和罚款，审计机关可以通知银行扣缴。对违反财经法规的被审计单位的直接责任人员和单位负责人应当给予行政处分的，由审计机关移送监察或者有关部门处理。情节严重、构成犯罪的，提请司法机关依法追究刑事责任。

六、自测案例

2004 年 3 月 5 日 8 时，某市一家国有企业接到审计局的电话，通知其接待已经派往该企业的审计组，对该企业上年度的财务收支情况进行审计。审计组 20 分钟后到达，要求该企业配合审计组的工作，并提供必要的工作条件。审计组到达后迅速开展工作，审查会计凭证、会计账簿、会计报表，查阅与审计事项有关的文件、资料，检查现金、实物、有价证券，以向有关单位和个人调查等方式进行审计，并取得证明材料。3 月 15 日，审计组撤离被审计单位，并向审计局提交了审计报告和审计意见书。审计局根据审计组的审计报告和审计意见书，做出审计决定，3 月 25 日，审计决定送达被审计单位。请问：上述审计过程是否符合审计程序的法律规定？说明理由。

【本章综合案例】

案例一

（一）案情介绍

某单位工作人员王某因负责单位的接待工作，长期在当地一家中餐馆安排客饭，累计共欠餐费计3500元。该餐馆曾多次派人催要，均无结果。一天，李某也来这家餐馆吃饭，得知这一情况后，表示与王某单位的领导及财务人员相当熟悉，可以帮助餐馆收回欠款，并要求餐馆将餐费欠据的复印件交给他。李某凭此餐费欠据的复印件到王某的单位，通过领导找到会计吴某要求付款，此时恰好出纳外出办事，保险柜的钥匙由吴某保管，于是，吴某打开保险柜，从中取出3500元现金给李某，李某出具了收条，并签署了自己的姓名。

（二）思考问题

李某据以催要账款的凭证是否合法？王某单位的会计监督体制是否合法？为什么？

（三）参考答案

李某据以催要账款的凭证不合法。根据《会计法》规定，会计凭证根据原始凭证及有关资料编制，计账凭证应根据经过审核的原始凭证及有关资料编制。李某所持有的餐费欠据的复印件是不合格的原始凭证，会计吴某凭借不合格的原始凭证就给付李某3500元的行为，显然违反了《会计法》的规定。

王某单位的会计监督体制不符合法律规定。根据《会计法》规定，各单位应当建立、健全本单位内部会计监督制度。而单位内部会计监督制度应当符合一些基本的法律要求：计账人员与经济业务事项和会计事项的审批人员、经办人员、财物保管人员的职责权限应当明确，并且相互分离、相互制约。王某单位的会计吴某属于记账人员，而他居然代管（出纳外出办事）保险柜的钥匙，可以随意代出纳提取现金，可以看出吴某单位的记账人员与经济业务事项的经办人员职责权限并不分离，这样不能起到单位内部各职权分工制约的作用，也不利于外部的会计监督管理，所以，某单位的会计监督体制没有达到《会计法》的要求。

案例二

（一）案情介绍

万兴公司从外地购进一批原材料，付款后对方开具了发票。经办人员交给财务人员进行账务处理，财务人员将发票与实际支付款项进行核对时，发现发票金额有错误，于是将发票退给了经办人员，要求重新开具。经办人员在原始凭证上进行了更改，并加盖了自己的印章，依此作为报销凭证。财务人员再次退回。

（二）思考问题

财务人员的做法是否合法？为什么？

（三）参考答案

财务人员的做法符合法律规定。根据《会计基础工作规范》规定，原始凭证金额有错误的，应当由出具单位重开，不得在原始凭证上更改。所以，财务人员两次退回经办人员提供的发票都是正确的。

【本 章 练 习】

一、填空题

1. 审计机关依法享有以下两个方面的职权：________和________。

2. 会计凭证是用来记录________实际执行和完成情况，明确经济责任的________。

3. 我国会计法律制度包括________、________和________。

4. 大中型企业、事业单位和业务主管部门可以设置________，由具有会计师以上专业技术任职资格的人担任。

5. 会计机构内部应当建立稽核制度。出纳人员不得兼管稽核、________和收入、费用、债权债务账目的________。

6. 会计期间分为________、________和________。

7. 各单位按照________的会计制度的规定设置________和会计账簿。

8. ________对注册会计师及其会计师事务所的审计质量进行再监督。

9. 国家实行注册会计师全国统一________制度，由国务院________制定全国统一________办法，由________组织实施。

10. 审计是指审计机构和审计人员依法对被审计单位的________和________及其有关的经济活动进行审核、评价和监督的活动。

11. 会计的基本职能是进行________，实行________。

12. 企事业单位会计机构负责人和会计主管人员的任免要经________的同意；会计人员的调动要先征得本单位会计主管人员和________的同意。

13. 业务收支以外国货币为主的单位，也可以选定某种外国货币作为记账本位币，但是编报会计报表应当________为________反映。

14. 会计工作的本质是对单位的经济业务进行________、________和________，并通过所提供的会计资料做出预测、________、________，旨在实现最优经济效益的一种管理活动。

15. 会计核算以________为记账本位币。

16. 审计是指审计机构和审计人员依法对被审计单位的________和财务收支及其有关的________进行审核、评价和监督的活动。

17. 注册会计师是依法取得注册会计师证书并接受委托从事审计和________、________的执业人员。

18. 国务院设立审计署，在________领导下，主管全国的审计工作。

19. 地方各级审计机关对________和________负责并报告工作，审计业务以上级审计机关领导为主。

20. 县级以上人民政府________是本地方会计工作的监督主体，对各单位会计工作行使监督权，对违法会计行为实施________。

二、单项选择题

1. 内部会计监督的对象是(　　)。

A. 单位的负责人　　B. 单位的经济活动

C. 单位的会计机构　　D. 单位的会计人员

2. 下列属于狭义会计法律的是(　　)。

A.《总会计师条例》　　B.《中华人民共和国会计法》

C.《企业财务会计报告条例》　　D.《财政部门实施会计监督办法》

3. 会计管理工作领导体制的原则是(　　)。

A. 统一领导，分级管理　　B. 分级领导，统一管理

C. 高度统一　　D. 区域管理

4. 财政部门实施会计监督检查的对象是(　　)。

A. 单位经济活动　　B. 会计法律的实施情况

C. 会计人员的任免情况　　D. 会计行为

5.《会计法》调整的对象是(　　)。

A. 会计核算　　B. 会计监督

C. 会计工作　　D. 会计关系

6. 各级会计工作的国家监督的权力主体是(　　)。

A. 国家财政部

B. 会计师事务所

C. 注册会计师协会

D. 县级以上人民政府财政部门

7. 任免会计人员(　　)。

A. 由单位负责人任免　　B. 由单位会计机构负责人任免

C. 由主管部门任免　　D. 按照干部管理权限规定任免

8. 颁发注册会计师证书的是(　　)。

A. 注册会计师协会　　B. 会计师事务所

C. 人民政府财政部门　　D. 国务院

9. 已取得注册会计师证书的人员，完全丧失民事行为能力的(　　)。

A. 不予注册　　B. 可以注册

C. 撤销注册　　D. 暂缓注册

10. 对违反财经法规的被审计单位的直接责任人员和单位负责人应当给予行政处分的(　　)。

A. 由审计机关做出处理　　B. 由上级审计机关做出处理

C. 由审计机关移送有关部门处理　　D. 由人民法院处理

三、多项选择题

1. 注册会计师撤销注册的情形有(　　)。

A. 不具有完全民事行为能力的人
B. 自行停止执行注册会计师业务满 1 年
C. 受到刑事处罚的
D. 在工作中犯有严重错误的

2. 会计机构、会计人员的主要职责是(　　)。

A. 进行会计核算

B. 实行会计监督

C. 参与拟定经济计划、业务计划

D. 拟定本单位办理会计事务的具体办法

3. 审计机关依法享有的职权是(　　)。

A. 行政处分权
B. 刑事处罚权
C. 经济处罚权
D. 监督检查权

4. 单位内部会计监督制度应当符合下列要求。(　　)

A. 记账人员与审批、经办人员的职责相互分离、相互制约

B. 重大投资、资产处置、资金调度的决策和执行相互监督、相互制约

C. 财产清算的范围、期限和组织程序应当明确

D. 会计人员的任免符合干部管理权限

5. 会计核算的内容有(　　)。

A. 款项和有价证券的收付
B. 财务成果的计算和处理
C. 债权债务的发生和结算
D. 财物的收支、增减和使用

6. 我国会计法律制度包括(　　)。

A. 会计制度
B. 会计行政法规
C. 会计法律
D. 会计规章

四、判断正误题

1. 会计规章是由国务院制定或者批准的规范性文件。 (　　)

2. 不具备条件的单位，其会计业务可以委托经批准设立的会计咨询、服务机构代理记账。 (　　)

3. 地方各级审计机关的审计业务以本级政府领导为主。 (　　)

4. 审计机关应当自收到审计报告之日起 15 日内，将审计意见书和审计决定送达被审计单位和有关单位。 (　　)

5.《会计法》规定，任何单位和个人对违反《会计法》和国家统一的会计制度的行为，有权检举。 (　　)

6. 参加注册会计师全国考试成绩合格，并从事审计业务工作 3 年以上的，可以向注册会计师协会申请注册。 (　　)

7. 地方审计机关对本级人民政府和上一级审计机关负责并报告工作，审计业务以上级审计机关领导为主。 (　　)

8. 会计师事务所违法给委托人、其他利害关系人造成损失的，应当依法承担赔偿责任。 (　　)

9. 企事业单位会计机构负责人和会计主管人员的任免要经主管单位的批准。 (　　)

10. 会计核算以人民币为记账本位币，业务收支以外国货币为主的单位，也绝不可以外

国货币作为记账本位币。 （ ）

五、简答题

1. 会计核算的主要内容有哪些？
2. 会计机构和会计人员的主要职责是什么？
3. 注册会计师的业务范围是什么？
4. 注册会计师不予注册的情形有哪些？
5. 审计机关的审计程序是什么？

六、案例分析

1. 许某是一家集体企业的会计主管人员。在工作中因为抵制该厂厂长违反国家财经纪律而被厂长首先调到一车间，继而调到门卫，工资下调两级，厂长将没有会计专业知识、没有会计证的一名亲戚安排为会计主管人员。

问题：（1）该厂长的做法有无违法之处？

（2）如何纠正其违法行为？

2. 国家审计署驻某地特派员办公室根据审计署授权，于1994年1月1日至20日对中国某外运总公司（以下简称中外运）下属××公司及所属18个分公司1993年度和1994年1到6月份财务收支情况进行了审计。

审计工作计划分三阶段进行：第一阶段，根据财务指标提示情况分析疑点，拟订调查提纲，进行准备工作。第二阶段，进行实地调查，拟订审计方案，确定审计重点。第三阶段，依据财务指标分析和审计方案，全面实施审计，做出审计报告提出处理意见。

审计查出问题：（1）在1993年6月末新旧会计制度接轨时，少记实收资本1111426.20元。（2）应调未调外币汇兑损益1107543.83元。（3）1993年度少体现利润564592.86元。

问题：（1）你能想到本案涉及了《审计法》中的哪些内容？

（2）审计过程中审计机关可能行使哪些职权？

（3）审计计划的三个阶段是否合适？

（4）审计查出的问题按照《审计法》和有关会计法规应如何处理？

第十二章

金融法律制度*

【本章概要】

一、教学重点、难点

重点：现金管理基本原则；现金的使用范围及现金管理的基本要求；支付结算的原则和基本要求；银行账户开立的有关法律规定；票据概念、种类及票据行为。

难点：汇兑的退汇，托收承付、委托收款的拒绝付款，信用卡；四种银行账户的设立；票据行为，汇票、支票、本票区别。

二、教学建议

注意学生对“金融”的概念。从字面上理解，“金融”是货币资金融通的意思。这是因为历史上最早的金融活动之一便是铸币兑换业，当铸币兑换商聚集了一定数量的货币资金时，他们就开始把现金贷放出去，同时吸收存款，并办理货币异地汇兑结算等信贷业务，使资金在一定范围内得以融通。现代社会的金融活动已远远超出这一范围，对“金融”的普遍解释是指货币、货币流通、信用及与其直接有关的经济活动。

票据行为必须符合法定形式，即关于签章的规定、关于票据记载事项的规定。票据的格式由中国人民银行统一规定，票据的记载事项由《票据法》统一规定，分必须记载的事项、可选择记载的事项和不得记载的事项三类。其中必须记载的事项，如金额、出票日期、出票人、付款人和受款人、签名盖章等；可选择记载的事项如票据的保证等；不得记载的事项，也称有害记载事项。

建议“票据法”一节应结合有关学科，让学生做一次票据填写的模拟练习。

【实 训 案 例】

【关于金融和金融法概念】

一、知识要点

金融是指货币资金的借贷和流通，即以银行为中心的各种信用活动以及在信用基础上组织起来的货币流通。一般来讲，金融的范围主要包括：货币的发行与回笼；存款的吸收与支取；贷款的发放与回收；现金流通与转账结算；金银、外币和有价证券的买卖；国内、国际货币支付结算；票据贴现；银行同业拆借；信托投资；各种财产和人身保险；融资租赁等。

金融法律制度是指国家权力机关和行政机关制定的各种金融规范性文件的总称，是调整金融关系的法律规范。金融法律制度调整的金融关系一般可分为两类：一类是金融管理关系，另一类包括金融企业的经营关系。

我国金融法律制度是由（1）金融机构组织法律制度；（2）银行业务法律制度；（3）外汇管理法律制度；（4）票据法律制度；（5）证券法律制度；（6）信托法律制度；（7）保险法律制度等构成。我国的金融机构主要包括中央银行和各商业银行、政策性银行、信用合作社、保险公司、信托投资公司、财务公司、租赁公司、证券公司、互助基金、投资基金、金融公司、住宅金融公司、典当行等。

二、典型案例

某市焊条厂于2003年6月6日在当地广播、电视、报纸上连续刊登广告，声明丢失两张空白支票作废。6月18日某人持焊条厂的空白转账支票及该厂的介绍信，在金属材料公司购买了10吨钢材付货款3.4万元。当日金属材料公司即与银行办理了结算。焊条厂于月底对账时才发现丢失支票已支付，遂向法院起诉，要求金属材料公司和银行赔偿损失。理由为：本厂已在各种新闻媒体上声明支票丢失作废，而金属材料公司却与作废支票发生业务往来致使本厂造成损失。银行在结算中审核不认真致使作废支票流通，也应负连带责任。

三、思考问题

1. 什么是金融？什么是金融关系？

2. 什么是金融法？

3. 上述案例中金属材料公司和银行是否要承担赔偿责任？

四、案例分析与参考答案

凡是与货币、货币流通、银行信用和其他信用有关的经济活动都属于金融范围。简单地说，所谓金融，即指货币资金的融通。所谓金融关系，是在货币资金融通过程中发生的货币流通、银行存款、贷款、票据、外汇、保险等金融业经营、监督管理活动所产生的经济关系。

金融法是调整金融关系的法律规范的总称。

上述案例是一起有关票据责任的纠纷。票据关系属于金融关系，根据《票据法》的规定，支票是指出票人签发的，委托银行或其他金融机构见票时无条件支付一定金额给收款人或者持票人的票据。而付款人和收款人在接受票据时，只须查验持票人的证件及票据的记载事项即可，对遗失票据不承担任何过错责任。本案中失票人仅仅在当地新闻媒体上声明了作废丢失的支票，并没有再采取有效的补救手段，造成被冒支的损失。而金属材料公司与相关银行在接受支票与结算中并没有任何过错，因而不应负任何责任。

五、法理基础

金融的概念；金融法概念；金融法律关系概念。

支票是指出票人签发的，委托银行或其他金融机构见票时无条件支付一定金额给收款人或者持票人的票据。

票据结算责任：单位和个人办理结算，由于填写结算凭证有误影响资金使用，票据和印章丢失造成资金损失的，由其自行负责。

【有关现金管理】

一、知识要点

有关现金管理法律规定包括：现金及现金管理、现金管理基本原则、现金使用范围、现金管理基本要求等内容。

二、典型案例

山西省××市审计局在审计大检查时发现，某县煤矿私设小金库，自行保留账外公款132万元。

三、思考问题

1. 开户单位可以在哪些范围内使用现金？

2. 单位自行保留账外公款会出现哪些问题？

四、案例分析与参考答案

根据《现金管理暂行条例》第5条的规定，开户单位可以在下列范围内使用现金：(1) 职工工资、津贴；(2) 个人劳务报酬；(3) 根据国家规定颁发给个人的科学技术、文化艺术、体育等各种奖金；(4) 各种劳保、福利费用以及国家规定的对个人的其他支出；(5) 向个人收购农副产品和其他物资的价款；(6) 出差人必须随身携带的差旅费；(7) 结算起点1000元以下的零星支出；(8) 中国人民银行确定需要支出现金的其他支出。

单位自行保留账外公款，是违反国家现金管理法规的行为。私设小金库和单位自行保留账外公款的行为不仅会造成国有资产的流失，而且还会孳生腐败，同时对金融管理的正常秩序也会起到很大的破坏作用。因此，各企事业单位的所有现金，除核定的现金库存限额外，其余部分必须存入银行，各单位不得自行保留。各单位支付的现金，必须从开户银行提取，决不允许坐支。

五、法理基础

凡在银行和其他金融机构（简称开户银行）开立账户的机关、团体、企业事业单位和其他单位（简称开户单位）收支和使用现金，必须遵守《现金管理暂行条例》的规定，接受开户银行的监督。

开户单位可以在下列范围内使用现金：(1) 职工工资、津贴；(2) 个人劳务报酬；(3) 根据国家规定颁发给个人的科学技术、文化艺术、体育等各种奖金；(4) 各种劳保、福利费用以及国家规定的对个人的其他支出；(5) 向个人收购农副产品和其他物资的价款；

(6) 出差人必须随身携带的差旅费；(7) 结算起点1000元以下的零星支出；(8) 中国人民银行确定需要支出现金的其他支出。

六、自测案例

某酿酒厂为生产葡萄酒，需要从农民个人手中大量收购鲜葡萄，因而在葡萄酒零售环节截留了12万元现金。他们认为这是符合《现金管理暂行条例》中关于“向个人收购农副产品和其他物资的价款”是可以支付现金的规定的。这种说法对吗？

【有关支付结算】

一、知识要点

有关支付结算的法律规定包括：支付结算的概念、支付结算的原则、办理支付结算的基本要求、填写票据和结算凭证的基本要求。开立银行账户的有关规定有：银行账户种类、开立银行账户的基本规定、开立银行账户的条件等。

二、典型案例

2005年7月10日，红城市公安局接到该市安居房地产开发公司的报案，称公司在与银行对账时发现：2004年12月付给东兴建筑材料公司的一张50万元的转账支票，却被提走了950万元。接到报案后，红城市公安局经侦科经过分析认定：东兴建筑材料公司的业务员王某有重大作案嫌疑。经过调查，近年来，东兴建筑材料公司一直供应安居房地产开发公司的建筑材料，由东兴建筑材料公司的业务员王某负责与安居房地产公司的建筑材料供应业务。2004年年底结账时，安居房地产开发公司开据一张转账支票交给了王某。王某见支票上只有小写金额，于是将小写金额前加上“9”，再填上大写金额，从而顺利地将款提走。

三、思考问题

分析王某行为的客观条件。

四、案例分析与参考答案

本题主要考查有关支付结算的法律规定。解析本题的关键是要掌握：支付结算的概念、办理支付结算的基本要求、填写票据和结算凭证的基本要求。尤其是票据和结算凭证金额以文字大写和阿拉伯数码同时记载，二者必须一致；阿拉伯小写金额数字前面，均应填写人民币符号“¥”等规定。

造成王某行为的客观条件是安居房地产开发公司没有按照《支付结算办法》的规定填写票据和结算凭证。

根据《支付结算办法》的规定，票据和结算凭证金额以中文大写和阿拉伯数码同时记载，二者必须一致。本案中，王某行为得以顺利进行的客观原因是安居房地产开发公司未严格按照《支付结算办法》关于填写票据和结算凭证的基本规定同时填写中文大写金额和阿拉伯数码小写金额，以及阿拉伯小写金额数字前面，均应填写人民币符号“¥”，从而给东兴建筑材料公司的业务员王某留下了可乘之机。

五、法理基础

上述案例涉及的法理基础主要是支付结算的法律规定。具体包括：

(一) 支付结算的概念

支付结算是指单位、个人在社会经济活动中使用票据、银行卡和汇兑、托收承付、委托收款、信用证等结算方式进行货币给付及资金清算的行为。为了规范支付结算工作，我国制定了一系列支付结算方面的法律、法规和制度，主要包括：《中华人民共和国票据法》、《支付结算办法》、《银行账户管理办法》、《国内信用证结算办法》、《银行卡业务管理办法》、《关于审理票据纠纷案件若干问题的规定》等。

（二）支付结算的原则

支付结算原则，是指单位、个人和银行在办理支付结算时必须遵守的准则。根据规定，支付结算应当遵循以下原则：（1）恪守信用、履约付款。（2）谁的钱进谁的账、由谁支配。（3）银行不垫款。

（三）办理支付结算的基本要求

按照规定，办理支付结算必须遵守《支付结算办法》所规定的10项基本要求。

（四）填写票据和结算凭证的基本要求

票据和结算凭证是银行、单位和个人凭以记载账务的会计凭证，是记载经济业务和明确经济责任的一种书面证明。填写票据和结算凭证，必须做到标准化、规范化，要素齐全、数字正确、字迹清晰、不错漏、不潦草，防止涂改。

六、自测案例

宏达房地产开发公司因购买建筑材料向建业建筑材料装潢公司签发了一张商业汇票，金额记载为“50万元”，出票日期填写为“10月18日”。建业建筑材料装潢公司收到汇票后在规定的期限内向付款人银行提示承兑。请问：该汇票能否被受理？说明理由。

【关于票据法律制度】

一、知识要点

票据的概念、票据的特征；票据当事人，包括基本当事人和非基本当事人；票据的权利和义务；票据行为，包括出票、背书、承兑和保证四种；票据结算方式，主要有银行汇票、商业汇票、银行本票、支票、银行卡、汇兑、托收承付、委托收款和信用证。

二、典型案例

2004年3月19日，大禹公司从飞达公司购进一批价款100万元的设备，大禹公司开出了一张付款期限为3个月的银行承兑汇票，承兑人为光大银行，已按规定承兑。飞达公司收到汇票后，将其背书转让给宏大公司，宏大公司又将其背书转让给鹏远公司。6月19日该汇票到期后，持票人鹏远公司向光大银行提示付款，光大银行以出票人大禹公司账户资金不足为由拒绝付款。

三、思考问题

1. 光大银行的主张成立吗？为什么？

2. 如果光大银行按期足额付款，其损失应如何处理？

四、案例分析与参考答案

本题重在考察汇票的付款程序和责任。解析本题的关键是要掌握付款人承兑汇票后，应当承担到期付款的责任，不能以任何理由拒绝付款，否则应承担延迟付款的法律责任。

光大银行的主张不成立。根据《票据法》的规定，承兑人不得以汇票金额未经出票人给付等理由而对抗持票人的请求。因为汇票一经承兑，承兑人就成为汇票的主债务人，承兑人于汇票到期日必须向持票人无条件地足额付款，否则应承担延迟付款的法律责任。光大银行付款后，没有足额得到出票人大禹公司的资金，可依票据基础资金关系向大禹公司请求民事赔偿。

五、法理基础

上述案例主要涉及以下学理知识：

（一）票据的概念和种类

我国《票据法》上的票据是指出票人依法签发的，约定自己或委托付款人在见票时或指定的日期向收款人或持票人无条件支付一定金额并可转让的有价证券。票据具体分为汇票、本票和支票。

（二）票据当事人

票据当事人是指票据法律关系中享有票据权利、承担票据义务的当事人，也称票据法律关系主体。票据当事人可分为基本当事人和非基本当事人。基本当事人是指在票据作成和交付时就业已存在的当事人，是构成票据法律关系的必要主体，包括出票人、付款人和收款人。非基本当事人是指票据作成并交付后，通过一定的票据行为加入票据关系而享有一定权利、承担义务的当事人，包括承兑人、背书人、被背书人、保证人等。

（三）票据权利和义务

票据权利是指票据持有人向票据债务人请求支付票据金额的权利，包括付款请求权和追索权。票据付款请求权是指持票人向汇票的承兑人、本票的出票人、支票的付款人出示票据要求付款的权利，是第一次权利，又称主票据权利。行使付款请求权的持票人可以是票载收款人或最后的被背书人。票据追索权是指票据当事人行使付款请求权遭到拒绝或有其他法定原因存在时，向其前手请求偿还票据金额及其他法定费用的权利，是第二次请求权，又称偿还请求权。

票据义务是指票据债务人向持票人支付票据金额的责任，包括付款义务和偿还义务。票据债务人承担票据义务一般有四种情况：一是汇票承兑人因承兑而应承担付款义务；二是本票出票人因出票而承担自己付款的义务；三是支票付款人在与出票人有资金关系时承担付款义务；四是汇票、本票、支票的背书人，汇票、支票的出票人、保证人，在票据不获承兑或不获付款时的付款清偿义务。

（四）汇票、本票和支票

根据我国《票据法》的规定，汇票分为银行汇票和商业汇票两种。

银行汇票是指由出票银行签发的，由其在见票时按照实际结算金额无条件支付给收款人或者持票人的票据。在实践中，一般由汇票人将款项交存当地银行，由银行签发给汇款人持往异地办理转账结算或提取现金。单位、个体经济户和个人需要使用各种款项，均可使用银行汇票。

商业汇票是指收款人或付款人（或承兑人）签发，由承兑人承兑，并于到期日向收款人或被背书人支付款项的票据。商业汇票按承兑人的不同，分为商业承兑汇票和银行承兑汇票。

银行本票是指由银行签发的，承诺自己在见票时无条件支付票据金额给收款人或持票人的票据。凡单位和个人在同一票据交换区域需要支付各种款项时，均可以使用银行本票。银行本票分为定额和不定额两种。定额本票面额分别为1000元、5000元、1万元和5万元四种。银行本票的提示付款期限自出票日起最长不得超过两个月。银行本票丧失，失票人可以凭人民法院出具的享有票据权利的证明，向出票银行请求付款或退款。

支票是指出票人签发的，委托银行或其他金融机构见票时无条件支付一定金额给收款人或者持票人的票据。单位和个人在同一票据交换区域的各种款项结算，均可以使用支票。支票分为现金支票、转账支票和普通支票三种。支票的提示付款期限为自出票日起10日。

六、自测案例

根据《支付结算办法》规定，单位、个人在经济活动中使用票据、计算凭证等办理支付结算，为此，北方实业有限责任公司从大华制造厂购进一批设备，总价款为200万元人民币。如果两家使用票据结算，北方实业有限责任公司开出了一张票据，付款期限为6个月，并且由宏大有限责任公司提供保证担保。那么，北方实业有限责任公司签发的可以是什么种类的票据，该票据应记载哪些事项。大华制造厂持有该票据应该注意什么？宏大实业有限责任公司应承担什么样的责任。

【本章综合案例】

案例一

（一）案情介绍

振辉机械厂服务部8月15日开出两张票据：一张为面额1万元的支票，用于向甲宾馆支付会议费；另一张为面额20万元的银行承兑汇票，到期日为9月5日，用于向乙公司支付材料款，该汇票银行已经承兑。

8月20日，甲宾馆向银行提示付款。银行发现该支票为空头支票，遂予以退票，并根据相关规定对振辉机械厂处以1000元的罚款。甲宾馆要求振辉机械厂除支付其1万元会议费用外，还另需支付其2000元赔偿金。

9月5日，乙公司需银行提示付款时，得知振辉机械厂的账户余额不足20万元。

（二）思考问题

1. 银行对振辉机械厂签发空头支票处以1000元罚款是否符合法律规定？说明理由。

2. 甲宾馆能否以振辉机械厂签发空头支票为由要求其支付2000元赔偿金？说明理由。

3. 银行能否以振辉机械厂账户余额不足20万元为由，拒绝向乙公司付款？说明理由。

（三）参考答案

1. 银行对振辉机械厂签发空头支票处以1000元罚款符合法律规定。因为法律规定出票人签发空头支票的，银行应予退票，并按票面金额处以5%但不低于1000元的罚款。

2. 甲宾馆可以振辉机械厂签发空头支票为由，要求其支付2000元的赔偿金。因为法律规定，出票人签发空头支票的，持票人有权要求出票人赔偿支票金额2%的赔偿金，即2000元的赔偿金。

3. 银行不能以振辉机械厂账户余额不足20万元为由，拒绝向乙公司付款。因为，关于银行承兑汇票的基本规定，银行承兑汇票的出票人于汇票到期日未能足额交存票款时，承兑银行除凭票向持票人无条件付款外，对出票人尚未支付的汇票金额按照每日万分之五计收利息。

案例二

（一）案情介绍

甲公司从乙企业购进一批设备，价款为80万元。甲公司开出一张付款期限为6个月的已承兑的商业汇票给乙企业，丙企业在该汇票的正面记载了保证事项，乙企业取得汇票后，将该汇票背书转让给了丁企业。汇票到期，丁企业委托银行收款时，才得知甲公司的存款账户不足支付。银行将付款人款付票款通知书和该商业承兑汇票一同交给丁企业。丁企业遂向乙企业要求付款。

（二）思考问题

1. 丁企业在票据未获付款的情况下是否有权向乙企业要求付款？为什么？

2. 丁企业在乙企业拒绝付款的情况下是否有权向甲公司、丙企业要求付款？为什么？

3. 如果丙企业代为履行票据付款义务，则丙企业可向谁行使追索权？为什么？

（三）参考答案

1. 丁企业在票据未获支付的情况下有权向乙企业要求付款。根据《票据法》规定，持票人行使付款请求权遭到拒绝付款时，可以向其前手请求支付票据金额。

2. 丁企业可以向甲公司、丙企业要求付款。根据《票据法》规定，汇票的出票人、背书人、保证人、承兑人对持票人承担连带责任。持票人可以不按照汇票债务人的先后顺序，对其中任何一人、数人或者全体行使追索权。因此，丁企业有权向甲公司、乙企业、丙企业进行追索。

3. 丙企业代为履行票据付款义务后，有权向甲公司进行追索。因为丙企业是保证人，甲公司是被保证人，保证人在被保证人不能履行票据付款的责任时，以自己的金钱履行票据付款义务，然后取得持票人的权利，可向票据债务人追索。

【本 章 练 习】

一、填空

1. 金融是指货币资金的________和________，一般指同________与________有关的一切活动。

2. 本票的付款期限自________之日起，最长不得超过________。

3. 金融机构，是指依法设立的从事________的各类信用机构的总称。

4. 汇票分为________和________。

5. 支票的提示付款期限自________日起，最长不得超过________。

6. 我国的金融法大体上可以分为银行法、________、票据法，证券法，________和保险法。

7. 政策性银行必须加强经营管理，坚持________，________，不与商业性金融机构竞争。

8. 票据权利是指持票人向债务人请示支付票据金额的权利，包括________和________。

9. 中国人民银行在国务院领导下，制定和实施________，对金融业实施________。

10. 开户单位之间的经济往来，除按规定的范围可以使用现金外，应当通过________进行转账结算。

二、单项选择题

1. 各单位库存的现金限额，一般不得超过本单位(　　)日常零星开支所需要的现金。

A. 3~5天　　B. 5~7天

C. 1~2天　　D. 一星期

2. 票据行为作为一种特定的法律行为其特征不包括(　　)。

A. 无因性　　B. 独立性

C. 要式性　　D. 连带性

3. 银行汇票的出票人必须是经(　　)批准办理银行票据业务的银行。

A. 中国银行　　B. 中国人民银行

C. 各商业银行　　D. 中国人民印钞公司

4. 开户单位现金收入应当于(　　)送存开户银行。

A. 二日内　　B. 三日内

C. 当日　　D. 五日内

5. 下列哪个不是票据的基本当事人。(　　)

A. 出票人　　B. 承兑人

C. 收款人　　D. 付款人

6. 我国发行人民币，管理人民币流通的机构是(　　)。

A. 国务院　　B. 财政部

C. 国家计委　　D. 中国人民银行

7. 结算起点(　　)元以下的零星支出，开户单位可以使用现金。

A. 1000　　B. 2000

C. 3000　　D. 4000

8. 信用证开出后，负第一付款责任的是(　　)。

A. 开证银行　　B. 通知银行

C. 代理银行　　D. 开户银行

9. 下列不可以使用现金的行为有(　　)。

A. 企业发给工人每月3000元的工资

B. 因出差必须领取5000元的差旅费

C. 购买办公用品价值1500元

D. 向某农户收购棉花2000元

10. 银行办理结算的原则有几条，下列中不是此类原则的有(　　)。

A. 谁贷款谁负责　　B. 银行不垫款

C. 谁的钱进谁的账，由谁支配　　D. 恪守信用，履约付款

三、多项选择题

1. 票据行为有(　　)。

A. 出票　　B. 承兑

C. 背书　　D. 保证

2. 我国的票据包括(　　)。

A. 股票　　B. 提货单

C. 汇票　　D. 本票、支票

3. 一般条件，票据具有(　　)职能。

A. 信用　　B. 支付

C. 汇兑　　D. 结算

4. 我国现阶段使用的信用证为(　　)。

A. 不可撤销的　　B. 不可转让的

C. 跟单的　　D. 不可修改的

5. 我国现有的政策性银行有(　　)。

A. 国家开发银行　　B. 中国农业发展银行

C. 中国进出口银行　　D. 中国人民银行

6. 目前我国的商业银行主要有(　　)。

A. 中国工商银行　　B. 中国农业银行

C. 中国银行　　D. 中国建设银行

7. 支付结算的种类包括(　　)。

A. 汇票结算　　B. 汇兑

C. 托收承付　　D. 委托收款

8. 下列各项中，违反现金管理制度的行为包括(　　)。

A. 用白条顶替库存现金

B. 出差人员随身携带的差旅费超过1000元

C. 坐支现金

D. 利用本单位银行账号替他人支取现金

9. 中国人民银行是全国惟一的(　　)。

A. 中央银行　　B. 国家金融机关

C. 发行银行　　D. 银行的银行

10. 商业银行是实行(　　)的金融机构。

A. 自主经营　　B. 自担风险

C. 自负盈亏　　D. 自我约束

四、判断题

1. 我国的中央银行是中国人民银行，制定和实施货币政策，受财政部直接领导。(　　)

2. 汇票、本票、支票都是记名票据。(　　)

3. 一个单位在几家银行开户的，就只能在这几家银行开设现金结算户，支取现金，并由它们负责核定现金库存限额。 (　)

4. 中国人民银行在国务院的领导下，制定和实施货币政策，对金融业实施监督和管理。 (　)

5. 托收承付是收款人委托银行向异地付款人收取款项的结算方式。 (　)

6. 汇票上未记载付款日的为见票即付。 (　)

7. 填写票据和结算凭证的金额时，如果金额数字书写中使用繁体字，银行也应受理。 (　)

8. 中央银行坚持自担风险，保本经营，不与商业性银行竞争的原则。 (　)

9. 在银行开立存款账户的法人以及其他组织之间，必须具有真实的交易关系或债权债务关系，才能用商业汇票。 (　)

10. 票据是无条件支付的有价证券。 (　)

五、简答题

1. 什么是票据当事人？
2. 现金管理的基本原则是什么？
3. 支付结算的原则是什么？
4. 什么是票据？票据有哪些特征？
5. 票据权利有哪些？

六、案例分析题

1. 甲企业向乙企业购买原材料，开具了一张 20 万元的银行汇票，该汇票的收款人是乙企业，以丙银行为付款人。由于市场发生变化，实际结算金额为 22 万元，甲企业在汇票上签了章，并写明出票日期。乙企业接受了这张汇票，然后到丙银行提示承兑时，丙银行拒绝承兑，请分析丙银行的做法是否正确，为什么？

2. 某设备厂是全民所有制工业企业。1996 年 6 月 10 日，经厂长李某批准，设备厂与个体工商户赵某签订了一份借款合同，由设备厂借给赵某人民币 5 万元，借款期限 3 个月。6 月 12 日，赵某持借款合同到设备厂会计科提款，会计科长张某以资金紧张，担心赵某还款信誉等为由，于当日书面报告了厂长要求取消该借款合同。6 月 25 日厂长李某在会计科长张某的书面报告上批示："合同既已签订，就应当依法履行。"会计科根据批示，从当日销售款中支取现金 5 万元交赵某并由赵某履行取款手续。3 个月后，赵某未如期归还借款，经查，赵某已不知去向。厂长李某认为事态严重，以会计工作不力等到为由做出如下决定，(1) 免去张某会计科长职务；(2) 出纳员王某调厂总务科工作，其出纳工作由稽核员陈某兼任；(3) 鉴于没有会计科科长的合适人选，将会计科并入本厂计划科，由计划科长行使会计机构负责人的职权。该决定已经执行。

要求：根据上述情况，指出哪些做法违反法律和行政法规的决定？为什么？

3. 甲企业从乙企业购进一台机器设备，价款 50 万元。甲企业从乙企业开出一张由甲企业为出票人和付款人，乙企业为收款人，付款期限为 6 个月的商业承兑汇票；同时，丙企业对汇票作了保证，保证甲企业到期承兑该汇票，付款期满后，由于甲企业财务发生危险，无法付款，乙企业就要求丙企业支付该款。问：丙企业是否有义务支付该笔款项？为什么？

4. 某公司A因供货给公司B，自行签发了一张票据金额10万元的商业汇票，记载付款人为B，收款人为A自己，付款期限为4个月，付款人B进行了承兑，后A因购物将汇票背书给了C，C又因业务需要向银行D申请贴现，D经审查汇票后，不接受贴现申请，但同意接受C以该汇票作质押，贷款8万元给C，双方商定后，办理了汇票质押手续，并在汇票上作了记载，银行贷款到期日正是质押汇票付款期限到期日，后因C无法还贷，D便向承兑人B提出付款，B认为背书不连续拒付。

问：(1) A签发的以自己为收款人的汇票是否合法，为什么？

(2) B以背书不连续为由拒付，是否成立？

(3) 假设D享有票据权利，应向B请示支付8万元还是10万元？

第十三章

财税法制度

【本章概要】

一、教学重点、难点

重点：税收的概念、特征；税法的构成要素；我国目前主要税种的税制内容；税收征管法。

难点：税法是本章教学中的难点。我国目前处于经济转型时期，市场经济改革尚未完成，税法也随之处于不断调整完善状态中，税种、税制常有变化。因此在教学中，要关心税制建设，对于税种、税制的调整，调整的原因，调整的结果，以及调整后对社会经济生活的影响等都要有所了解，以培养学生对我国税收，乃至整个经济改革达到充分的理解。

二、教学建议

财政税收法律是经济法的重要内容，它主要是从宏观上规定国家对社会经济进行管理调控的法律规范。本章主要介绍财政法和经济法的重要组成部分——税法。通过对这两种法律的学习，使学生对市场经济条件下，国家对宏观经济的调控手段和方式有进一步理解。

财政和税收的概念是学生理解本章内容两法的基础。所以在讲述两部法律之前，首先要讲清财政和税收的概念，这二者其立足点都是为了维护国家统治，凭借国家权力，强制地、无偿地对社会产品和国民收入进行管理而产生的特殊关系。财政主要体现分配和再分配的关系，而税收主要体现一种对大公共事业（即国家）需求供应的征收关系，二者相结合，一收一支，最终体现了国家对经济的宏观管理。

【实 训 案 例】

【关于税法概念和税制要素】

一、知识要点

基本掌握财税法的概念和基本原则，重点掌握税法的概念、调整对象及税法的构成要素。应把握税收是国家为了实现其职能，凭借政治权力，依照法律规定的标准，强制地、无偿地征收一定货币或实物所发生的一种特殊分配活动，它体现了以国家为主体在国家与纳税人之间形成的特定的分配关系。具有强制性、无偿性和固定性的重要特性。税法的构成要素主要有纳税主体、课税对象、税率、纳税环节、纳税期限、纳税地点、税收优惠、税务争议、税收法律责任。

二、典型案例

某县国税局稽查科的两名稽查人员在2004年6月8日，对该县宏大商贸有限公司进行税务稽查时，发现该公司部分销售糖果的零售柜台，在2003年底才将全年的销售收入按4%税率缴纳增值税，未收取进项税发票抵扣进项税，该公司为增值税一般纳税人。两名稽查人员认为该公司的该项行为不符合税法的规定，造成少缴税款属于偷税，于是以县国税局稽查科的名义，对该公司法人代表李某个人下达了补缴税款，并进行罚款的决定书。李某不服，并表示拒绝缴纳税款和罚款，两名稽查人员便将李某个人的私人汽车开回县国税局抵顶税款和罚款。

三、思考问题

1. 该县宏大商贸有限公司部分销售糖果的零售柜台应该缴纳什么税种？该柜台的缴税方式是否符合税法的规定？

2. 如不符合，那么该零售柜台应如何缴纳？税率应为多少？纳税期限如何确定？

3. 某县国税局稽查科的两名稽查人员以县国税局稽查科的名义，对该公司法人代表李某个人下达了补缴税款，并进行罚款的决定有问题么，为什么？

4. 该公司法人代表李某对某县国税局稽查科的两名稽查人员的执法行为不服可采取什么方式解决？

5. 如果某县国税局执法行为合法，那么某县国税局应该如何对该县宏大商贸有限公司的涉税行为进行处理？

四、案例分析及参考答案

1. 该县宏大商贸有限公司部分销售糖果的零售柜台应缴纳增值税。该柜台的缴税方式不符合税法的规定，其主要问题在于：(1)《中华人民共和国增值税暂行条例》规定，增值税的纳税期限最长为一个月，而该公司部分销售糖果的零售柜台，在2003年度底才将全年的销售收入计算缴纳税款，不符合增值税纳税期限的规定。(2) 该县宏大商贸有限公司属增值税一般纳税人，按《中华人民共和国增值税暂行条例》及《实施细则》的规定，无论该公司部分销售糖果的零售柜台是否收取进项税发票抵扣进项税，都应按17%的税率计算增值税销项税额，而其按小规模纳税人零售业4%的税率缴纳增值税，属于适用税率错误。因此，该县宏大商贸有限公司部分销售糖果的零售柜台正确的缴税方式为按月计算销售收入，并按17%税率计算增值税销项税额，按纳税期限缴纳应纳税款。

2. 某县国税局稽查科的两名稽查人员以县国税局稽查科的名义，对该公司法人代表李某个人下达了补缴税款，并进行罚款的决定不符合《税收征管法》的有关规定，其主要问题在于：(1) 某县国税局稽查科不具有执法主体资格，无权以某县国税局稽查科的名义对纳税人的涉税行为进行处理。(2) 该县宏大商贸有限公司的纳税主体是宏大商贸有限公司，李某只是该公司的法定代表人，税务机关不能对公司法人代表李某个人下达补缴税款，并进行罚款的决定，而应该就涉税问题对宏大商贸有限公司进行处理。

3. 该公司法人代表李某对某县国税局稽查科的两名稽查人员的执法行为不服，可采取税务行政复议和税务行政诉讼两种方式解决税收纠纷。

4. 如果某县国税局执法行为合法，那么某县国税局可以对该县宏大商贸有限公司2003年度少缴增值税的行为责令其限期补缴税款，加收滞纳金，并对其偷税行为进行罚款处理。如果其违反税法情节严重，偷税数额较大，超过法律规定标准，则必须将该案件移送司法机关处理。

五、法理基础

增值税是以商品生产和流通中各个环节新增的价值作为征税对象的一种税。增值税实行价外计税。计税方法：凭增值税专用发票注明的增值税额进行抵扣，即在计算本环节销售货物或提供应税劳务应缴纳税款时，应扣除上一环节购进货物或获取应税劳务支付款额时得到的增值税专用发票上注明的增值税税额。

增值税的一般纳税人除销售适用低税率的货物之外，税率为17%。应纳税额为当期销项税额抵扣当期进项税额后的余额。

税务检查和税务人员必须依照《税收征管法》及其实施细则行使检查职权，对违法行为的处理，要经县以上税务局（分局）局长批准。

税务行政复议是指纳税人和其他税务当事人对税务机关的具体行政行为不服，依法向该税务机关的上一级税务机关（复议机关）提出申诉，由上一级税务机关对引起争议的具体行政行为做出维持、变更、撤消等决定的活动。

六、自测案例

2002年5月某县化肥厂厂长王某超额完成利税指标，对该县经济发展做出了突出贡献。县政府奖励王某人民币4万元，并明确宣布：此项奖励免予缴税，此事在该县引起很大反响。而该县地税局却通知王某于6月25日前纳税。请问：县政府做出的免税决定是否合适？王某应否纳税？纳什么税？在什么期限纳税？税率为多少？

【关于我国的主要税种】

一、知识要点

税种是指一个国家或地区税收体系中的具体税收种类。税种的不同最主要是起因于课税对象的不同，因此，各税种的名称通常都是根据课税对象确定。我国现行税制规定的税种有以下七类：流转税、所得税、资源税、财产税、行为税、农业税、关税。其中重点掌握流转税类和所得税类的具体税种的纳税主体、征税对象、税率、计征方法等有关知识。

二、典型案例

某印刷厂（增值税一般纳税人）2004年4月份发生如下业务：

1. 接受某出版社委托，印刷图书5000册，每册不含税的印刷价格12元，另收运输费1000元。

2. 印刷挂历1400本，每本售价23.4元（含税价），零售50本，批发给某图书城800本，实行七折优惠，开票时将销售额与折扣额开在了同一张专用发票上，并规定5天之内再给5%折扣，购货方如期付款；发给本企业职工300本，赠送客户200本。

3. 为免税产品印刷说明书收取加工费5000元（不含税）。

4. 本月购进原材料取得防伪税控系统增值税专用发票上注明增值税13600元；购买一台设备取得增值税专用发票上注明税金3.4万元；上月购进的价值3万元（不含税）的纸张因管理不善浸水，无法使用。

三、思考问题

计算该企业当月应纳增值税额。

四、案例分析及参考答案

分析过程：

1. 印刷厂印刷图书不能按13%税率计算增值税，只有图书的销售单位才可按13%税率计算增值税。

2. 收取的运输费属价外费用，应换算为不含税收入，再并入销售额计算增值税。

3. 销售挂历给予30%（按七折销售）的折扣销售可以从销售额中扣除，但给予5%的销售折扣，不应减少销售额。

4. 为免税商品印刷说明书属征税范围，按17%交增值税。

5. 以自产挂历发给职工和赠送客户，均为视同销售货物行为，按售价计算增值税。

6. 该企业购买设备属固定资产，取得的增值税进项税额不得抵扣。

7. 上月购进的纸张本月因管理不善不能使用，其进项税额不能抵扣，应作进项税额转出处理。

该企业当月应纳增值税额为：

销项税额 $= 12 \times 5000 \times 17\% + 1000/(1 + 17\%) \times 17\% + 23.4/(1 + 17\%) \times (50 + 300 + 200) \times 17\% + 23.4/(1 + 17\%) \times 800 \times 70\% \times 17\% + 5000 \times 17\%$

$= 14969.3$（元）

进项税额 $= 13600 - 30000 \times 17\% = 8500$（元）

应纳增值税额 $= 14969.3 - 8500 = 6469.3$（元）

五、法理基础

1. 应纳税额 = 本期销项税额 − 本期进项税额

2. 销（进）项税额 = 销售额 × 税率

3. 销售额 = 含税销售额 ÷（1 + 税率）

六、自测案例

某卷烟厂生产烟丝、卷烟，由烟草专卖部门在国内批发销售。据此情况，你分析该卷烟厂一般需要缴纳哪些税种？

【关于《税收征收管理法》】

一、知识要点

2001年5月1日，新修订的《税收征收管理法》正式施行。新《税收征收管理法》相对于原《税收征收管理法》有五项重大修改：一是增加了加强征管、堵塞漏洞的税源管理措施；二是进一步明确了税务机关执法主体的地位，强化了执法手段和措施；三是增加了防范涉税违法行为的措施，加大了打击偷逃骗税的力度；四是大量增加了保护纳税人合法权益和纳税人依法享有权利的内容和条款；五是进一步规范税务机关的执法行为，明确了对税务机关和税务人员违法行为的法律责任。《税收征收管理法》是税收征收管理的基本法律，是最重要的征管程序法，是税务机关依法行政的重要依据，也是纳税人维护自身合法权益的有利武器，因此，对于《税收征收管理法》的有关内容应重点理解，全面掌握。

二、典型案例

某基层税务所2004年8月15日在实施税务检查中发现，辖区内平价饭店（系私营企业）自2004年5月10日办理工商营业执照以来，一直没有办理税务登记证，也没有申报纳税。根据检查情况，该饭店应纳未纳税款1500元。

三、思考问题

税务所对本案应如何处理？

四、案例分析及参考答案

本案中的纳税人没有按照《征管法》的规定进行税务登记，属于违反税务规律行为。税务所应对该饭店进行如下处理：

1. 责令平价饭店8月20日前申报办理税务登记并处以500元罚款。

2. 补缴税款、加收滞金，并处不缴税款1倍，即1500元的罚款。

五、法理基础

凡经国家工商行政管理部门批准，从事生产、经营的纳税人，都必须在领取营业执照之日起30日内，向税务机关办理税务登记。

纳税人必须在法律、行政法规规定或者税务机关依法规定的申报期限内办理纳税申报、缴纳税款。

六、自测案例

1993年7月1日，广西恭城县平安乡个体屠宰户陈某从外地采购猪肉回本地集贸市场贩卖，上午平安税务所专管员在市场巡视时，发现陈某销售的猪肉未完税，便通告他到税务所缴纳5.10元营业税，陈置之不理。下午4点当两名专管员再次到市场通告陈某到税务所办理纳税手续时，陈则恶言相加，两名税务干部耐心启发教育，陈某却冲出来殴打税务干部，并扬言打死他们。陈某的行为违反了哪些法律规定，应如何处罚？

【本章综合案例】

案例一

（一）案情介绍

某税务所在2004年7月18日实施检查中，发现金叶商店（个体）2004年6月22日领取营业执照后，未申请办理税务登记。据此，该税务所于2004年7月19日做出责令金叶商店必须在2004年7月20日前办理税务登记，逾期不办理的，将按《税收征管法》有关规定处以罚款的决定。

（二）思考问题

本处理决定是否有效？为什么？

（三）参考答案

本处理决定无效。根据《税收征管法》第15条规定："企业及企业在外地设立的分支机构和从事生产、经营的场所，个体工商户和从事生产、经营的事业单位自领取营业执照之日起三十日内，持有关证件，向税务机关申报办理税务登记，税务机关审核后发给税务登记证件的规定。"

金叶商店自2004年6月22日领取营业执照到2004年7月19日还不到30日，尚未违反上述规定，因此，税务所对其做出责令限期改正的处理决定是错误的。

案例二

（一）案情介绍

某基层税务所2004年7月15日接到群众举报，辖区内宏发服装厂（系个体工商户）开业两个月没有纳税。

2004年7月16日，税务所对宏发服装厂依法进行了税务检查。经查，该服装厂2004年5月8日办理了营业执照，5月10日正式投产，没有办理税务登记，共生产销售服装500套，销售额9万元，没有申报纳税。根据检查情况，税务所于7月18日拟做出如下处理建议：

（1）责令服装厂7月25日前办理税务登记，并处以500元罚款；

（2）按规定补缴税款、加收滞纳金，并对未缴税款在《税收征管法》规定的处罚范围内，处以6000元罚款。

2001年7月19日送达《税务处罚事项告知书》，7月21日税务所按上述处理意见做出了《税务处理决定书》和《税务行政处罚决定书》，同时下发《限期缴纳税款通知书》，限该服装厂于2001年7月28日前缴纳税款和罚款，并于当天将两份文书送达给了服装厂。

服装厂认为本厂刚开业两个月，产品为试销阶段，回款率低，资金十分紧张，请求税务所核减税款和罚款，被税务所拒绝。7月28日该服装厂缴纳了部分税款。7月29日税务所又下达了《催缴税款通知书》，催缴欠缴的税款、滞纳金和罚款。在两次催缴无效的情况下，经税务所长会议研究决定，对服装厂采取强制执行措施。8 月 2 日，税务所扣押了服装厂 40 套服装，以变卖收入抵缴部分税款和罚款。服装厂在多次找税务所交涉没有结果的情况下，8 月 15 日书面向税务所的上级机关某县税务局提出行政复议申请：要求撤销税务所对其做出的处理决定，并要求税务所赔偿因扣押服装给其造成的经济损失。

（二）思考问题

1. 县税务局是否应予受理？

2. 税务所在执法方面存在哪些问题？

（三）参考答案：

1. 县税务局对补缴税款和加收滞纳金的复议申请不予受理；对处罚的复议申请应予受理。

（1）按照《税收征管法》第 88 条规定：纳税人、扣缴义务人、纳税担保人同税务机关在纳税上发生争议时，必须先依照税务机关的纳税决定缴纳或者解缴税款及滞纳金或者提供相应的担保，然后可以依法申请行政复议。该服装厂未缴清税款和滞纳金，县税务局不能受理复议申请。

（2）按照《税收征管法》第 88 条规定：当事人对税务机关的处罚决定、强制执行措施或者税收保全措施不服的，可以依法申请行政复议，也可以依法向人民法院起诉。由于该服装厂在法定的期限内提出复议申请，县税务局应当受理。

2. 税务所在执法方面存在如下问题：

（1）执法主体不合格。《税收征管法》第 74 条规定：本法规定的行政处罚，罚款额在 2000 元以下的，可以由税务所决定。税务所对服装厂因偷税罚款 3000 元超越了执法权限，是越权行为。

（2）执法程序不合法。做出《税务行政处罚决定书》的时间不符合法律规定。国家税务总局《税务行政处罚听证实施办法》第 40 条规定，要求听证的当事人，应当在《税务行政处罚事项告知书》送达后 3 日内向税务机关书面提出听证；逾期不提出的，视为放弃听证权利。税务所 7 月 19 日送达《税务行政处罚事项告知书》，而 7 月 21 日就做出了《税务处理决定书》，听证告知的时间只有两天，不符合法定程序。

（3）扣押服装厂的服装不符合法定程序。根据《税收征管法》第 40 条的规定：其一，税务机关采取强制执行措施时必须经县以上税务局（分局）局长批准，税务所没有经县税务局长批准对服装厂采取强制执行措施，是不符合法定程序的；其二，税务机关对罚款采取强制执行措施不合法。根据《税收征管法》第 88 条第 3 款规定："当事人对税务机关的处罚决定逾期不申请行政复议也不向人民法院起诉、又不履行的，做出处罚决定的税务机关可以采取本法第 40 条规定的强制执行措施。"而该服装厂在法定的期限内申请了行政复议，税务机关就不能对罚款采取强制执行措施。

案例三

（一）案情介绍

李某是一家私营企业的业主。2004 年 7 月，税务人员在检查该私营企业账务时，经县税务局局长批准，同时检查该企业在中国银行的存款账户及李某私人和其妻王某在储蓄所的存款。查实李某自 2004 年 1 月份以来账外经营收入 20 万元，于是依法做出了补税罚款的处理决定。李某气急败坏，当即向银行责问为何将该厂存款账户和私人储蓄存款提供给税务机关检查，银行人员称税务机关提供了检查存款账户的许可证明，有权进行检查。

（二）思考问题

税务机关是否有权检查该企业的存款账户和何某本人及其妻子的个人储蓄存款？为什么？

（三）参考答案

税务机关有权检查该企业的银行存款账户，但对李某妻子王某的储蓄存款检查不合法。根据《税收征管法》第54条第6项规定："经县以上税务局（分局）局长批准，凭全国统一格式的检查存款户许可证明，查询从事生产经营的纳税人、扣缴义务人在银行或者其他金融机构的存款账户；税务机关在调查税收违法案件时，经设区的市、自治州税务局（分局）局长批准，可以查询案件涉嫌人员的储蓄存款。"因此，税务机关有权依法检查该单位的银行存款账户，但对李某及其妻子王某的储蓄存款账户的检查必须经过市、自治州税务局局长批准。

李某属私营企业主，按照《实施细则》的规定，李某在银行的储蓄存款账户，属于银行存款账户的检查范围；但对李某妻子的储蓄存款的检查，需按照《税收征管法》第54条第2款的规定执行。

案例四

（一）案情介绍

某税务稽查局工作人员赵某，在对S软件设计有限公司依法进行税务检查时，调阅了该公司的纳税资料，发现该公司的核心技术资料，正是其朋友李某所在的H电脑网络有限公司所急需的技术资料，于是就将S软件设计有限公司的技术资料复印了一套给李某，赵某的这一做法给S公司造成了无可挽回的经济损失。

S软件设计有限公司发现此事后，认为税务干部赵某的行为，侵害了企业的合法权益，决定通过法律途径来维护企业的商业、技术保密权。

（二）思考问题

纳税人可以请求保密权吗？

（三）参考答案

纳税人可以请求保密权。所谓请求保密权就是指纳税人对税务机关及其工作人员因税收执法而知晓的商业秘密和个人隐私，有请求为自己保密的权利。根据《税收征管法》第8条的规定："纳税人、扣缴义务人有权要求税务机关为纳税人、扣缴义务人的情况保密。税务机关应当依法为纳税人、扣缴义务人的情况保密。"《税收征管法》第59条规定："税务机关派出的人员进行税务检查时，应当出示税务检查证件和税务检查通知书，并有责任为被检查人保守秘密。"由此可见，请求保密权具有法律强制性，它既是法律赋予纳税人的一项基本权利，也是税务机关的法定义务。纳税人具有请求税务机关及其工作人员为自己保守秘密的权利，税务机关及其工作人员如果因自己的粗心大意或其他原因，泄露了纳税人的商业秘密或个人隐私，给纳税人的生产经营或个人名誉造成损害的，应当承担相应的法律责任。

案例五

（一）案情介绍

个体工商户王某于2004年5月10日领取营业执照，并开始从事生产经营活动，同年8月25日，该县地税局在漏征漏管户清理工作中，发现王某未向地税机关申请办理税务登记，也未申报纳税（应纳税款共计5000元）。该县地税局于是对王某未按规定期限办理税务登记的行为，责令限期改正，依照法定程序做出罚款1000元的决定；对未申报纳税的行为，责令限期改正，同时依照法定程序做出追缴税款及加收滞纳金、并处未缴税款3倍即1.5万元罚款的决定。王某对此不服，于是在接到税务处理和处罚决定书后的第二天向市地税局申请行政复议。

（二）思考问题

1. 县地税局做出的行政处罚决定是否正确？为什么？

2. 对王某的行政复议申请，市地税局应该受理吗？

（三）参考答案

1. 该县地税局对王某未按规定办理税务登记证的行为，责令限期改正，处以1000元罚款是正确的。《征管法》第60条规定，对未按照规定期限办理税务登记的，由税务机关责令限期改正，可以处2000元以下罚款。

2. 该县地税局对未申报纳税的行为，责令限期改正，同时做出追缴税及加收滞纳金，并处未缴税款3倍即1.5万元罚款的决定符合《税收征管法》规定。《税收征管法》第64条规定：纳税人不进行纳税申报，不缴或者少缴税款的，由税务机关追缴欠缴的税款、滞纳金，并处欠缴税款50%以上5倍以下的罚款。

3. 对王某的行政复议申请，市地税局应分别处理。对补税、加收滞纳金决定不能受理。因为，根据《税收征管法》第88条的规定，纳税人对税务机关做出的补税、加收滞纳金决定有异议的，应先解缴税款及滞纳金或提供相应的担保后，可依法申请行政复议。故对王某在未缴纳税款及滞纳金又未提供担保的情况下提出的行政复议申请，市地税局不能受理。对罚款一事的复议申请应予受理，《税收征管法》第88条规定，当事人对税务机关的处罚决定、强制执行措施或者税收保全措施不服的，可以依法申请行政复议，也可以依法向人民法院起诉。

案例六

（一）案情介绍

某县国税局集贸税务所在2004年12月4日了解到其辖区内经销水果的个体工商业户B（定期定额征收业户），每月10日缴纳上月税款，打算在12月底收摊回外地老家，并存在逃避缴纳2004年12月税款1200元的可能。该税务所于12月5日向B下达了限12月31日缴纳12月份税款1200元的通知。12月27日，该税务所发现B正在联系货车准备将其所剩余的货物运走，于是当天以该税务所的名义由所长签发向B下达了扣押文书，由税务人员李某带两名协税组长共三人将B价值约1200元的水果扣押存放在借用的某机械厂仓库里。2004年12月31日11时，B到税务所缴纳了12月份应纳税额1200元，并要求税务所返还所扣押的水果，因机械厂仓库保管员不在未能及时返还。2005年1月2日15时，税务所将扣押的水果返还给B。B收到水果后发现部分水果受冻，损失水果价值500元。B向该所提出赔偿请求，该所以扣押时未开箱查验是否已冻，水果受冻的原因不明为由不予受理。而后B向县国税局提出赔偿申诉。

（二）思考问题

1. 税务所的执法行为有哪些错误？

2. 个体工商业户B能否获得赔偿？

（三）参考答案

1. 该税务所在采取税收保全措施时存在以下问题：

(1) 违反法定程序。《税收征管法》第38条规定了采取税收保全措施的程序是责令限期缴纳在先，纳税担保居中，税收保全措施断后。该所未要求B提供纳税担保直接进行扣押，违反了法定程序。

(2) 越权执法。该纳税人不属于《税收征管法》第37条规定的未按照规定办理税务登记的纳税人，也不是临时从事生产经营的纳税人，对其采取税收保全措施，应该按照《税收征管法》第38条的规定执行，即采取税收保全措施应经县以上税务局（分局）局长批准，本案中由该税务所所长向B下达扣押文书显然没有经过县以上税务局（分局）局长批准。

(3) 执行不当。其一，《实施细则》第63条规定，税务机关执行扣押、查封商品、货物或者其他财产时，必须由两名以上税务人员执行。该税务所执行扣押行为时只有税务人员李某一人，协税组长虽可协助税务人员工作，但不能代替税务人员执法。其二，在扣押商品、货物或其他财产（以下简称物品）时应对被扣押的物品进行查验，并由执行人与被执行人共同对被扣押物品的现状进行确认，只有在此基础上才能登记填制《扣押商品、货物、财产专用收据》；未对扣押的物品进行查验，《税收征管法》中虽没有明文规定，从《实施细则》第58条关于对扣押鲜活、易腐烂变质或者易失效的商品、货物的规定可以看出，在执行扣押时应掌握扣押物品的质量（现状），因此有必要对所扣押的物品进行查验，并由执行人和被执行人对其现状进行确认，这是税务人员在实际工作中应当注意的，只有这样才能分清责任，避免纠纷。其三，未妥善保管被扣物品。

(4) 税收保全措施的解除超过时限。《实施细则》第68条规定，纳税人在税务机关采取税收保全措施后按照税务机关规定的期限缴纳税款的，税务机关应当在收到税款或银行转回的税票后24小时内解除税收保全。本案中，该税务所向B返回所扣押的商品是在该税务所收到B缴纳税款后的52小时之后，违反了上述规定。

2. 纳税人B可以获得行政赔偿，根据《税收征管法》第39条、第43条的规定，采取税收保全措施不当，或者纳税人在限期内已缴纳税款，税务机关未立即解除税收保全措施，使纳税人的合法利益遭受损失的，税务机关应当承担赔偿责任。《国家赔偿法》第4条也规定了行政机关及其工作人员在行使职权时，违法对财产采取查封、扣押、冻结等行政强制措施的，受害人有取得赔偿的权利。

案例七

（一）案情介绍

某县供销社下属的某乡农副产品采购供应站，现已累计欠税4万多元。2003年11月15日，该乡税务分局的税务员张某来站上对站长说：“1月20日前再不能缴清欠税，我们就得采取措施了!”11月20日上午，站长正在向县供销社经理汇报税务局催缴欠税的事，突然接到站里打来的电话说：“税务局来人将站里收购的3吨价值6万多元的芦笋拉走了!”

站长急忙赶回站里，果然装满芦笋的汽车不见了，只见办公桌上放着一张“查封（扣押）证”和一份“扣押商品、货物财产专用收据”。经过多处筹集，供应站在11月22日将所欠税款全部缴清。但在向张某索要扣押的芦笋时，他说芦笋存放在食品站的仓库里。当供应站人员一同赶到食品站时，食品站的人说：保管员回城里休假了。3天后供应站才见到芦笋。因为下了一场大雪，芦笋几乎已全部冻烂。这给供应站带来了4万元的直接经济损失。因为供应站未能按合同供应芦笋，还要按照合同支付购货方1万元的违约金，合计损失5万元。

12月5日，供应站书面向该乡税务分局提出了赔偿5万元损失的请求，分局长说要向上级请示。12月10日，供应站再向该乡税务分局询问赔偿的事时，分局长说：“张某及另外的一位同志对供应站实施扣押货物，未经过局长批准，纯属个人行为，税务局不能承担赔偿责任。”同时还拿来“查封（扣押）证”的存档联给供应站有关人员看，果然没有局长签字。

12月16日，供应站向县税务局提出税务行政复议申请，请求县局裁定该乡税务分局实施扣押货物违法，同时申请赔偿5万元的损失。至12月30日，县税务局尚未做出答复。

（二）思考问题

1. 该乡税务分局扣押供应站的货物是否违法?

2. 如果上述属于违法行为，供应站的损失应由税务分局来赔偿还是应该由税务干部张某来赔偿?

3. 县税务局若一直不愿做出裁定或裁定不予赔偿，供应站该怎么办?

（三）参考答案

1. 税务分局的行为是违法的。

(1) 王营乡税务分局扣押供应站货物的行为，既不是税收保全措施，也不是税收强制执行措施。

强制执行措施应当依照《税收征管法》第四十条的规定，先向站长下达“限期缴纳税款通知书”，若逾期仍未缴纳时，才可以经县以上税务局局长批准，采取扣押货物等强制执行措施。扣押货物后，直接对扣押的货物进行依法拍卖或者变卖，以拍卖或者变卖所得抵缴税款。

税收保全措施，应该先向供应站下达“限期缴纳税款通知书”，在限期内若发现供应站有明显的转移、隐匿其应纳税的商品、货物以及其他财产或者应纳税收入的迹象时，税务分局还应首先责成供应站提供纳税担保。若供应站不能提供纳税担保，才可以经县以上税务局局长批准，对供应站采取扣押货物等税收保全措施。

(2) 扣押的货物超过应纳税额。该税务分局在执行4万多元的税款时，扣押了供应站6万元的货物，违反了《税收征管法》第三十八条第一款第（二）项的规定，即应当扣押、查封纳税人的价值相当于应纳税款的商品、货物或者其他财产。

(3) 在扣押供应站的货物时，没有通知供应站领导到场，也没有让供应站主要负责人在“查封（扣押）证”和“扣押商品、货物财产专用收据”上签字，违反了《税收征管法实施细则》第六十三条规定的程序。

(4) 既然税务分局在扣押供应站的货物后，又允许供应站主动履行纳税义务，税务分局应该在供应站缴税后1日内解除对供应站货物的扣押。而该税务分局在3天后才解除对供应站货物的扣押，违反了《税收征管法实施细则》第六十八条的规定。

2. 如果上述属于违法行为，供应站的损失应由税务分局来赔偿。

根据《赔偿法》第七条第一款的规定，行政机关及其工作人员行使行政职权侵犯公民、法人和其他组织的合法权益造成损害的，该行政机关为赔偿义务机关。因此，税务干部张某等对供应站采取扣押货物的行为，虽未经局长批准，但完全是税务机关自己执法不严造成的，与纳税人无关；张某等的行为完全代表税务机关行使行政职权，而不是与行使职权无关的个人行为。因此，税务人员张某等扣押货物违法，并给供应站的合法财产造成的损害，王营乡税务分局是法定的赔偿义务机关。

3. 县税务局若一直不愿做出裁定或裁定不予赔偿，供应站应申请行政复议及要求行政赔偿。

供应站申请行政复议及要求行政赔偿的程序都是合法、有效的。若县税务局至2003年2月14日（申请复议后满60日）尚未做出复议决定，或者供应站对做出的复议决定不服，应在2003年3月3日前，依法向人民法院提起行政诉讼，同时提出行政赔偿请求。

根据《税收征管法实施细则》第七十条和《赔偿法》第二十八条的规定，行政机关及其工作人员在行使行政职权时侵犯公民、法人和其他组织的财产权造成损害的，国家只就直接损失予以赔偿，对间接损失不予赔偿。所以，对该站支付给购货方1万元违约金的间接损失，国家将不予赔偿。

案例八

（一）案情介绍

2003年9月8日，某区国税局某税务所根据举报线索，对某建材档口进行稽查。稽查人员在出示了合法的检查手续后发现，该建材档口2003年6月21日开业至今未办理国税税务登记。稽查人员决定依法核定其应纳税额。经核定，该档口应缴纳增值税1万元。稽查人员责令业主李某缴纳，李某予以拒绝。稽查人员在经所长批准后，当即扣押李某价值1万元的玻璃，并当场开付收据，同时，经区国税局局长批准，到有关金融机构查询了李某个人的储蓄存款。

2003年9月10日，稽查人员在履行告知等有关法定程序后，以区国税局的名义下达了处理决定和处罚决定，补增值税1万元，课征滞纳金150元；认定该档口偷税，处所偷税款0.5倍罚款，计0.5万元。缴款期限届满后，李某仍不缴纳税款、滞纳金和罚款。经区国税局局长批准，稽查人员依法变卖了所扣押的玻璃，以变卖所得1.0150万元抵缴了税款和滞纳金。该档口业主李某对处罚决定不服，如期向市局国税局提出复议申请，在复议期间，李某开始转移档口的货物。稽查人员报经区国税局局长批准后，马上对该商店采取了税收强制措施，又扣押了该商店价值0.5万元的玻璃，并开付收据，拟变卖抵缴罚款。

（二）思考问题

分别指出税务人员上述行为中哪些执法行为违反了《税收征管法》，并简要说明理由。

（三）参考答案

对未办理税务登记行为没有处理，应当责令限期改正，并给予2000元以下罚款。

对未办理税务登记而少缴税款的定性不当，应按照不申报少缴、不缴税款处理，给予

50%以上5倍以下罚款。

查询储蓄存款不当，要经设区的市、自治州以上税务局（分局）局长批准，才可以查询案件涉嫌人员的储蓄存款。

采取强制措施不当，由于该档口如期申请要求复议，故不应采取保全措施。

【本章练习】

一、填空题

1. 财政是国家为了实现其________需要，凭借________强制地、无偿地对________和________进行分配和再分配的一种________关系。

2. 财政关系包括财政________和财政________关系。

3. “________”既是财政管理原则，也是调整中央与地方之间的财政关系的法律规范所必须遵循的原则。

4. 税收是国家为了________，凭借政治权力，依照法律规定的标准，________、________征收一定货币或实物所发生的一种特殊________活动，它体现了以________为主体在________和________之间形成的________关系。

5. 纳税期限分为________和________两种。

6. 增值税是指以产品的________为征税对象的一种税。

7. 纳税人、扣缴义务人没有按照规定的纳税期限缴纳税款的，税务机关除责令限期缴纳外，从滞纳税款之日起，按日加收滞纳税款________的滞纳金。

8. 对违反税法的纳税人可扣缴义务人给予经济制裁，一般有________和________两种。

9. 税收是国家通过法律规定征收的，________构成了税收的强制性。纳税是纳税人的法定义务，不依法纳税的纳税人要受到法律制裁。

10. 纳税人、扣缴义务人没有按照规定的纳税期限缴纳税款的，税务机关除责令限期缴纳外，________之日起，按日加收________滞纳税款。

二、单项选择

1. (　　)是国家为了实现其职能，凭借政治权力，依照法律规定的标准，强制地、无偿地征收一定货币或实物所发生的一种特殊分配活动。

A. 预算　　B. 税收

C. 财政　　D. 决算

2. 以下哪项不是县级以上各级人大的预算管理职权。(　　)

A. 变更撤销权　　B. 审查权

C. 监督权　　D. 决定权

3. 下列不是增值税的税率或征收率的是(　　)。

A. 17%　　B. 13%

C. 5%　　D. 6%

4. 纳税人未按规定期限缴纳税款的，从滞纳税款之日起，按日加收滞纳税款(　　)的滞纳金。

A. 千分之二　　B. 百分之三

C. 千分之五　　D. 万分之五

5. 下列不属于行为税的是(　　)。

A. 筵席税　　B. 营业税

C. 印花税　　D. 城市维护建设税

6. 区分不同税种的主要标志是(　　)。

A. 征税对象　　B. 计税依据

C. 税目　　D. 税率

7. 下列税种中采用定额税率的是(　　)。

A. 营业税　　B. 车船使用税

C. 企业所得税　　D. 增值税

8. 税款的征收方式不包括(　　)。

A. 查账征收　　B. 查定征收

C. 适当征收　　D. 定期定额征收

三、多项选择

1. 税收的特征有(　　)。

A. 强制性　　B. 确定性

C. 无偿性　　D. 固定性

2. 我国现行税法采用的税率有(　　)。

A. 累进税率　　B. 定额税率

C. 比例税率　　D. 边际税率

3. 下列属于流转税的有(　　)。

A. 契税　　B. 营业税

C. 消费税　　D. 个人所得税

4. 按照我国现行税法规定，税务机关可以行使估税权的范围包括(　　)。

A. 纳税人未设置账簿　　B. 纳税人逾期未办理纳税申报

C. 在一年内因偷税受过行政处罚　　D. 凭证残缺不全，难以查账

5. 税款的征收方式有(　　)。

A. 查账征收　　B. 查定征收

C. 查实征收　　D. 查验征收

6. 下列属于消费税的征税范围的有(　　)。

A. 大豆色拉油　　B. 啤酒

C. 彩电　　D. 柴油

7. 下列属于税收违法行为的有(　　)。

A. 转借税务登记证　　B. 未设置账簿

C. 欠税　　D. 税务人员利用职务便利索取钱财

8. 下列属于增值税的适用税率的有(　　)。

A. 17%　　B. 6%

C. 4%　　D. 13%

四、判断题

1. 预算关系是指在国家预算收入和进行预算管理过程中产生的经济关系。(　　)

2. 预算收入包括财政收入；依照规定应当上缴的国有资产收益；专项收入；其他收入。(　　)

3. 各级人民政府对于必须进行的预算调整，可以自行调整。(　　)

4. 增值税是指以产品的销售额为征税对象的一种税。(　　)

5. 在纳税人不能提供纳税担保时，税务机关可以采取税务保全措施。(　　)

6. 从事生产经营的纳税人、扣缴义务人未按照规定的期限缴纳或解缴税款，纳税担保人未按照规定的期限缴纳所担保的税款，经县以上税务局（分局）局长批准，税务机关可以采取强制执行措施。(　　)

7. 税务机关的税收强制执行措施可以采取扣押、查封、拍卖商品、货物或其他财产，以拍卖所得抵缴税款。(　　)

8. 依照规定可以不设置账簿的，税务机关无权核定其应纳税额。(　　)

9. 在纳税人不能提供纳税担保时，经县以上税务局（分局）局长批准，税务机关可以采取税收管理措施。(　　)

10. 抗税是指纳税人公然违反税法规定，拒绝履行纳税义务的行为。(　　)

五、简答题

1. 财政法的基本原则有哪些?

2. 税法的构成要素有哪些?

3. 流转税的概念及包括的税种有哪些?

4. 所得税的概念及包括的税种有哪些?

5. 简述《税收征收管理法》的主要内容。

6. 违反税法的行为主要有哪些?

六、案例分析

1. 李某私自在自己家一楼屋内开设食杂店，两个月后，税务所赵所长接到举报后带领两名税务同志到李某家下达限期办理税务登记通知书和税务处罚通知书，李某认为在自家开设食杂店不必上税，于是与税务人员发生争执，李某的儿子上前殴打赵所长，赵所长责令两名税务人员将李某的儿子制服，同时采取税收强制执行措施当场变卖李某食杂店内商品，抵缴税款、罚款。问：李某和他的儿子的行为具体是什么样的税务违法行为？赵所长的行为都合法吗？为什么？

2. 某企业 1998 年按规定的时间向税务机关进行了纳税申报，并缴纳了该年的营业税和所得税。在纳税申报资料中显示：该企业 1998 年营业收入 140 万元，营业支出 120 万元，缴纳营业税为7万元，缴纳所得税为4.29万元。1998年税务机关在税务检查中发现该企业通过伪造记账凭证等手段，隐瞒了实际收入和支出的事实。经查实该企业1998年实际营业收入150万元，营业支出为110万元。另外，经查实1997年该企业偷税4.1万元一直未处理。假设该企业适用营业税税率为5%，所得税税率33%，其他税费暂不考虑，请分析对企业应如何处理。

要求回答：

（1）该企业的行为属于什么行为？

（2）违法金额是多少？

（3）根据法律应如何处理？

第十四章

仲裁法与经济司法制度

【本 章 概 要】

一、教学重点、难点

重点：（1）仲裁与仲裁法的涵义；（2）经济仲裁的基本原则；（3）经济仲裁的适用范围；（4）诉讼的概念。

难点：（1）仲裁制度的产生、发展及性质；（2）仲裁的特征、仲裁的程序；（3）经济审判的管辖与程序；（4）仲裁申请书与起诉状的实际应用。

二、教学建议

本章所要讲述的“经济仲裁”与“经济司法”都是实践性很强的司法活动，建议在教学中开设模拟法庭，以增强学生的感性认识。

【实 训 案 例】

【关于仲裁概念】

一、知识要点

1. 自愿达成仲裁协议，有较强的自主性、灵活性、保密性。

2. 当事人自觉履行仲裁裁决，当事人不履行裁决的由人民法院强制执行。

3. 实行一局仲裁制。

二、典型案例

王玉仙与刘娅茹均系独身老人，两人1998年相识后性情很为相投，决定在一块儿共同生活，并于2002年5月共同收养了一名8岁孤儿。办理了收养手续后，为了防止以后两人对收养发生争议并为保守收养的秘密，双方自愿约定，若今后对孤儿的抚养问题发生争议，由本市仲裁委员会仲裁。2005年5月，由于收养儿患重病，在医疗费问题上发生了争议，王玉仙遂向仲裁委员会申请仲裁，仲裁委员会对此案不予受理。

三、思考问题

1. 什么是仲裁？当事人对于什么争议可以约定仲裁？

2. 仲裁有那些特征？

四、案例分析与参考答案

仲裁是指纠纷当事人在自愿基础上达成协议，将纠纷提交共同选定的仲裁机构进行裁决，并对争议各方作出均有约束力裁决的一种解决纠纷的方式。

目前，通过第三者解决经济争议的方式主要有三种：调解、仲裁和司法诉讼。仲裁既不同于调解也不同于司法诉讼，具有自己的特征。

1. 仲裁与调解的异同。二者的相同点是：（1）都必须根据当事人的自愿原则；（2）都是将当事人之间发生的争议交给第三者去解决；（3）一般都是按照一定的程序去解决。这两种解决方式都比诉讼节省时间和费用。二者的不同之处在于：（1）调解解决比仲裁解决具有某种随意性，调解的任何一方可以在调解的任何程序中中止，使调解不能继续进行；而在仲裁过程中除非当事人双方达成和解协议或申请人要求撤案，否则仲裁庭仍有权做出最终裁决。（2）调解比仲裁具有更大的灵活性，在程序、补偿方式上都比较灵活。（3）调解和仲裁的作用不同，调解结果必须经双方当事人同意，而裁决书无须经当事人同意。（4）调解书和仲裁书效力不同，调解书不是终局，而裁决书是终局，一方不履行裁定，胜诉方可请求有管辖权的人民法院强制执行。

2. 仲裁与司法诉讼的异同。二者的相同之处在于：（1）都是一种有约束力的裁判；（2）虽各自有自己的程序，但都必须按照法律的原则判决和裁决。二者的不同点在于：（1）诉讼是强制管辖，仲裁是协议管辖，此外，在审判庭和仲裁庭的组成上诉讼的强制性也有不同；（2）诉讼案件一般是公开的，而仲裁案件一般是不公开的；（3）诉讼案件是两审终审，而仲裁案件是一局终审。

仲裁是有一定范围的，只限于平等主体之间的合同纠纷和其他财产权益纠纷。本案中当事人约定把抚养纠纷提交仲裁是不适当的，仲裁委员会因而不会受理。

五、法理基础

仲裁作为一种解决财产权益纠纷的民间性裁判制度，不同于司法审判行为，具有以下特征：

1. 仲裁具有较强的自主性。

2. 仲裁具有较强的灵活性。

3. 仲裁的执行权由人民法院行使。

4. 仲裁一般以不公开审理为原则，而诉讼一般要公开审理。

5. 仲裁实行一裁终局制，有利于当事人之间纠纷的迅速解决。

六、自测案例

2003年4月某县综合加工厂（供方）与某市饮料厂（需方）签定了一份食品袋购销合

同。双方约定：供方发给需方价值 7 千元的食品袋，由供方代办托运，运杂费由需方负担，交货时间为当年 5 月 15 日前，结算方式，货到付款。5 月 14 日供方托运发货，5 月 21 日需方收到货物，供方按合同向需方托收货款，需方于 5 月 29 日拒付，理由是过期到货和部分供货质量不符。供方不服，于同年 6 月 20 日依仲裁协议向仲裁机构申请仲裁。请你代供方写一份仲裁申请书，说明供方申请的理由是什么？

【关于仲裁的组织机构】

一、知识要点

1. 仲裁委员会一般在设区的市设立。

2. 仲裁委员会独立于行政机关，各仲裁委员会之间没有隶属关系。

二、典型案例

案例一

A 市甲公司与 B 市乙公司拟签定合同，在协商仲裁协议时，对仲裁机构的约定发生意见分歧。甲公司坚持要以本市仲裁委员会为仲裁机构，乙市则坚持要以双方所在市以外的仲裁委员会作为仲裁机构。甲公司负责人认为，应当以当事人一方所在地的仲裁机关作为仲裁机构，否则仲裁协议无效。乙公司负责人则认为，甲公司所在市的仲裁委员会从属于当地司法局，而甲公司的董事长与 A 市司法局的领导人关系稔熟，在该市仲裁会受到当地司法局的干涉，于己不利。最后双方均同意以上海仲裁委员会为仲裁机构。后发生纠纷，上海仲裁委员会作出仲裁裁决后，甲公司不服裁决，向 A 市人民法院又提起诉讼。

案例二

××房地产公司与××轧钢厂于 2002 年 12 月签定了一份钢材批量供应合同，合同约定轧钢厂 2003 年全年供应具体型号的建筑用钢材 1000 吨，分四次用火车发出，运费和货款每半年结算一次。2003 年 1 月份轧钢厂向房地产公司发运了 300 吨钢材，4 月份以后钢材市场价格猛然上涨，轧钢厂便不再发货。××房地产公司不得已，只好到市场上高价购买钢材 500 吨以保证工程进度。11 月份钢材市场回落，轧钢厂又马上向房地产公司要求分三次发货 700 吨。房地产公司提出目前工程已不再需要钢材，且没有存放场地，要求轧钢厂不要再发货并解除合同。轧钢厂却认为，合同未规定发货具体时间，轧钢厂现在分三次发货仍符合合同的规定，不同意解除合同，并发货 200 吨。房地产公司只好将收到的钢材处理给他人，但拒付轧钢厂货款，因此而产生争议。

在订立合同时合同中曾约定了仲裁条款，写明双方经协商一致决定，一旦发生合同纠纷交 A 市仲裁委员会仲裁，但发生纠纷后才发现 A 市并没设立仲裁委员会，仲裁条款被确认无效。双方重新约定，将仲裁争议交房地产公司所在市的仲裁委员会或轧钢厂所在地的仲裁委员会进行仲裁，对仲裁裁决不服的，任何一方均有权向当地人民法院提起诉讼。

三、思考问题

案例一

1. 甲公司与乙公司负责人的看法是否有道理？

2. 仲裁委员会应如何设置？

3. 在发生争议经上海仲裁委员会仲裁后，甲公司又向 A 市人民法院提起诉讼的做法是否合适？

案例二

1. 该合同中的仲裁条款是否有效？仲裁协议应包含哪些内容？

2. 双方第二次的约定是否符合仲裁法的规定？

四、案例分析与参考答案

案例一

甲公司与乙公司负责人的看法都是错误的。

在我国，直辖市和省、自治区人民政府所在地的市基本都设立了仲裁委员会，不少地方设区的市根据本地经济发展的需要也设立了仲裁委员会。按《中华人民共和国仲裁法》规定仲裁委员会不按行政区划层层设立，当事人可以任意选择适用的仲裁机构。因此在本案例中，甲公司负责人认为，必须以当事人一方所在地的仲裁机关作为仲裁机构，否则仲裁协议无效的观点是错误的。1994 年 8 月 31 日颁布从 1995 年 9 月 1 日起施行的《仲裁法》规定，我国的仲裁已由过去的行政仲裁转为民间仲裁，除法律另有规定者外，仲裁机构在行使仲裁权时不受到任何行政机关及其他组织的干预；各个仲裁委员会之间，也不存在领导与被领导关系。因此乙公司负责人的观点也是错误的。

我国仲裁采取的是一裁终局的仲裁制度，除法律另有规定外，当事人不得再向人民法院提起诉讼。因此，甲公司在上海仲裁委员会做出裁决后又向 A 市人民法院提起诉讼的做法是错误的，法院也不会受理。

案例二

仲裁的前提是必须存在合法有效的仲裁协议。仲裁协议必须是书面的，包括：合同中的仲裁条款、仲裁协议书或其他文件中明确包含的仲裁协议等三种类型。仲裁协议应包括以下内容：请求仲裁的意思表示、仲裁事项、选定的仲裁委员会等。仲裁协议应具体明确，并且不能超过法律规定的范围。选定的仲裁机构也应当是明确的而且必须是唯一的，否则，仲裁协议无效。

在前述案例中，当事人第一次约定的 A 市仲裁委员会不存在，是因为 A 市是不设区的市，依法不能设立仲裁委员会。因此，当事人的仲裁协议无效。双方当事人第二次约定将仲裁协议交房地产公司所在地的仲裁委员会，或轧钢厂所在地的仲裁委员会进行仲裁，此项约定由于使用了选择性词语，无法确定唯一的仲裁委员会进行仲裁，应确认无效。此外，当事人“对仲裁裁决不服的，任何一方均有权向当地人民法院提起诉讼”的约定，违反了《仲裁法》关于“一裁终局”的规定，从而也导致了第二次的仲裁协议无效。

五、法理基础

案例一

在直辖市和省、自治区人民政府所在地的市设立仲裁委员会，也可以根据需要在其他设区的市设立，但不按行政区划层层设立仲裁委员会。仲裁委员会与行政机关没有隶属关系，仲裁委员会之间也没有隶属关系。仲裁实行一裁终局的制度，仲裁裁决做出后，当事人就同一纠纷再申请仲裁或者向人民法院起诉的，仲裁委员会或者人民法院不予受理。

案例二

当事人申请仲裁，应当向仲裁委员会递交仲裁协议、仲裁申请书及副本。仲裁申请书应当载明下列事项：(1) 当事人的姓名、性别、年龄、职业、工作单位和住所，法人或者其他组织的名称、住所和法定代表人或者主要负责人的姓名、职务；(2) 仲裁请求和所根据的事实、理由；(3) 证据和证据来源、证人姓名和住所。

六、自测案例

某市有张姓一家，其家有私房12间，子女4人。最近房主张××去世，四个子女因分割房屋发生纠纷，不能通过协商方式解决，闻听仲裁以不公开审理为原则，且有为当事人保密的特点。兄妹四人协商通过仲裁方式来分割房屋，并签定了仲裁协议，到该市仲裁委员会申请仲裁，问仲裁委员会能够受理吗？

【关于仲裁程序】

一、知识要点

1. 申请仲裁须具备：仲裁协议或有关条款；有仲裁理由与事实；属于仲裁受理范围。

2. 送达与答辩。

3. 仲裁庭组成：双方共同指定一名首席仲裁员，另各方选定一名仲裁员，三人组成仲裁庭；或独任仲裁，即双方共同约定仲裁员一人仲裁。

4. 开庭、裁决与执行。

二、典型案例

案例一

周某为农业生产资料批发商，吴某为农业生产资料零售商，吴某与周某签定了化肥购销合同，吴某按合同向周某发出16万元汇款，周某在接到汇款后按合同规定把化肥交运至合同指定地点。吴某接收后发现化肥存在质量问题，于是要求退货并包赔损失。因在合同中设立了仲裁条款，因而吴某向仲裁委员会提出仲裁。在仲裁进行中吴某发现周某有转移财产行为，为了保护自己的权益不受损失，吴某向人民法院申请财产保全。

案例二

2004年6月渤海公司与戈壁公司签定了以渤海公司为卖方，戈壁公司为买方的海鲜购销合同。合同约定渤海公司于国庆前向戈壁公司供应海鲜一批，总货款30万元。渤海公司于8月底告知戈壁公司，因受赤潮影响海鲜捕捞量急剧减少，因而不能如约履行义务。戈壁公司经实地考察后得知，渤海公司不愿如实履约的真实原因是海鲜价格上涨。于是戈壁公司根据双方事先约定的仲裁协议向仲裁委员会提出申请仲裁。经仲裁裁决后，渤海公司仍不履行其应完成的义务，戈壁公司遂向人民法院提出强制执行的申请。

三、思考问题

案例一

1. 吴某向仲裁委员会申请仲裁应具备哪些条件？并做好哪些准备？

2. 吴某申请财产保全是否先要通过仲裁委员会？

案例二

1. 人民法院能接受戈壁公司的强制执行申请吗？

2. 什么条件下人民法院可以执行仲裁裁决？

四、案例分析与问题解答

案例一

当事人申请仲裁应符合下列条件：有仲裁协议或仲裁条款，有具体的请求事实、理由，争议属于仲裁委员会的受理范围。吴某申请仲裁应向仲裁委员会递交有关的仲裁协议、仲裁申请书及副本、相关证据及证据来源和证人姓名住所。

吴某申请财产保全必须通过仲裁委员会。在仲裁庭仲裁之前，如一方有转移财产、藏匿财产等情况的，另一方当事人为了保证调解或裁决能正常执行，可以申请财产保全。依据《仲裁法》第28条第2款规定“当事人申请财产保全的，仲裁委员会应当将当事人的申请依照民事诉讼法的有关规定提交人民法院”。当事人不能越过仲裁委员会直接向人民法院申请财产保全。没有当事人的申请，仲裁委员会也不能主动向人民法院申请财产保全。本案中吴某直接向人民法院提出财产保全是不妥的，应向仲裁委员会提出，再由仲裁委员会转交人民法院裁定并执行。

案例二

人民法院可以接受戈壁公司的强制执行申请。仲裁裁决做出后，权利方可根据生效的仲裁裁决书向人民法院提出执行申请，请求人民法院予以执行。人民法院接到当事人的执行申请时，除有申请被撤消或不予执行的情形以外，应当及时执行仲裁裁决。有关执行的规定适用民事诉讼法规定的执行程序。

人民法院执行仲裁裁决应具备以下条件：1. 必须有胜诉方当事人的申请。没有当事人的申请，人民法院没有主动执行的职权。2. 当事人必须在一定的期限内提出申请。即双方或一方当事人为公民的申请期为1年，双方当事人均为法人或其他组织的申请期为6个月。超出法定申请期限的人民法院不予受理。3. 当事人必须向有管辖权的人民法院提出申请。

五、法理基础

案例一

当事人申请仲裁应当符合下列条件：(1) 有仲裁条款或仲裁协议；(2) 有具体的仲裁请求和事实、理由；(3) 属于仲裁委员会的受理范围。

申请财产保全不是仲裁的必经程序，它是一方当事人因另一方当事人的行为或者其他原因，可能使裁决不能执行或者难以执行，为了使申请方当事人的财产避免损失，可以向仲裁委员会申请财产保全。当事人申请财产保全的，仲裁委员会应当将当事人的申请依照民事诉讼法的有关规定提交人民法院。

案例二

一方当事人不履行裁决的，另一方当事人可以依照民事诉讼法的有关规定向人民法院申请强制执行，受申请的人民法院应当依法执行。人民法院执行仲裁裁决应具备以下条件：1. 必须有胜诉方当事人的申请。2. 当事人的申请期限：双方或一方当事人为公民的，申请期为1年；双方当事人均为法人或其他组织的申请期为6个月。超出上述申请期限的，人民法院不予受理。3. 当事人必须向有管辖权的人民法院提出申请。

【关于经济案件的管辖】

一、知识要点

1. 地域管辖：“原告就被告原则”。

2. 级别管辖：基层法院、中级法院、高级法院、最高法院。

3. 专属管辖：不动产纠纷由不动产所在地法院管辖；港口作业纠纷由港口所在地法院管辖。

二、典型案例

甲、乙、丙三县均属某省黄海市。2004 年 5 月甲县农药厂与乙县农业生产资料公司在丙县签定了一份农药购销合同，农药厂为发售方，农业生产资料公司为购买方，合同总价格为 18 万元，合同约定由农药厂送货到乙县农业生产资料公司。现当事人双方同意，以协议的方式约定合同纠纷的管辖法院。

三、思考问题

1. 什么是诉讼管辖？协议约定管辖是否符合法律规定？

2. 本案例一旦发生合同纠纷何地法院可能有管辖权？

四、案例分析与问题解答

划分各级人民法院或同级人民法院受理第一审经济案件的职权范围，明确他们相互之间审理案件的具体分工，称为管辖。

当事人对纠纷提起诉讼时，遇到的第一个问题就是应该到哪一家法院起诉？所谓“管辖”就可以解决这一问题。首先我们应当根据法律的规定，按照案件的诉讼标的的大小和案情的繁简程度来确定案件应由哪一级人民法院管辖。确定了管辖法院的级别后，再根据案件的发生地、被告所在地及合同签定地或合同履行地等因素，来确定在同级人民法院中，何地人民法院具有管辖权。通过这两步，一般我们就可以确定对纠纷发生后所应选择的法院了。此外，《民事诉讼法》第 25 条还规定了协议管辖：“合同的双方当事人可以选择被告住所地、合同履行地、合同签定地、原告住所地、标的物所在地人民法院管辖，但不得违反本法对级别管辖和专属管辖的规定”。据此，协议约定管辖是符合法律规定的。

本案中当事人双方可以事先协议约定一旦发生纠纷，在甲县、乙县、丙县中任一县人民法院作为管辖法院，但必须在处理纠纷前协议确定。如果当事人没有约定的，可由原告选择被告住所地或合同履行地的人民法院管辖。

五、法理基础

划分各级人民法院或同级人民法院受理第一审经济案件的职权范围，明确他们相互之间审理案件的具体分工，称为诉讼管辖。管辖分为：1. 地域管辖。是指同级人民法院之间审理第一审经济纠纷案件的分工和权限。2. 级别管辖。是指各级人民法院之间审理第一审经济纠纷案件的分工和权限。它是根据案件的性质和影响的大小确定由哪一级人民法院作为第一审法院进行审理。3. 专属管辖是指按照诉讼标的特殊性与管辖的排他性而确定的管辖。

六、自测案例

2002 年 4 月甲县电器厂与乙县百货公司在甲县签定了购销 5000 台电风扇合同，价值 15 万元。合同规定由百货公司分两批到电器厂提货，每批货交付后 10 日内付款。第一批货钱货两清没有争议。但百货公司提走第二批货后迟迟不予付款，电器厂多次催要未果，便决定向法院起诉。问：应该向哪家法院起诉？

【关于诉讼程序】

一、知识要点

1. 我国的经济审判实行“两审终审”制度。

2. 第一审程序为：起诉和受理、审理前的准备、开庭审理、调解、判决等诉讼阶段。

3. 第二审程序为：提起上诉、上诉案件的审理、判决（维持原判、改判或发回重审）。

4. 审判监督程序：对生效判决错误的纠正，是特殊程序。

5．执行程序。

二、典型案例

果乡食品厂与千家乐超市签定了一批果脯购销合同，超市因有顾客多次反映该批果脯存在质量问题而拒绝付款，但食品厂却否认其产品在出厂时有质量问题，而是超市保管不善形成的问题，并就其拒付货款向法院提起诉讼。法院经审理后判决超市败诉。判决后，在上诉期内双方均未提起上诉。判决生效后，超市请负有责任的权威检验部门对果脯重新检验。检验结果表明果脯质量问题确实产生于生产过程中。超市遂以此为根据向法院再次起诉，要求撤销原判，并判决食品厂赔偿损失。法院不予受理，但告之其可进行申诉。

三、思考问题

1．本案在判决生效时完成了哪些程序？

2．对超市的再次起诉，法院不予受理是否正确？是否符合法律规定？

四、案例分析与问题解答

本案在一审程序判决后，在上诉期内双方均未提起上诉，判决即发生了法律效力。因而至判决生效时，只完成了第一审程序。

判决一旦生效，就产生法律效力，称为判决的既判力。判决的既判力的含义之一是：当事人不能就同一案件再向人民法院起诉，法院也不能随意改变判决内容或对该案再行受理，这也称为“一事不再理原则”。民事诉讼法111条第（5）项规定，对判决裁定已经发生法律效力的案件，当事人又起诉的，告知原告按照申诉处理，但人民法院准许撤诉的裁定除外。前述案例中，合同的质量纠纷案件经食品厂起诉，得到了人民法院处理并做出了一审判决，在上诉期内，双方又都没有上诉，判决生效。超市再就同一案件又起诉的行为不符合法律规定，法院不予受理是正确的。在本案中，如果法院受理了该起诉，可能会形成对同一案件有两个不一致甚至相互矛盾的判决，因此法院告知超市按申诉处理是符合法律规定的。

五、法理基础

人民法院一律公开宣布判决，人民法院应当在宣判10日内送达判决书；并告知当事人上诉权利，上诉期限和上诉法院。当事人在上诉期限内不上诉的，判决即发生法律效力。

当事人对发生法律效力的判决、裁定必须执行，当事人不能就同一案件再向人民法院起诉。

六、自测案例

某建材厂与某建筑公司拖欠货款的纠纷经二审法院判决，某建筑公司应偿还欠款40万元，履行期届满后，建筑公司拒不履行，建材厂遂向人民法院提出申请，要求强制被告履行义务。问：人民法院应采取什么措施来保护申请人的合法权益。

【本章综合训练】

【练习一】仲裁申请书的格式与内容

（一）首部

1. 标题，写明“仲裁申请书”字样。

2. 申诉人栏内，写明申诉人的名称、地址、电话号码。

3. 被诉人栏内，写明被诉人的名称、地址、电话号码。

4. 如申诉人委托仲裁代理人办理仲裁事项，可在申诉人栏目下另列仲裁代理人一栏，并写明代理人的姓名、单位及其地址、电话号码等。

（二）案由

这部分要提纲挈领地写明申诉人根据哪个仲裁协议提请仲裁，并简要说明争议案件的性质，如质量争议，数量争议，合资争议等。

（三）要求事项

这一部分要写明提请仲裁的要求事项，即要求仲裁解决的具体问题，如要求解除合同，退货还款，赔偿损失，支付违约金等。

书写这一部分的要求：

1. 要求事项应当简明、具体、肯定，不要笼统、含糊、啰嗦，更不能随意变更。例如，要求损害赔偿，应写明项目和金额；要求履行合同，应写明要求裁决履行全部条款，还是部分条款。

2. 要求应当有根有据，合理合法，如要求损害赔偿，数额应适当，切不可漫天要价。

3. 提出要求的根据，可以放到事实和理由部分去写，如赔偿要求金额的计算较复杂，可另列计算表附后。

4. 要求事项如有写得不明、不实、不全、不确切的，申诉人应当迅速及时地予以补正。

（四）事实和理由

仲裁申请书的事实和理由部分，是仲裁申请书里的主要部分，是申诉人提请仲裁的主要依据，也是仲裁机构裁决当事人之间权益争议的主要依据。

1. 事实部分，主要说明申诉人要求所依据的事实和证据，应写明：

(1) 当事人之间争议的由来，发生、发展的经过。说明申诉人和被诉人之间的关系，如订立合同的时间、地点，合同规定的双方的主要权利义务和与争议有关的条款内容；被诉人违反合同的具体事实及给申诉人造成的损失。

(2) 当事人之间权益争议的具体内容和焦点。

(3) 实事求是地说明被诉人应承担的责任和申诉人应承担多少责任。

同时应说明上述事实所依据的证据。

书写这部分内容的要求是：

(1) 要实事求是地把争议时间、地点、情节过程，因果关系等按时间顺序作简要陈述，重点说明被诉人的违约事实和双方争议焦点。对与争议案件无关的事实不应列入。

(2) 在陈述事实时，应列明所依据的证据，所举的证据必须确定、可靠，并注明来源和出处，做到具体明确，举证有力。不要叙事一大篇，而无证据支持；也不要提交证据材料一大堆，却不知要说明什么。

2. 理由部分，主要应写明：

(1) 根据事实和证据，概括地分析争议的性质，被诉人违约所造成的后果及其应承担的责任。

(2) 阐明申诉人要求所依据的法律条文，合同规定和国际惯例，以论证其要求的正确性、合理合法性。

书写理由时应当观点明确，论据充分，逻辑严密，引证合同规定，法律条文和国际惯例应准确适当，并能与事实和说理有机地结合起来。

(五) 写明申诉人指定的仲裁员的姓名，或委托仲裁委员会主席指定。必要时，可以写明仲裁预付金是否已缴纳。

(六) 尾部

应写明：

1. 仲裁申请书所提交的仲裁机构的名称（此款也可以写在仲裁申请书最前面）。

2. 申诉人的名称，并签名盖章。如委托仲裁代理人，代理人也应签名、盖章。

3. 申诉的年、月、日。

4. 仲裁申请书的附项，应列举仲裁申请书里提到的附件明细，并按标号顺序装订在仲裁申请书后。

【练习二】仲裁答辩书的格式与内容

(一) 首部

写明下列各项：

1. 标题，写明“仲裁答辩书”字样。

2. 在答辩人（即被诉人）栏内，写明答辩人的名称、地址和通讯号码。

3. 在被答辩人（即申诉人）栏内，写明被答辩人的名称、地址和通讯号码。

4. 如有委托代理人，应在答辩人栏下另列仲裁代理人一栏，写明代理人的姓名、单位及其地址、通讯号码，并附具局面委托书。

(二) 案由

写明对何人提起的何仲裁案件提出答辩。

(三) 答辩意见

这部分要明确地回答申诉人提出的仲裁要求，清晰地阐明自己对案件的主张和理由。可以先澄清事实，再提出自己的意见，或承认其要求，或反驳其要求。

对仲裁要求的反驳，最重要的是从实体上反驳，即以事实、证据、法律、理由，来否定申诉人实体上的仲裁要求。也可以从程序上反驳，说明其不能提起仲裁，或仲裁庭对自己没有管辖权。

在写法上可以把事实和分析意见分开写。

1. 事实说明。说明申诉人陈述的某些事实是错误的，补充申诉人略而未提的有关争议的全部事实。最好按时间顺序说明案件的事实真相，并附具证据予以证明。

2. 分析意见。根据事实和法律、合同、惯例说明争议的实质和各方应负的责任。写明答辩人的具体主张及相应的证据。特别要针对申诉人的要求和主张说明自己有无违约责任或侵权，申诉人的要求如索赔金额是否有根有据，是否合理。

起草这部分时应注意：(1) 尊重事实。要按照争议事实的本来面目如实地、客观地、全面地做出答复，既要反映争议事实的真实面貌和实质，也要说明反驳理由的客观依据，要以争议焦点为中心，对主要和次要的事实都应结合论据加以论证，做到该承认的就承认，该反驳的据理力驳。(2) 抓住关键。即要针对仲裁申请书的要求和主张予以回答，尤其要根据争议的焦点，抓住影响胜败的关键问题阐明理由，有事有证，有理有据。不要回避要害，横生枝节，或答非所问，不得要领。(3) 考虑周全。要考虑到有利的一面，还要考虑到不利的一面，把各方面都论证到，不仅要论证自己没有责任，还要论证即使自己有责任，申诉人的索赔要求也是不合理的。

(四) 反诉要求

如有反诉要求，要具体写明反诉的各项要求及其所依据的事实、证据和理由（具体写法请参阅仲裁申请书的要求事项和事实与理由部分）。

(五) 如未在答辩前指定仲裁员，应写明答辩人指定的仲裁员的姓名或委托仲裁委员会主席指定。

(六) 尾部

写明：

1. 答辩人（及法定代表人）的名称并盖章。如委托仲裁代理人参与仲裁，仲裁代理人也应签名并盖章。

2. 答辩的年、月、日。

(七) 附项

写明附件的份数及名称，并按顺序号装订在答辩书正文之后。

【练习三】仲裁裁决书的格式与内容

仲裁裁决书由以下部分组成。

(一) 首部

依次写明下列事项：

1. 标题，写明仲裁机构名称和“裁决书”，如辽宁省××仲裁委员会裁决书，并在右下方写明案文号。

2. 申诉人栏内，写明申诉人的名称、地址、电话号码；如系代理案件要写明代理人的姓名、单位、地址、电话号码等。

3. 被诉人栏内，写明被诉人的名称、地址、电话号码；如系代理案件要写明代理人的姓名、单位、地址、电话号码等。

(二) 引言

1. 写明仲裁委员会受理案件的根据，即根据双方当事人签定的合同中的仲裁条款或争议发生后达成的仲裁协议和申诉人的书面申请。

2. 写明仲裁庭的组成情况，即：仲裁委员会根据《仲裁法》的规定，组成以双方共同推选的××为首席仲裁员，申诉人指定的××和被诉人指定的××为仲裁员的仲裁庭审理本案。如仲裁庭由独任仲裁员组成，则应写明：仲裁委员会根据《仲裁法》的规定，由双方当事人共同约定××为本案的独任仲裁员。

3. 写明仲裁庭审理情况，即仲裁庭审阅双方当事人提交的书面文件和开庭或书面审理情况。

（三）本案案情

主要写明如下三点：

1. 基本事实，即当事人（申诉人和被诉人）之间的合同、与争议有关的合同条款，按照时间顺序说明争议发生的过程。

2. 申诉人的要求及支持其要求的论点、证据等。

3. 被诉人抗辩的理由和证据等。

本案情介绍部分应注意：(1) 对案件的因果及主要情节、造成损害应描述具体；(2) 对双方之间的争议，应突出违约之点和双方争议之点；(3) 基本事实应当是经双方确认或经仲裁庭查证属实的事实。

（四）仲裁庭的意见（裁决理由）

主要写明：

1. 仲裁庭根据事实和法律对双方当事人争议的是非、违约责任所做出的分析与判断。

2. 说明当事人的要求和主张中哪些是合理合法的，应予以支持，哪些是不合理不合法的，不予支持、考虑或予以驳回，并说明理由。尤其要说明违约的性质和责任，造成的损失及如何承担等。

书写时应注意：(1) 对当事人双方的争议做出实质性的分析，做到是非分明，责任清楚，结论明确，有理有据，不模棱两可，似是而非。(2) 要和裁决内容相呼应、相一致，既突出重点又全面地回答当事人的主张和要求。(3) 措辞得体，以理服人，不要简单、生硬。

（五）裁决

1. 简单扼要地、分项写明对案件的处理决定。

2. 写明仲裁费用的数额及由谁负担。

裁决是案件结论，应与案情事实、裁决理由相一致，绝不可出现矛盾。裁决用语要简明、准确。

（六）尾部

应依次写明：

1. 本裁决系终局裁决，并说明执行期限。

2. 受理本案的仲裁员签名。

3. 制作裁决书的日期、地点，加盖“仲裁委员会”印章。

【练习四】起诉状

原　　　告：法人全称、地址

法定代表人：姓名、职务、住址

诉讼代理人：姓名、职务、住址

被　　　告：法人全称、住址

请 求 事 项：（略）
事实和理由：（略）

此致

________人民法院
具状人：（签名盖章）
年 月 日

附：（1）本诉状副本×份；（以下略）
（2）物证×件；
（3）书证×件。

【练习五】答辩状

答 辩 人：法人全称、地址
法定代表人：姓名、职务
诉讼代理人：姓名、职务
按________人民法院转来________月________日诉我________一案的诉讼副本一份，现提出答辩，事实理由如下：（略）________
此致

________人民法院
答辩人：（签名盖章）
年 月 日

附：（1）物证×件；（以下略）
（2）书证×份。

【练习六】判决书的格式和要求

判决书是人民法院在解决经济纠纷案件中为解决实体问题而制作的一种法律文书。

格式由五部分组成：（1）首部；（2）事实；（3）理由；（4）判决；（5）结尾。

书写要求：事实部分要清楚，理由部分要准确。判决部分是人民法院对经济纠纷案件做出的肯定性处理意见，要逐项写清楚，特别要注意金额款项计算清楚。

【本 章 练 习】

一、填空题

1. 仲裁是指纠纷当事人在________上达成的协议，将纠纷提交________的仲裁机构进行裁决，并做出对争议各方均有约束力的裁决的一种解决纠纷的方式。

2. 仲裁的执行权由________行使。

3. 当事人采用仲裁方式解决纠纷，应当________，必须达成________。

4. 裁决做出后，当事人就同一纠纷再________或者向________的，仲裁委员会或者人民法院不予受理。

5. 仲裁委员会的________和________规定了其不能按行政区划层层设立。

6. 当事人可以共同约定由________成立仲裁庭，即独任仲裁。

7. ________经书面通知，无正当理由不到庭或者未经仲裁庭许可________的，可以缺席裁决。

8. 一方当事人不履行的裁决的，另一方当事人可以依照民事诉讼法的有关规定向________申请强制执行，受申请的________应当依法执行。

9. 经济审判是指人民法院依据________和________审理经济纠纷案件并做出判决的活动。

10. 地域管辖，是指同级人民法院之间审理第一审经济纠纷案件的________和________。

11. 如果两个以上人民法院都有管辖权的诉讼，原告可以向________；原告向两个以上有管辖权的人民法院起诉的，由________的人民法院管辖。

12. 我国的人民法院分为四级。四级即________、中级人民法院和________最高人民法院。

13. 原告起诉，应向人民法院递交起诉状，并按照________提出副本。

14. 上诉状可以通过________提出，也可以直接向________起诉，但均应按对方当事人的人数提出副本。

15. 最高人民检察院对各级人民法院业已发生法律效力的判决、裁定，上级或同级人民检察院对________业已发生法律效力的判决、裁定，认为有错误的，应当按照审判监督程序提出________。

二、单项选择题

1. 经济纠纷仲裁实行(　　)。

A. 一次裁决，裁决即为终局的制度

B. 二次裁决，裁决即为终局的制度

C. 裁决后向人民法院起诉的制度

D. 裁决经复议后向人民法院起诉的制度

2. 根据《仲裁法》，申请仲裁的当事人，法定代理人(　　)进行仲裁活动。

A. 可以委托他人代理　　B. 不可以委托他人代理

C. 必须由本人　　D. 必须委托他人

3. 仲裁委员会依法由(　　)。

A. 工商行政管理部门组建

B. 地方人民政府组建

C. 科学技术委员会组建

D. 人民政府组织有关部门和商会统一组建

4. 仲裁委员会收到仲裁申请书后决定受理的时间为(　　)。

A. 5日内　　B. 7日内

C. 10 日内　　D. 15 日内

5. 原告起诉，应向人民法院递交起诉状，并提交(　　)副本。

A. 5 份　　B. 3 份

C. 符合被告人数的　　D. 2 份

6. 下列不属于人民法院案件管辖方式的有(　　)。

A. 属地管辖　　B. 级别管辖

C. 专属管辖　　D. 特别管辖

7. 下列属于专属管辖的案件有(　　)。

A. 不动产纠纷　　B. 在本地区有重大影响的案件

C. 被告逃逸案件　　D. 合同纠纷

8. 我国实行(　　)的审判制度。

A. 一裁终局　　B. 两审终审

C. 最高法院决定　　D. 二裁终局

9. 人民法院审理案件，当事人无正当理由拒不到庭的，或者未经法庭许可中途退庭的，如果是原告，可按(　　)。

A. 撤诉处理　　B. 缺席判决

C. 待下次开庭　　D. 起诉无效

10. 下列哪类案件不属于经济检察机关受理的案件。(　　)

A. 贪污案　　B. 假冒商标案

C. 经济纠纷案　　D. 偷税案

三、多项选择题

1. 凡下列情形，仲裁员必须回避，当事人也有权提出回避申请。这些情形是(　　)。

A. 仲裁是本案当事人的近亲属的

B. 仲裁员是本案代理人的近亲属

C. 仲裁员与本案有利害关系的

D. 仲裁员私自会见当事人、代理人的

2. 有资格被仲裁委员会聘任为仲裁员的是(　　)。

A. 从事仲裁工作满 8 年的

B. 从事律师工作满 8 年的

C. 曾任审判员满 8 年的

D. 从事法律研究、教学工作并具有高级职称的

3. 下列纠纷，属于仲裁机构受理案件的范围是(　　)。

A. 经济合同纠纷　　B. 技术合同纠纷

C. 收养关系纠纷　　D. 监护关系纠纷

4. 仲裁协议的内容应当包括(　　)。

A. 请求仲裁的意思表示　　B. 仲裁事项

C. 选定的仲裁委员会　　D. 选定的法律法规

5. 根据《仲裁法》的规定，造成仲裁协议无效的情形有(　　)。

A. 约定的仲裁事项超出法律规定的仲裁范围的
B. 无行为能力人或限制行为能力人订立的仲裁
C. 采取胁迫手段，迫使对方订立仲裁协议的
D. 合法代理人签订的仲裁协议
6. 仲裁员在仲裁过程中有违法行为，属于情节严重应由仲裁委员会除名的是(　　)。
A. 私自会见当事人、代理人
B. 接受当事人、代理人请客送礼的
C. 错误人认定证据
D. 违反法定程序
7. 仲裁庭的组成形式有(　　)。
A. 由1名仲裁员组成　　B. 由3名仲裁员组成
C. 由2名仲裁员组成　　D. 由3~5名仲裁员组成
8. 我国划分同级人民法院受理第一审经济案件的管辖形式有(　　)。
A. 地域管辖　　B. 级别管辖
C. 权利管辖　　D. 专属管辖
9. 经济案件起诉必须符合(　　)。
A. 原告是与本案有直接关系的公民　　B. 有明确的被告
C. 原告必须有当地户口　　D. 有具体的诉讼请求
10. 人民检察院对自己分工管辖的经济犯罪案件，有(　　)职权。
A. 直接立案侦查　　B. 提起公诉
C. 支持公诉　　D. 直接宣判

四、判断题

1. 仲裁一般以公开审理为原则。(　　)
2. 当事人采用仲裁方式解决纠纷，应当双方自愿，必须达成仲裁协议。(　　)
3. 协议仲裁制度不同于其他司法制度之一就是在于当事人的自主性，当事人可以在合同中协议选择仲裁机构和仲裁员。(　　)
4. 仲裁委员会的民间性特点规定了其必须按行政区划层层设立。(　　)
5. 申请财产保全不是仲裁的必经程序。(　　)
6. 仲裁庭做出裁决时应当按照首席仲裁员的意见做出。(　　)
7. 地域管辖是指同级人民法院之间审理第一审经济纠纷案件的分工和权限。(　　)
8. 级别管辖是指同级人民法院之间审理第一审经济纠纷案件的分工和权限。(　　)
9. 起诉是公民、法人或其他组织，认为自己或他人的经济权利受到侵犯，而以自己的名义，请求人民法院依法审判，给予法律保护的诉讼行为。(　　)
10. 调解未达成协议或者调解书送达前一方或双方反悔的，人民法院应及时仲裁。(　　)

五、简答题

1. 什么是仲裁？仲裁有哪些特点？

2. 我国《仲裁法》的一般原则有哪些?
3. 我国《仲裁法》有哪些基本制度?
4. 什么是仲裁条款和仲裁协议?
5. 经济审判的主要程序有哪些?
6. 我国对经济纠纷案件管辖权是如何划分的?
7. 经济检察机关的办案程序是怎样规定的?
8. 什么是检察机关的抗诉权?

六、案例分析题

案例一　经济合同欠款纠纷，提起仲裁

2003年4月高山县综合加工厂（供方）与某市饮料食品厂（需方）在需方所在地签订了一份食品袋购销合同。合同规定：供方供给需方价值8千元的食品袋；由供方代办托运，运杂费由需方负担；交货时间是2003年5月份；结算方式，货到后托收承付。2003年5月27日供方托运发货，6月2日需方收到货物。供方按合同规定向需方托收货款，需方于6月22日拒付，理由是过期到货和部分产品质量不符。供方不服，于同年7月18日依仲裁协议向仲裁机构申请仲裁。

试分析：1. 本案供方申请的理由是什么?

2. 写一封仲裁申请书

案例二　建筑工程质量纠纷，达成协议又反悔怎么办?

2004年2月10日，天山广播器材公司（发包方）与××市建筑公司（承包方）签订了一份干部宿舍楼建筑工程承包合同。合同规定：工程建筑面积4800平方米，高7层，总造价350万元；实行由发包方提供建筑材料指标，承包方包工包料大包干的形式；发包方派出建筑工程技术人员负责总施工技术监督及协商解决施工中的有关事项；主体工程和内外承重墙一律使用国家标准红机砖，每层有水泥圈梁加固；要求于2005年4月30日竣工交付验收，合格后交付发包方使用；验收后如果在6个月内发生较大质量问题，由承包方负责修复；工程结算方式：开工前付工程、备料款40%，主体工程完成后再付20%，余款于验收合格后全部结清；如延期竣工按国家建设部门规定的方式由承包方支付延期交付的违约金。合同订立后，承包方在施工过程中，为了节省费用，只购买了外墙和主体结构使用的红机砖，而对内承重墙则购买灰砖（系炉渣、白灰制作）使用，但发包方派出的施工技术监督人员未提出异议，也未向领导报告。承包方按合同规定的日期竣工。双方验收时，发包方发现社会宿舍楼工程2~5层所有内承重墙体裂缝较多，要求承包方修复。承包方拒绝修复。

2005年6月15日，发包方以建筑工程质量不符合合同质量，应部分拆除重建为由，向仲裁机构申请仲裁。承包方在答辩中称：裂缝属于砖的质量问题，与施工技术无关，使用烟灰砖发包方的施工技术监督人员未有异议，因而责任不在承包方。

仲裁机构经与建筑工程研究所现场勘察鉴定：烟灰砖伸缩性大，其伸缩性为±0.1厘米，压强达不到红机砖的标准。建筑工程研究所建议所有内承重墙用钢筋加水泥浆修复。仲裁机关根据本案双方争执的焦点和事实以及鉴定机关的建议，依据《建筑安装工程承包合同条例》第13条第1款之规定，经调解双方当事人达成协议：

一、由承包方负责将第2~5层所有内承重墙均用钢筋网加水泥沙浆加固，然后再内装修，于2005年9月30日竣工验收；

二、所需费用7万元，由承包方承担90%即6.3万元，发包方承担10%即7000元；

三、竣工验收合格后工程余款15日内一次结清，由发包方付给承包方。

问：1. 发包方承提部分修复费是否正确？

2. 调解书在当事人签收之前，承包方又反悔了怎么办？

模拟试卷（一）

一、填空题（每空 1.5 分，计 15 分）

1. 经济法律关系是指经济法律关系主体在经济管理和经济协作过程中，根据经济法的规定形成的________和经济义务关系。

2. 所有权是________的一种表现形式，它是所有制在法律上的表现。

3. 公司是以独立________资格进行社会经济活动的企业法人。公司对自己的法律行为所产生的法律后果要承担全部法律责任，同时，要对它的法定代表人和其他工作人员的经营活动承担法律责任。

4. 全民所有制企业的职工代表大会是企业实行民主管理的________，是职工行使民主管理权利的机构。

5. 中外合资经营企业的董事会是合营企业的________机构，董事长为合营企业的法定代表人。

6. 撤销权自债权人知道或应当知道________之日起一年内行使，自债务人的行为发生 5 年之内没有行使撤销权的该撤销权消灭。

7. 两个或者两个以上的申请人，在同一种商品或者类似商品上以相同或者类似的商标申请注册时，适用________的原则。同一天申请的，适用使用在先的原则。申请人是同一天使用的或者均未使用的。应由申请人协商或者由商标局裁定。

8. 注册会计师是依法取得注册会计师证书并接受委托从事审计和________、会计服务业的执业人员。

9. 票据行为是指能产生票据债权债务关系的________法律行为。

10. 达成和解协议的，可以请求仲裁庭根据和解协议做出________，也可以撤回仲裁申请。

二、单项选择题（每题 0.5 分，共 5 分）

1. 经济法律关系最主要的参加者是(　　)。

A. 公民　　B. 事业单位

C. 企业　　D. 国家机关

2. 不同社会所有权的性质取决于不同社会的(　　)。

A. 生产力水平　　B. 占统治地位的所有制性质

C. 法律制度　　D. 领导者的意志

3. 大学生李某毕业后，自己准备出资3万元人民币开办一个个体空调维修服务部，下列说法正确的是(　　)。

A. 该服务部违反了《公司法》

B. 该服务部不适用《公司法》

C. 该服务部注册资本最低限额应为10万元

D. 该服务部的投资人应为2人以上

4. 城镇集体企业的职工代表大会的性质是(　　)。

A. 企业的权力机构　　B. 企业的议事机构

C. 企业的咨询机构　　D. 职工行使民主管理权利的机构

5. 经合营方同意和审批机关批准，中外合资经营企业的合营一方可以向第三者转让其(　　)出资额，此时，合营他方有优先购买权。

A. 全部　　B. 部分

C. 全部或部分　　D. 大部分

6. 无效合同(　　)。

A. 从宣告其无效之时起，就无效力　　B. 出现纠纷后，就无效力

C. 从订立之时起，就无效力　　D. 从履行之时起，就无效力

7. 毛毯的一个角上有R字样，下列说法正确的是(　　)。

A. 这是纯毛的标志　　B. 这是出口转内销的标志

C. 这是注册商标的标志　　D. 这是进口商品的标志

8. 颁发注册会计师证书的是(　　)。

A. 注册会计师协会　　B. 会计师事务所

C. 人民政府财政部门　　D. 国务院

9. 根据《支付结算办法》规定：有金额起点限制的结算方式是(　　)。

A. 银行汇票　　B. 商业汇票

C. 汇兑　　D. 托收承付

10. 下列哪类案件不属于经济检察机关受理的案件(　　)。

A. 贪污案　　B. 假冒商标案

C. 经济纠纷案　　D. 偷税案

三、多项选择题（每题1.5分，共15分）

1. 下列组织中符合经济法主体条件的组织有(　　)。

A. 某市民政局　　B. 中国红十字会

C. 某机械厂加工车间　　D. 某个体早点铺

2. 下列说法表述财产所有权法律特征的是(　　)。

A. 权利主体和义务主体都是特定的　　B. 权利主体是特定的即所有权人

C. 客体是有形的“物”　　D. 具体内容包括四项权能

3. 我国公司法所调整的公司包括设在中国境内的(　　)。

A. 股份有限公司　　B. 无限责任公司

C. 两合公司　　D. 有限责任公司

4. 符合全民所有制企业分立的表述(　　)。

A. 是一个企业分为两个或两个以上企业的行为

B. 有派生分立和新设分立两种形式

C. 必须经过政府主管部门批准

D. 要签订分立协议并办理登记

5. 合作企业设立(　　)作为合作企业的组织机构。

A. 董事会　　B. 联合管理委员会

C. 委托管理委员会　　D. 股东会

6. 根据《中华人民共和国担保法》的规定，下列财产中，不得用于抵押的有(　　)。

A. 抵押人所有的机器

B. 抵押人依法有权处分的国有土地使用权

C. 医院所有的房屋

D. 依法扣押的财产

7. 下列成果中，依法不能授予专利权的是(　　)。

A. 智力活动的规则和方法　　B. 疾病的诊断和治疗方法

C. 动植物品种　　D. 食品、饮料、调味品

8. 注册会计师撤消注册的情形有(　　)。

A. 不具有完全民事行为能力的人　　B. 自行停止执行注册会计师业务满 1 年

C. 受到刑事处罚的　　D. 在工作中犯有严重错误的

9. 一般来讲，金融的范围包括(　　)。

A. 货币的发行与回笼　　B. 现金流通与转账结算

C. 票据贴现　　D. 贷款的发放与回收

10. 人民检察院对自己分工管辖的经济犯罪案件，有下列职权(　　)。

A. 直接立案侦查　　B. 提起公诉

C. 支持公诉　　D. 直接宣判

四、判断题（每题 0.5 分，共 5 分）

1. 经济法律关系是一种物质利益关系，即经济关系。　　(　　)

2. 作为一种法律制度，不同社会的所有权的性质是相同的。　　(　　)

3. 股票发行价格可以按照票面金额，也可以高于或者低于票面金额。　　(　　)

4. 乡村集体所有制企业的财产属于该企业的全体职工共同所有。　　(　　)

5. 中外合营企业的投资总额即合营各方认缴的出资额之和，即公司的注册资本。　　(　　)

6. 甲为成年人，与一名 10 岁小学生订立一份不附带义务的赠与合同。甲赠送乙学习机，合同因乙是限制行为能力人而无效。　　(　　)

7. 在我国，不管是个人，还是单位，只要有符合条件的发明创造，都可以提出申请，成为专利权人。　　(　　)

8. 会计机构、会计人员发现会计账簿记录与实物、款项及有关资料不相符的，不得自

行处理，应当立即向单位负责人报告。（ ）

9. 我国的商业银行以获得利润为目的，以追求利润最大化为目的。（ ）

10. 被申请人经书面通知，无正当理由不到庭或者未经仲裁庭许可中途退庭的，可以缺席裁决。（ ）

五、简答题（每题6分，共30分）

1. 说明经济法律关系的概念，经济法律关系有哪些要素？
2. 什么是合伙企业？合伙企业的法律特征有哪些？
3. 简述承诺的概念和条件。
4. 简述消费者权益保护法的适用范围。
5. 审计机关的审计程序是什么？

六、案例分析题（每案例10分，共30分）

1. 农民许老汉把一头误认为得了传染病、即将病死的牛抛弃，被邻村养牛专业户林某发现，赶回家中，精心饲养了半年多，逐渐恢复健康，成为高产奶牛。后来，许老汉听说此事，找到林某要牛，并且愿出300元作为林某的饲养费，遭到林某拒绝。许老汉向法院起诉，此案应如何处理？

2. 某股份有限公司现有净资产为7000万元人民币，一年前曾发行三年期的公司债券800万元，半年期债券1000万元人民币。为了筹集资金，扩大生产规模，经股东大会决议再次向社会公开发行公司债券，期限为一年。

问：(1) 公司再次发行债券的限制性条件有哪些？

(2) 该公司本次发行公司债券的最大额度是多少？为什么？

3. 1997年4月高山县综合加工厂（供方）与某市饮料食品厂（需方）在需方所在地签订了一份食品袋购销合同。合同规定：供方供给需方价值8千元的食品袋；由供方代办托运，运杂费由需方负担；交货时间是1997年5月份；结算方式，货到后托收承付。1997年5月27日供方托运发货，6月2日需方收到货物。供方按合同规定向需方托收货款，需方于6月22日拒付，理由是过期到货和部分产品质量不符。供方不服，于同年7月18日依仲裁协议向仲裁机构申请仲裁。

试分析：(1) 本案供方申请的理由是什么？

(2) 写一封仲裁申请书

模拟试卷（二）

一、填空题（每空1分，计15分）

1. 法作为一种行为规范，它的作用是通过规定人们的________来实现的。

2. 中外合资经营企业的投资总额为按照合资企业合同、章程所确定的生产规模需要投入的________资金和________资金的总和。

3. 生产者不得生产国家明令________的产品，不得以不合格产品冒充合格产品。

4. 经济法律关系的客体，是指主体之间的经济权利和经济义务所________的对象。

5. 由________申请破产的，债务人才能申请和解。和解申请必经在人民法院受理破产案件之日起________个月内提出。

6. 票据是出票人依票据法发行的，________或委托他人________一定金额给收款人的一种有价证券。

7. 受母公司控制但具有独立________的公司是子公司。分公司在法律上和经济上均无独立性。

8. 合同的形式可以是口头、________或其他形式，法律、行政法规规定为书面形式的，应当采用________形式。

9. 一方当事人不履行裁决的，另一方当事人可以依照民事诉讼法的有关规定向________________申请强制执行，受申请的________应当依法执行。

10. 纳税人、扣缴义务人没有按照规定的纳税期限缴纳税款的，税务机关除责令限期缴纳外，________之日起，按日加收________滞纳税款。

二、单项选择题（每题0.5分，共5分）

1. 具有现代意义的经济法，最先产生的国家是(　　)。

A. 英国　　　　B. 日本

C. 德国　　　　D. 前苏联

2. 中外合营企业正式成立后，(　　)。

A. 具有中国法人资格，受中国法律保护和管辖

B. 不具有中国法人资格，不受中国法律保护和管辖

C. 具有中国法人资格，不受中国法律保护和管辖

D. 不具有中国法人资格，不受中法律保护和管辖

3. 反不正当竞争立法主要是规范(　　)。

A. 经营者　　B. 劳动者

C. 经营者的市场交易行为　　D. 不正当竞争行为

4. 能够成为经济法律关系客体的物是指(　　)。

A. 客观存在的物　　B. 法律意义上的物

C. 有使用价值的物　　D. 有经济价值的物

5. 债权人应当在收到通知后1个月内，未收到通知的债权人应当自法院公告之日起(　　)内，向人民法院申报债权，逾期未申报债权的，视为自动放弃债权。

A. 1个月　　B. 2个月

C. 3个月　　D. 6个月

6. 各单位库存的现金限额，一般不得超过本单位(　　)日常零星开支所需要的现金。

A. 3~5天　　B. 5~7天

C. 1~2天　　D. 一星期

7. 有限责任公司设立监事会的，监事会的成员不得少于(　　)。

A. 5人　　B. 3人

C. 2人　　D. 4人

8. 甲欠乙的债务逾期无法偿还，但甲又同时放弃对丙拥有债权，乙为保护其合法权益，可对甲的行为要求行使(　　)。

A. 后履行抗辩权限　　B. 撤销权

C. 抵销权　　D. 代位权

9. 人民法院审理案件，当事人无正当理由拒不到庭的，或者未经法庭许可中途退庭的，如果是原告，可按(　　)。

A. 撤诉处理　　B. 缺席判决

C. 待下次开庭　　D. 起诉无效

10. 下列税种中采用定额税率的是(　　)。

A. 营业税　　B. 车船使用税

C. 企业所得税　　D. 增值税

三、多项选择题（每题1.5分，共15分）

1. 在下列各项中，反映了法的基本特征的有(　　)。

A. 是国家制定和认可的行为规范　　B. 是国家强制力保障实施的行为规范

C. 是以权利义务为内容的行为规范　　D. 是代表了多数人利益的行为规范

2. 我国目前的外商投资企业主要有(　　)。

A. 中外合资企业　　B. 中外合作企业

C. 外资企业　　D. 外国企业

3. 下列表述正确的是(　　)。

A. 销售者应当执行进货检查验收制度，验明产品合格证明和其他标识

B. 销售者应当采取措施，保持销售产品的质量

C. 销售者不得销售失效，变质的产品

D．销售者不得销售降低价格的产品

4．无效的经济行为有(　　)。

A．主体不合格　　B．意思表示不真实

C．内容或形式不合法　　D．显失公平

5．债权人提出破产申请时，应当向人民法院提供有关证据材料，该证据材料包括(　　)。

A．债权发生事实以及有关证据

B．债权性质，数额

C．债权有无财产担保的证据

D．债务人不能清偿到期债务的有关证据

6．商业汇票在付款期限内，可以采用(　　)方法计算付款到期日。

A．定日付款　　B．出票后定期付款

C．见票后定期付款　　D．随时付款

7．不可以随意转让其股票的有(　　)。

A．公司董事长　　B．公司经理

C．公司监事　　D．公司董事

8．甲、乙签订的买卖合同约定了定金和违约金条款。甲违约，造成乙经济损失。下列选项中，乙可选择追究甲违约责任的方式有(　　)。

A．要求单独适用定金条款

B．要求单独适用违约金条款

C．要求同时适用定金和违约金条款

D．要求同时适用定金、违约金条款，并另行赔偿损失

9．经济案件起诉必须符合下列条件(　　)。

A．原告是与本案有直接关系的公民　　B．有明确的被告

C．原告必须有当地户口　　D．有具体的诉讼请求

10．下列属于增值税的适用税率的有(　　)。

A．17%　　B．6%

C．4%　　D．13%

四、判断题（每题0.5分，共5分）

1．从有人类社会以来，为了调整人们之间的关系就有了法，不过最初是不成文的简单习惯法，然后逐步出现了成文法，法随着社会的发展而发展，它将永远伴随着人类社会而存在。(　　)

2．中外合营企业是契约式企业，中外合作企业是股权式企业。(　　)

3．建筑工程的质量问题亦适用《产品质量法》。(　　)

4．企业经上级主管机关核准，即可取得法人资格。(　　)

5．和解是人民法院和债务人之间的协议。(　　)

6．支票是由银行签发给收款人许诺付款的票据，分为现金支票和转账支票两种。(　　)

7. 以商品批发为主的有限责任公司法定最低资本限额是30万元人民币。（　）

8. 棉花收购站甲与棉农专业户乙于3月10日订立一份皮棉买卖合同。合同约定交付皮棉期限为11月5日至11月20日，价格按政府定价。11月10日专业户乙向甲交付皮棉500担，但此时政府调整皮棉价格，比3月10日签订合同时每担涨价15元。对此甲应以新价格计价。（　）

9. 申请财产保全不是仲裁的必经程序。（　）

10. 偷税行为是指纳税人公然违反税法规定，拒绝履行纳税义务的行为。（　）

五、简答题（每题6分，共30分）

1. 简述法的产生过程，说明法有哪些基本特征？
2. 有限责任公司设立有哪些条件？
3. 简述外商投资企业法的概念和原则。
4. 专利权人享有哪些权利和承担哪些义务？
5. 所得税的概念及包括的税种有哪些？

六、案例分析题（每案例10分，共30分）

1. 某年9月，走私分子王某以人民币120元从一中学生许某（15岁）手中买到家中收藏的银元40枚。许某的父亲得知后，请求王某返还银元，遭到王的拒绝，许某之父遂诉诸法院。

问：此案如何处理？理由是什么？

2. 某初中生朱某（17周岁）去某鞋城购买鞋子，见一双款式与某名牌极为相似的运动鞋，非常喜欢，便回家征求父亲意见。父亲表示，李某完全有能力自己选购鞋子，便同意并给钱让朱某买回该双鞋子，事后，母亲张某认为，该运动鞋价格确实合适，但鞋子毕竟不是名牌，对其质量心存疑虑。便要朱某以自己未成年，不具备完全民事行为能力为由，去鞋城退掉那双鞋子。

问：(1) 朱某买鞋的行为是否属于无效民事行为？

(2) 若朱某误将自己新买的运动鞋A当作名牌运动鞋B，这种购买合同是无效合同吗？为什么？

3. 1990年3月，某油漆厂生产“工农牌”油漆，质量优良，声誉很高。1991年1月20日申请商标注册。1990年8月，某中学校办工厂也生产“工农牌”油漆，并于1991年1月19日申请商标注册。同时，某造纸厂也一直在使用“工农牌”生产和销售新闻纸。

问题：(1)“工农牌”商标专用权应当授予谁？为什么？

(2) 如果一方取得了“工农牌”商标专用权，另外一方和某造纸厂应当如何做？

模拟试卷（三）

一、填空题（每空 1.5 分，计 15 分）

1. 财产所有权是指所有人依法对自己的财产享有________、使用、收益和处分的权利。

2. 法是反映统治阶级________的，由国家制定或认可并以国家强制力保证其实施的社会行为规范的总和。

3. 企业分立有________和新设分立两种形式。

4. 破产案件由________所在地人民法院管辖。

5. 销售者应当执行________制度，验明产品合格证明和其他标识。

6. 有限责任公司的股东以其________为限，对公司承担有限责任；公司以其全部资本为限，对公司债务承担有限责任。

7. 会计核算以________为记账本位币。

8. 国家规定并以具有法律约束力形式下达的，计划执行单位必须执行的计划指标叫做________计划指标。

9. 经济代理行为，是指代理人在授权范围内，以________的名义与第三人进行的经济法律行为，其法律后果归被代理人承担和享有。

10. 外资企业期满需延长的，应在距期满前________天申请。

二、单项选择题（每题 0.5 分，共 5 分）

1. 所有制在法律上表现为(　　)。

A. 工业产权　　　　B. 债权

C. 知识产权　　　　D. 所有权

2. 经济法调整的经济关系包括(　　)。

A. 政府救济灾民　　　　B. 企业间订立合同

C. 学校上报招生计划　　　　D. 公证遗嘱

3. 全民所有制企业的法定代表人是(　　)。

A. 职工代表大会　　　　B. 企业管理委员会

C. 企业厂长（经理）　　　　D. 股东大会

4. 国有企业债务人经(　　)同意后，可以申请宣告破产；债务人不能清偿到期债务，债权人也可以申请宣告债务人破产。

A. 清算组　　B. 债权人会议

C. 上级主管部门　　D. 法院

5. 经营者销售或购买商品，可以用(　　)方式给对方折扣、可以给中间人佣金。

A. 账外暗中　　B. 变相

C. 明示　　D. 任何双方商定的

6. 股东人数较少和规模较小且不设立董事会的有限责任公司，其法定代表人是(　　)。

A. 董事长　　B. 执行董事

C. 总经理　　D. 股东会指定的负责人

7. 财政部门实施会计监督检查的对象是(　　)。

A. 单位经济活动　　B. 会计法律的实施情况

C. 会计人员的任免情况　　D. 会计行为

8. 国家建立集中统一的的统计系统，实行(　　)的统计管理体制。

A. 集中管理，分工负责　　B. 集中管理，分级负责

C. 统一管理，分工负责　　D. 统一领导，分级负责

9. 下列事物中属于经济法律行为的有(　　)。

A. 发生地震　　B. 铁路中断造成延迟交货

C. 当事人有意违约　　D. 山洪爆发

10. 不能作为外资企业出资方式的是(　　)。

A. 货币　　B. 土地使用权

C. 商标权　　D. 实物

三、多项选择题（每题1.5分，共15分）

1. 财产所有权的四项权能是(　　)。

A. 占有权　　B. 使用权

C. 处分权　　D. 控告权

2. 下列各项中，哪些属于我国的法律形式。(　　)

A. 宪法　　B. 某企业的重要规章制度

C. 个人所得税暂行条例　　D. 会计法

3. 下列有关全民所有制企业性质和地位的正确表述的有(　　)。

A. 是社会主义商品生产和经营单位

B. 企业的财产属于全民所有

C. 经济上自主经营、自负盈亏、独立核算

D. 法律上具有法人资格

4. 债权人会议有(　　)的职权。

A. 审查有关债权的证明材料　　B. 讨论通过和解协议草案

C. 讨论通过破产财产处理和分配方案　　D. 主持破产企业的整理工作

5. 保护(　　)的合法权益，是制定《反不正当竞争法》的目的之一。

A. 经营者　　B. 消费者

C. 经营者和国家　　D. 生产者和消费者

6. 公司提取的公积金主要用于(　　)。

A. 转增资本　　B. 赞助社会公益事业

C. 用于职工福利　　D. 弥补公司亏损

7. 会计核算的内容有(　　)。

A. 款项和有价证券的收付　　B. 财务成果的计算和处理

C. 债权债务的发生和结算　　D. 财物的收支、增减和使用

8. 计划是由一定组织机构负责制定和实施的关于未来事项行动部署的方案。它具有三大特征(　　)。

A. 预测特征　　B. 未来特征

C. 行为特征　　D. 组织特征

9. 经济法主体能够享有的经济权利有(　　)。

A. 经济管理权　　B. 财产权

C. 人身自由权　　D. 专利权

10. 中外合作企业管理形式有(　　)。

A. 委托管理制　　B. 董事会制

C. 联合管理制　　D. 合伙制

四、判断题（每题 0.5 分，共 5 分）

1. 所有制是所有权在法律上的表现。(　　)

2. 法是要求人们普遍遵守的社会行为规则，因而，它必须代表全社会绝大多数人的意志和利益。(　　)

3. 个人独资企业不具有法人资格，但可以自己的名义从事民事活动。(　　)

4. 根据我国《破产法》的规定，债权人会议的决议对全体债权人都有约束力。(　　)

5. 反不正当竞争就是反垄断。(　　)

6. 公司发行债券其累计总额不得超过公司注册资本的 40%。(　　)

7. 会计报表由单位行政领导人和会计机构负责人、会计主管人员签名或者盖章，设置总会计师的单位或由总会计师签名或者盖章。(　　)

8. 统计机构和统计人员实行工作责任制。(　　)

9. 经济代理行为，是指代理人在授权范围内，以被代理人的名义与第三人进行的经济法律行为，其法律后果归代理人承担和享有。(　　)

10. 设立外资企业的外国投资者只可用外币投资，不能用人民币投资。(　　)

五、简答题（每题 6 分，共 30 分）

1. 什么是财产所有权？它有哪些特点？

2. 简述中外合营企业概念和特征。

3. 说明债权人会议的性质、职权。

4. 简述合同生效应具备的条件。

5. 经济审判的主要程序有哪些？

六、案例分析题（每案例10分，共30分）

1. 下面是一份待签的中外合资经营企业合同的部分条款：

第二条 甲、乙双方根据《中华人民共和国中外合资经营企业法》，同意在中国境内建立合资经营××股份有限责任公司（以下简称合营公司）。

第十二条 合营企业的注册资本为450万美元。中方投资350万美元（具体构成略）；美方投资100万美元，其中现金70万美元，机器设备30万美元（向某国租赁）。

第二十五条 董事会由7名董事组成，其中甲方委派4名，乙方派3名。首届董事长和副董事长由出资多的一方担任，以后由董事会选举产生，不拘任何一方。

第三十六条 合营公司按中国的有关法律和条例规定缴纳各项税金。

第四十三条 对本合同的修改，须经董事会一致通过决议后方能生效。

请指出上列条款中有无不符合《中外合资经营企业法》及其实施条例之处，如有，请予以改正。

2. 某大学于教授经过多年的研究，发明了一种汽油节油添加剂，节油效果显著。1994年获国家专利。同年，于教授与A厂签订了专利实施许可合同。

1995年，于教授在市场上发现B厂盗用该生产配方，生产并销售汽油节油添加剂。另外，于教授还发现某大学化学实验室利用他的配方，制造这种汽油节油添加剂，并在教学实验中使用。

问题：(1) B厂的行为是否构成侵权？为什么？

(2) 某大学化学实验室的行为是否构成侵权？为什么？

3. 全民所有制的甲企业因经营管理不善，依法被宣告破产。经查，甲企业财产状况如下：现有现金、实物共100万元；房地产500万元，其中，有一处房地产以200万元抵押给A银行贷款150万元；另一处房地产以100万元抵押给B银行贷款130万元。另有两企业分别欠该企业70万元、30万元。负债情况：除上述两笔贷款外，尚分别欠乙、丙、丁企业100万元、200万元、300万元；欠国家税款250万元；欠职工工资和劳动保险费50万元。破产费用共计20万元。试进行破产清偿。

后　记

为了适应中等职业教育改革和发展的需要，努力培养高素质的专门人才，依据教育部颁发的《经济法律法规教学指导》和国家规划教材《经济法基础知识（第2版）》，本书编写人员在教材主编的领导下，历时三个月，迅速地赶写出这本《经济法基础知识（第2版）实训与练习》。

在编写过程中，参编人员搜集了大量的案例，走访了许多相关的经济管理与法律部门，使案例具有真实性和典型性。本辅导书通过对典型案例的分析，能够使学生对所学的法律知识和法律条文有更加深刻的理解和认识，以提高学生解决具体问题的实际能力。

本书既适用于财经类中等职业教育，又可作为岗位培训和自学的用书。

本书由王永吉和刘艳华担任主编，参加编写的人员还有宋伟、王石、周一、代丽丽等。

由于受经济法时效性和我们水平的限制，本书所编选的案例及其分析与现行法律可能存在不协调之处，还望读者批评指正。

编　者